念颖 著

忠义绥远

明清以来
云南关帝信仰研究

商务印书馆
The Commercial Press

图书在版编目 (CIP) 数据

忠义绥远：明清以来云南关帝信仰研究 / 念颖著 . —
北京：商务印书馆，2023
ISBN 978-7-100-22181-8

Ⅰ . ①忠… Ⅱ . ①念… Ⅲ . ①少数民族—民族地
区—偶像崇拜—民间文化—研究—云南—明清时代②
关羽（160-219）—人物研究 Ⅳ . ① B933 ② K825.2

中国国家版本馆 CIP 数据核字（2023）第 047309 号

忠义绥远

明清以来云南关帝信仰研究

念颖 著

商 务 印 书 馆 出 版
（北京王府井大街 36 号 邮政编码 100710）
商 务 印 书 馆 发 行
北京虎彩文化传播有限公司印刷
ISBN 978-7-100-22181-8

2023 年 6 月第 1 版 开本 880×1240 1/32
2023 年 6 月第 1 次印刷 印张 10⅛

定价：78.00 元

目　录

引　言

　　关羽是中国民间信仰与宗教信仰的重要神灵，在中国有着深厚的历史背景与文化根基。清初小说评点家毛宗岗在《读三国志法》中评论关羽说："历稽载籍，名将如云，而绝伦超群者，莫如云长。青史对青灯，则极其儒雅；赤心如赤面，则极其英灵。秉烛达旦，人传其大节；单刀赴会，世服其神威。独行千里，报主之志坚；义释华容，酬恩之谊重。作事如青天白日，待人如霁月光风。心则赵抃焚香告帝之心，而磊落过之；意则阮籍白眼傲物之意，而严正过之。是古今来名将中第一奇人。"[①]诚然，历史上的关羽仅是三国蜀汉的一员武将，虽驰骋疆场，所向披靡，但并无超能特异之处。然而，由于凝聚在其身上的"报国以忠、待人以义、处世以仁、重诺以信、作战以勇的精神，不仅蕴含着中国传统文化的道德精华，同时也渗透着正宗儒学的春秋精义，兼及还体现着佛道二教的教化精髓"[②]。因此，他能够感染一代又一代人，成为千百年来世人尊崇的偶像。在历代统治者的极度褒奖与儒释道三教的大力推崇下，世人对关羽的崇拜日益膨胀，"把他从一个有血有肉的勇士武将，塑造成了无所不能的神中之神，即皇

---

　　① 毛宗岗：《读三国志法》，《全图绣像三国演义》，呼和浩特：内蒙古人民出版社，1981年，第2—3页。
　　② 梁申威、赵淑琴主编：《关庙楹联大观》，太原：山西经济出版社，2011年，第2页。

室钦定的帝神，仕进钦尚的禄神，军旅钦仰的武神，商贾钦敬的财神，警界钦慕的战神，学人钦佩的文神，田家钦羡的农神，江湖钦服的尊神，众皆钦崇的福神，总之是万世钦崇的守护神，由衷钦信的灵佑神。正是这种各行各业对关羽的神化，使关羽的历史形象、艺术形象、民间形象合而为一"①。关羽由将及帝，由帝至圣，由圣到神，形成了深远影响中国精神生活与国人价值取向的关帝信仰文化。

　　云南的关帝信仰，是随着历史上移民、军屯、通商、留戍、流放以及儒释道三教的传播而兴起的。作为边疆少数民族地区，这里的关帝信仰既融摄少数民族自然崇拜、祖先崇拜、图腾崇拜的元素，又有受国家大传统文化影响，由国家强制推行而形成的关帝祭典的制度化因素。这些因素使得云南的关帝信仰系统较为复杂，一方面具有中原道教、佛教、儒教文化的深刻印记，另一方面又保持了自身独具魅力的地域特征。

---

　　① 梁申威、赵淑琴主编：《关庙楹联大观》，太原：山西经济出版社，2011年，第3页。

第一章　云南关帝信仰形成的社会历史背景

云南的关帝信仰，是在云南与中原交往日渐增多，云南文化与中原文化交互融合的历史背景下，随着历史上的通商、移民、军屯、留戍等活动而形成和发展起来的。早期关帝信仰的主体是迁徙云南的汉族人，但后期随着汉族与少数民族交流合作的发展，关帝信仰逐渐向少数民族地区渗透，并对少数民族地区人民的生产生活产生了巨大影响。本章旨在通过对云南社会发展历史背景的综合考察与云南宗教信仰历史的深入分析，梳理云南关帝信仰形成的历史渊源，探讨云南关帝信仰形成的历史原因与社会原因。

第一节　云南对外交往的历史

云南与中原的交往历史悠久，早在先秦时期，就有关于云南土著民族濮人向中原王朝贡献方物的记载。《逸周书·王会解》载商代初年成汤令伊尹为四方献令说："正南瓯邓、桂国、损子、产里、百濮、九菌，请令以珠玑、玳瑁、象齿、文犀、翠羽、菌鹤、短狗为献。"①
又："成周之会，……氏羌以鸾鸟，……蜀人以文翰，……卜人以丹
砂。"②一般认为，"卜"即"濮"。孔晁注曰："卜人，西南之蛮。"
卢文弨注曰："卜，即濮也。"董难《百濮考》："《周书·王会
篇》：'卜人以丹砂。'注云：'西南之蛮，盖濮人也。诸濮地与哀
牢相接。'余按：哀牢即今永昌濮人，即今顺宁所名蒲蛮者是也。"③
此说虽不一定确切，但可与明清时期顺宁（今凤庆）蒲蛮进贡矮犬相
证。章太炎《西南属夷小记》："明清职贡，永昌顺宁皆贡濮竹，而
顺宁专贡矮犬，与王会百濮献短狗相契。"④商品交换不仅打破了地域
界限，加强了民族联系，也为商业发展奠定了基础，同时为政治经略
开辟了道路。

战国时期，楚国政治混乱，经济萧条，战争频发。楚威王派遣将
军庄蹻讨伐夜郎。庄蹻"济湘沅以南征"，由湘西进入贵阳以东的且
兰及以西的夜郎，后沿滇黔路线到达滇池。晋常璩《华阳国志》卷四
《南中志》："周之季世，楚威王遣将军庄蹻泝沅水，出且兰，以伐
夜郎，植牂柯系船。于是且兰既魁，夜郎又降，而秦夺楚黔中地，无
路得反，遂留王滇池。"⑤庄蹻到达滇池地区前，"靡莫之属"已在周
围开垦出大片肥沃的土地。庄蹻到达后，率领军队与当地人民联合，
共同谱写了云南与中原融合的新篇章。《史记》卷一百十六《西南夷

---

① 皇甫谧撰，宋翔凤、钱宝塘辑，刘晓东校点：《逸周书》，沈阳：辽宁教育出版社，
1997年，第63页。
② 皇甫谧撰，宋翔凤、钱宝塘辑，刘晓东校点：《逸周书》，沈阳：辽宁教育出版社，
1997年，第60—62页。
③ 耿德铭：《哀牢国与哀牢文化》，昆明：云南人民出版社，2003年，第304页。
④ 章太炎：《西南属夷小记》，载李绍明、程贤敏编：《西南民族研究论文选（1904—
1949年）》，成都：四川大学出版社，1991年，第2页。
⑤ 常璩：《华阳国志》，长春：时代文艺出版社，2009年，第46页。

列传》："蹻至滇池，方三百里，旁平地，肥饶数千里，以兵威定属楚。欲归报，会秦击夺楚巴、黔中郡，道塞不通，因还，以其众王滇，变服，从其俗，以长之。"①据学者考证：楚将庄蹻入滇的路线即当时楚贾人入滇之通道。②因此，庄蹻入滇，对云南的影响较为深刻。农业生产的变革与商品经济的繁荣，必然会带来更深层次的思想碰撞与文化交流。

春秋战国以来，中原地区诸侯争雄称霸，国家四分五裂，阶级矛盾尖锐。在此情况下，国家统一具有重大意义。秦元年（前221），秦始皇建立了以封建地主经济为基础的中央集权国家，在全国分设郡县，把云南纳入多民族统一国家的版图。《汉书》卷二十八《地理志》："秦地……南有巴蜀、广汉、犍为、武都，……西南有牂柯、越嶲、益州，皆宜属焉。……巴蜀、广汉本南夷，秦并以为郡，土地肥美，有江水、沃野、山林、竹木、疏食、果实之饶。南贾滇、僰僮，西近邛、莋马旄牛。……武都地杂氐、羌，及犍为、牂柯、越嶲，皆西南外夷。武帝初开置，民俗略与巴蜀同。而武都近天水，俗颇似焉。故秦地天下三分之一，而人众不过什三，然量其富居什六。"③基于这一背景，云南在中央政府的统领与管辖之下，获得了更多交流与合作的机会，这在一定程度上也为中原文化的传入奠定了坚实基础。

两汉沿袭秦制，在云南地区设置了更多郡县。汉建元六年（前135），汉武帝采纳唐蒙建议，派其率领士卒及仆役上万人，从四川到达夜郎，在该地区设置了犍为郡，并征发士兵，修建从僰道到牂柯江

---

① 司马迁：《史记》，北京：线装书局，2006年，第481页。

② 方国瑜：《略说战国至汉初的西南部族社会》，载《方国瑜文集》第一辑，昆明：云南教育出版社，1994年，第46页。

③ 班固：《汉书》，北京：中华书局，2007年，第306—307页。

的道路，打通了历史上著名的"南夷道"。《史记》卷一百十六《西南夷列传》："上许之。乃拜蒙为郎中将，将千人，食重万余人，从巴蜀筰关入，遂见夜郎侯多同。蒙厚赐，喻以威德，约为置吏，使其子为令。夜郎旁小邑皆贪汉缯帛，以为汉道险，终不能有也，乃且听蒙约。还报，乃以为犍为郡。发巴蜀卒治道，自僰道指牂柯（柯）江。"①汉元鼎六年（前111），汉王朝平定南夷地区，设置了牂柯郡，封夜郎侯为夜郎王；平定西夷地区，设置了越嶲郡。这一年，汉王朝"以兵临滇"，在滇王统治区设置了益州郡，并赐予滇王王印。郡县的建立，使云南绝大部分地区置于郡县统治之下，云南因此有了与全国统一的行政建制。为了缩短云南与中原地区经济与文化的差距，汉王朝又陆续出台了多项扩大生产、满足内需的政策。其中最著名的便是移民屯田制。移民屯田制主要有军屯与商屯两类。军屯的主体主要为派遣到云南戍守边地的士卒，商屯的主体主要为汉王朝招募的商人。《史记》卷三十《平准书》："乃募豪民田南夷，入粟县官，而内受钱于都内。"②另外，汉王朝亦派遣大批获罪之民到滇池地区垦荒。晋常璩《华阳国志》卷四《南中志》："晋宁郡，本益州也。元鼎初属牂柯、越嶲。汉武帝元封二年，叟反，遣将军郭昌讨平之，因开为郡，治滇池上，号曰益州。……汉乃募徙死罪及奸豪实之。"③移民屯田制度的建立，使得大量汉族人口源源不断地进入云南，这不仅促进了民族融合，推动了生产发展，稳定了边疆秩序，也为后世的移民屯田奠定了良好的基础。

　　魏晋南北朝是我国历史上北方民族大融合的时期，也是北方汉族

①　司马迁：《史记》，北京：线装书局，2006年，第481页。
②　司马迁：《史记》，北京：线装书局，2006年，第134页。
③　常璩：《华阳国志》，长春：时代文艺出版社，2009年，第55页。

移民南迁入滇的重要时期。"从东汉至三国魏晋南北朝时期，云南出土文物已基本失去地方特色，反映了中原汉文化与云南地方民族文化的融合。"①当时，许多北方移民以家族为单位，在交通中心居住，形成了一个个大部落，被称为"夷化了的汉族"或"汉化了的夷族"，即历史上有名的"南中大姓"。爨氏作为著名的南中大姓之一，在经历了霍氏与孟氏的火并与消亡之后，迅速发展成为南中势力最大的大姓。当时中原地区正处于封建割据时期，全国政治动乱，经济萧条。而处于爨氏集中掌控下的云南，由于爨氏未打着帝王旗号进行割据，相对来说社会环境比较安定，能够实现所谓的"宁抚氓庶，物物得所"②。当时中原汉族人民因不堪黑暗统治而逃避战乱，纷纷迁来云南，与当地少数民族人民融合，形成了隋唐之际的"西爨白蛮"以及"松外蛮""洱河蛮""汉裳蛮"，他们的迁移，对云南经济文化的发展亦起到巨大的推动作用。

隋初，云南仍处于爨氏的封建统治之下，隋文帝为了牵制其势力，先后派遣韦冲任南宁州总管，梁毗任西宁州刺史，对这些区域进行管理。后又在云南设置恭州、协州与昆州等，并任命西爨首领为昆州刺史。隋开皇十七年（597），西爨首领反叛，隋文帝命令史万岁率大军征讨，取得重大胜利。第二年镇压爨氏首领爨玩、爨震，重新把云南置于中央统治之下。《通志》卷四十一《右东夷》："西爨蛮晋时据南宁郡，其地延袤二千余里。隋以其地置恭州、协州、昆州。未几复叛，唐兵击之，开置青蛉、弄栋为县。"③

---

① 云南省博物馆编：《云南省博物馆学术论文集》，昆明：云南人民出版社，1989年，第17页。

② 《爨宝子碑》。

③ 郑樵：《通志》，北京：中华书局，1987年，第555页。

　　唐王朝建立之初，继续在云南设置州县，派遣官吏进驻管理，并实行了一系列安抚政策，加强中央与云南的联系。《新唐书》卷二百二十二下《南蛮传》："高祖即位，以其子弘达为昆州刺史，奉父丧归。而益州刺史段纶遣俞大施至南宁，治共范川，诱诸部皆纳款贡方物。"①《旧唐书》卷一百八十五上《良吏传》："高祖入关，遣使定巴蜀，使者承制拜仁寿嶲州都督府长史。时南宁州内附，朝廷每遣使安抚，类皆受贿，边人患之，或有叛者。高祖以仁寿素有能名，令检校南宁州都督，寄听政于越嶲，使每岁一至其地以慰抚之。仁寿将兵五百人至西洱河，承制置八州十七县，授其豪帅为牧宰。"②另外，唐王朝每年派遣大量官兵到云南戍边，使得一批又一批汉族入驻云南，最终在云南扎根。《太平寰宇记》卷一百七十九《南蛮·哀牢国》："唐麟德元年五月，于昆明之桥栋川置姚州都督，每年募兵五百人镇守。"③《资治通鉴》卷二百四十四《唐纪》："丙申，西川节度使杜元颖奏南诏入寇。元颖以旧相，文雅自高，不晓军事，专务蓄积，减削士卒衣粮。西南戍边之卒衣食不足，皆入蛮境钞盗以自给，蛮人反以衣食资之。由是蜀中虚实动静，蛮皆知之。"④《资治通鉴》卷二百六《唐纪》："蜀州每岁遣兵五百人戍姚州，路险远，死亡者多。"⑤到天宝年间，泸南戍兵不还的情况依然存在，原因是"饷路险远"。南诏统一六诏后，曾发动一系列掳掠战争，致使移民不断输入，大大充实了南诏人口，提高了生产力。《新唐书》卷二百二十二《南蛮传》："大［太］和三年，嵯巅乃悉众掩邛、戎、嶲三州，陷之。

　　① 宋祁等：《新唐书》，北京：中华书局，1975年，第6315页。
　　② 刘昫等：《旧唐书》，北京：中华书局，1975年，第4782页。
　　③ 乐史：《太平寰宇记》，北京：中华书局，1985年，第157页。
　　④ 司马光撰，胡三省注：《资治通鉴》，郑州：中州古籍出版社，1991年，第1676页。
　　⑤ 司马光撰，胡三省注：《资治通鉴》，郑州：中州古籍出版社，1991年，第1806页。

入成都，止西郛十日，慰赍居人，市不扰肆。将还，乃掠子女、工技数万引而南。……南诏自是工文织，与中国埒。"[1]唐樊绰《蛮书》卷七《云南管内物产》："自大〔太〕和三年，蛮贼寇西川，虏掠巧儿及女工非少，如今悉解织绫罗也。"[2]卷十《南蛮疆界接连诸蕃夷国名》："太和九年，曾破其国，劫金银，掳其族三二千人，配丽水淘金。"[3]卷四《名类》："贞元十年，南诏异牟寻领兵攻破吐蕃铁桥节度城，获裳人数千户，悉移于云南东北诸川。今铁桥城为南蛮所据，差大将军为城使。"[4]卷六《云南城镇》："贞元十年，南诏破西戎，迁施、顺、磨些诸种数万户以实其地。又从永昌以望苴子、望外喻等千余户分隶城傍，以静道路。"[5]由于南诏特殊的政治与文化背景，进入南诏地区的汉族移民大部分被"夷化"，如唐樊绰《蛮书》卷四《名类》："裳人，本汉人也。部落在铁桥北，不知迁徙年月。初袭汉服，后稍参诸戎风俗，迄今但朝霞缠头，其余无异。"[6]不过，仍然有一部分人保留了浓厚的汉族习俗，并对南诏及大理文化产生了深远影响。《太平寰宇记》卷一百七十七《南蛮·松外诸蕃》："唐贞观末为寇，遣兵从西洱河讨之。其西洱河从嶲州西千五百里，其地有数十百部落，大者五六百户，小者二三百户，无大君长，有数十姓，以杨、李、赵、董为名家。各擅山川，不相役属，自云其先本汉人。有城郭、村邑、弓矢矛铤，言语虽小讹舛，大略与中夏同，有文字，颇

---

① 宋祁等：《新唐书》，北京：中华书局，1975年，第6282页。
② 樊绰撰，向达校注：《蛮书校注》，北京：中华书局，1962年，第174页。
③ 樊绰撰，向达校注：《蛮书校注》，北京：中华书局，1962年，第232页。
④ 樊绰撰，向达校注：《蛮书校注》，北京：中华书局，1962年，第92页。
⑤ 樊绰撰，向达校注：《蛮书校注》，北京：中华书局，1962年，第138页。
⑥ 樊绰撰，向达校注：《蛮书校注》，北京：中华书局，1962年，第92页。

解阴阳历数。自夜郎滇池以西，皆云庄蹻之余种也。"①元郭松年《大理行记》："（大理国）公室、楼观、言语、书数，以至冠婚丧祭之礼，干戈战阵之法，虽不能尽善尽美，其规模、服色、动作云为，略本于汉。"②

元王朝建立之后，为了稳定云南局势，忽必烈派遣亲信赛典赤以平章政事身份管理云南，在云南建立了行省。行省之下，设路、府、州、县，撤销了原来的千万户组织。《元史》卷六十一《地理志》："云南诸路行中书省，为路三十七、府二，属府三，属州五十四，属县四十七。其余甸寨军民等府，不在此数。……（中庆路）至元七年，改为路。十三年，立云南行中书省，初置郡县，遂改善阐为中庆路。"③另外还实行了屯田制。《元史》卷一百《兵志》："国初，用兵征讨，遇坚城大敌，则必屯田以守之。海内既一，于是内而各卫，外而行省，皆立屯田，以资军饷。或因古之制，或以地之宜，其为虑盖甚详密矣。……至于云南八番，海南、海北，虽非屯田之所，而以为蛮夷腹心之地，则又因制兵屯旅以控扼之。"④行省制的确立与屯田制的推行，为大批汉族移民的迁入奠定了基础，云南逐渐改变了"夷多汉少"的局面。明李浩《三迤随笔·汉民充军云南事》："洪武十五年，云南初定。云南土著初民，多为土著三十八部民裔。汉人多为元时迁入，多为商贾，来自川、陕、湖、广。次为回回、蒙古人，皆为忽必烈入滇时随军、军汉后代子孙。中胡民为赛典赤、兀良哈台旧部。回回者，

① 乐史：《太平寰宇记》，北京：中华书局，1985年，第157页。
② 郭松年：《大理行记》，北京：中华书局，1985年，第2页。
③ 宋濂等：《元史》，北京：中华书局，1976年，第1457—1458页。
④ 宋濂等：《元史》，北京：中华书局，1976年，第2558页。

皆忽必烈征波斯等土所掳部丁，计十万余，皆屯于各路。"[1]

明王朝建立之后，为了加强中央集权，巩固政治统治，设立了卫所制。《明史》卷八九《兵志》："明以武功定天下，革元旧制，自京师达于郡县，皆立卫所，外统之都司，内统于五军都督府。"[2]又卷七六《职官志》："每卫设前、后、中、左、右五千户所，大率以五千六百人为一卫，一千一百二十人为一千户所，一百一十二人为一百户所，每百户所设总旗二人，小旗十人。"[3]明制亦规定，遣戍军人前往卫所，须携家室。《明史》卷九二《兵志》："军士应起解者，皆金妻，有津给军装、解军行粮、军丁口粮之费。"[4]《明会典》卷一五五《军政起解》："应起解者，皆拘妻金解，津贴军装盘缠。"[5]明代云南都司所共统领二十卫、三御、十八所，计一百三十三个千户所，以每千户所足额兵员人数计算，则当时驻云南卫军已近十五万，加上随迁家属，人口数字已相当可观。平定云南之后，军粮一度紧缺，"好生无粮"现象较为严重，在此情况下，明王朝继承与发扬了历代社会特别是金、元时期的屯田制度，令军士广置良田，进行开垦，从而将军屯推向高潮。《太祖实录》卷一百八十五："（洪武二十年九月辛巳）命西平侯沐英籍都督朱铭麾下军士无妻孥者，置营以处之，令谪徙指挥、千百户、镇抚管领，自楚雄至景东每一百里置一营屯种，以备蛮寇。"[6]在开设军屯的同时，也大力发展民屯与商屯。《明史》

① 李浩：《三迤随笔·汉民充军云南事》，载大理州文联编：《大理古佚书钞》，昆明：云南人民出版社，2001年，第185页。
② 张廷玉等：《明史》（五），长春：吉林人民出版社，2005年，第1389页。
③ 张廷玉等：《明史》（四），长春：吉林人民出版社，2005年，第1204页。
④ 张廷玉等：《明史》（五），长春：吉林人民出版社，2005年，第1443页。
⑤ 申时行等修：《万历朝重修本明会典》，北京：中华书局，1989年，第793页。
⑥ "中央研究院"历史语言研究所：《明实录·明太祖实录》，上海：上海书店，1982年，第2776页。

卷七七《食货志》：“其制，移民就宽乡，或召募或罪徙者为民屯，皆领之有司，而军屯则领之卫所。”①三种屯田经济的发展，需要大量人力物力的投入，因此，明制规定，军户世代为军，必须同家属一起屯守指定地方，不得迁移，不得逃亡。《明会典》卷二十：“凡军、民、医匠、阴阳诸色户，许各以原报抄籍为定，不得妄行变乱。违者治罪，仍从原籍。”②不仅如此，明王朝还从江南、江西、南京等地调集了大批汉族劳动人民到云南从事屯种生产。明谢肇淛《滇略》卷四《俗略》：“高皇帝既定滇中，尽徙江左良家闾右以实之，及有罪窜戍者，咸尽室以行。故其人土著者少，寄籍者多。”③明李浩《三迤随笔·汉民充军云南事》：“洪武知滇人性野，非强治不可。诏户部取苏、浙上户四万五千家，以不恭罪，军囚八万余迁云南。于十七年分批入滇为屯户，拨地为屯民。永乐初，帝察京城，洪武、建文诸臣僚及其族不恭者、有过者充实屯民。怀罪者多发往鹤庆、大理两府，为焦石佛光寨银厂堳工苦役。最苦为龙潭银厂，壮者背堳，老者烧炭。”④《滇粹·云南世守黔宁王沐英传附后嗣事略》：“（沐）英还镇（1398），携江南江西人民二百五十万入滇……（沐）春镇滇七年，……再移南京人民三十余万。”⑤明代汉族移民的大量进入，亦使云南文化打上了深刻的中原文化烙印。明谢肇淛在《五杂组》卷四《地部》中载：“滇中沃野千里，地富物饶，高皇帝既定昆明，尽徙江左诸民以实之，故

①　张廷玉等：《明史》（四），长春：吉林人民出版社，2005年，第1210页。
②　申时行等修：《万历朝重修本明会典》，北京：中华书局，1989年，第133页。
③　方国瑜主编，徐文德等纂录校订：《云南史料丛刊》（第六卷），昆明：云南大学出版社，2000年，第699页。
④　李浩：《三迤随笔·汉民充军云南事》，载大理州文联编：《大理古佚书钞》，昆明：云南人民出版社，2001年，第185页。
⑤　吕志伊、李根源：《滇粹》（第一册），昆明：古旧书店，1981年，第24—25页。

其地衣冠文物、风俗言语，皆与金陵无别。"①又在《滇略》卷四《俗略》中载："衣冠礼法，言语习尚，大率类建业；二百年来，熏陶渐染，彬彬文献与中州埒矣。"②

清政府设立关、哨、汛、塘，由于关、哨、汛、塘大都处于偏僻的山区及边地，生活不便，这又为大批汉族移民的进入创造了条件。汉族移民中，有"艺业生理"的工匠，有"挟资贸易"的商人，有"垦种以资生""佃种佣工"的农民，他们或"依村筑室，自成聚落"，或"斫树烧山，散在僻远"，③与当地人民和睦相处，共同发展了山区经济文化，也将民族关系向前推进。道光《威远厅志》卷三《风俗》："汉人有因商贾而来入籍者，有因谪戍而来入籍者，弟子聪颖者多，读书事半功倍。夷人渐摩华风，亦知诵读，有入庠序者。"④临安知府江濬源曾在《条陈稽查所属夷地事宜议》中说："历年，内地人民贸易往来，纷如梭织，而楚、粤、蜀、黔之携眷世居其地租垦营生者，几十之三四。"⑤又说："客民经商投向夷地，挈家而往者渐次已繁。更有本属单子之身挟资迁入，至于联为婚姻，因凭借彝妇往来村寨。"⑥道光《普洱府志》卷九《风俗》："国初改流，由临元分拨新嶍营兵驻守，并江右、黔、楚、川、陕各省贸易客民家于斯焉，于是人烟稠密，田地渐开，户习诗书，士敦礼让，日蒸月化，骎骎乎具

① 谢肇淛撰，郭熙途校点：《五杂组》，沈阳：辽宁教育出版社，2001年，第77页。
② 方国瑜主编，徐文德等纂录校订：《云南史料丛刊》（第六卷），昆明：云南大学出版社，2000年，第699页。
③ 木芹、木霁弘：《儒学与云南政治经济的发展及文化转型》，昆明：云南大学出版社，1999年，第323页。
④ 谢体仁纂修：《威远厅志》，清道光十七年（1837）刊本。
⑤ 云南省地方志编纂委员会总纂：《云南省志·人口志》，昆明：云南人民出版社，1998年，第86页。
⑥ 云南省地方志编纂委员会总纂：《云南省志·人口志》，昆明：云南人民出版社，1998年，第86页。

有华风。"①又云："他郎厅汉民皆非土著，系由临安、建水、石屏、新兴及川、广流寓入籍，耕读贸易，习以为常。"②因此，云南人口倍增。民国《元江府志》卷三《户籍》："旧系夷户，并未编丁，道光四年，迤南道查造保甲册内，土著一万三千一百八十二户，土著屯民一万一千二百八十九户，客籍二百三十八户。"③道光《威远厅志》卷三《户口》载《云南督抚稽查流民奏》："兹据开化府知府魏襄、广南府知府施道生禀称：'开化所辖安平、文山，广南所辖宝宁等属，因多隙地，川、楚、黔、粤男妇流民迁居垦种，以资生计，其来已久，自道光三年清查，除客户艺业生理狭资主人由客长约束，其余耕种流民多有家室，即归各里乡约附入保甲'。……开化所属安平、文山等处，现计客户流民共二万四千余户，广南所属宝宁、土富州等处，现计客户流民二万二千余户。"④

总之，明清以来，随着以江南籍、江西籍为主的汉族移民的进入，汉人的比例逐渐增大，明代"汉人三之，夷人七之"，清代是"大抵云南一省，夷居十之六七"，完全奠定了今天云贵地区汉族民俗文化特色的基础。⑤中原文化植入云南后，从各个方面深刻影响了云南的民风民俗。据清陈鼎《滇游记》记载，当时昆明城内金马坊、碧鸡坊"富庶有江浙味"⑥，而清徐炯《使滇日记》称昆明"服食半似江左"⑦。另外，徐炯《使滇杂记》亦载："滇南风俗，元旦桃符、门丞牲来贺

① 李熙龄续纂修：《普洱府志》，清咸丰元年（1851）刻本。
② 李熙龄续纂修：《普洱府志》，清咸丰元年（1851）刻本。
③ 黄元直修，刘达式纂：《元江志稿》，民国十一年（1922）铅印本。
④ 谢体仁纂修：《威远厅志》，清道光十七年（1837）刊本。
⑤ 蓝勇：《西南历史文化地理》，重庆：西南师范大学出版社，1997，第73页。
⑥ 陈鼎：《滇游记》，北京：中华书局，1985，第2页。
⑦ 蓝勇：《西南历史文化地理》，重庆：西南师范大学出版社，1997，第198页。

岁，春日春盘当春，元夕当灯张乐，三月三日修禊，清明墓祭，端午蒲觞角黍，七夕乞巧穿针，重阳登高饮茱萸酒、赏菊，十月墓祭，腊八日作五味粥，廿四日祀灶，除夕爆竹，与江南无异，言语饮食大都与金陵等，人谓之小南京。"[①]关帝信仰作为一种民间文化，虽在云南史籍中无明确记载，但可以肯定的是，其一定是在大批汉族移民迁入的历史背景下，受中原文化影响而产生和发展起来的。

第二节　云南宗教信仰的历史

　　原始社会阶段，人类在与自然界作斗争的艰苦生活中，由于对自身及自然界许多变幻莫测的现象无法理解，更无法驾驭，便将其视为具有超自然、超神力的神圣物象而顶礼膜拜。随着生活经验的积累，人们的抽象思维能力得到加强，从而形成了独立于自然物与自然力之外的神灵观念。在万物有灵观念的指引下，大批自然事物如天地、日月星辰、动物、植物、祖先、图腾等纷纷进入他们的崇拜领域，原始宗教在此基础上得以孕育产生。

　　云南原始宗教信仰的产生亦在原始社会，而且至今仍在部分地区大放异彩。1955—1960年，考古工作者对晋宁石寨山进行了四次发掘，发掘墓葬数十座。其中，有三件马鞍形房屋模型较为引人注目，该房屋共有两层，下层豢养猪、牛等家畜，屋子正中有一小龛，龛内供奉着一个滇地妇女的头颅。另有一件"猎头"图像铜牌饰，两名"椎髻"

---

① 蓝勇：《西南历史文化地理》，重庆：西南师范大学出版社，1997年，第76页。

男子各提一个人头，并且将被害者的妻儿、牛羊一起俘掠回来。1972
年，考古工作者在江川李家山发掘墓葬27座。其中出土的一件铜斧，
其銎部刻铸三个"椎髻"男子，其中一人骑马，手提人头，似乎是刚
从某地猎得人头而回。还有一件青铜短剑，其柄部刻有一巫师，手提
人头作下蹲状，想必是用猎得的人头做某种祭祀仪式。①无独有偶，"文
化大革命"期间，考古工作者在宾川白羊村24座墓葬中发掘了16座无
头墓葬，并在元谋大墩子墓葬中发现一种特殊的断肢葬式。联系至今
仍在南洋群岛的达雅克人中盛行的猎头习俗，我们不难推断出，原始
社会云南先民已盛行猎头习俗。他们将亲人头颅视为神圣的崇拜物而
加以供奉。猎头习俗是云南祖先崇拜的最早反映，也是云南原始宗教
的最初雏形，这证明云南的原始宗教信仰至迟在新石器时代已经形成。
另外，1972—1973年，元谋大墩子墓葬中出土17座瓮棺葬。瓮棺，即
以日用之陶罐作为葬具，埋于浅穴之中的祭葬方式。瓮棺的死主多数
是幼童。在原始人的观念中，孩子即使死去也不能远离亲人，因而，
瓮棺墓地一般都在住房附近。多数瓮棺的肩部、腹部或底部均有人为
敲击而成的1—3个圆孔，似乎是为了让孩子的灵魂随意从此处出入。
猎头习俗与瓮棺圆孔展现了云南原始先民的思想活动与精神生活，在
他们的意识里，除了自然属性的身体之外，还有一种游离于身体之外，
却与身体合而为一的、永恒的、看不见、摸不到的神秘灵魂。万物皆
有灵性，而灵魂永不幻灭，因此，围绕死去的人产生了种种祭祀活动。

　　在云南原始社会，牲祭已非常普遍，而且祭品丰富，活人祭、活
物祭也在许多出土文物中有深刻体现。晋宁石寨山曾出土一批利用铜

---

① 张增祺：《滇王国时期的原始宗教和人祭问题》，载云南省博物馆编：《云南青铜
文化论集》，昆明：云南人民出版社，1991年。

鼓铜奁及其他器物加上底和盖子改装而成的专用贮贝器。这批贮贝器有七件在盖子上或腰部铸有人物活动场面。其中，有两组是杀牛祭祀的场面，有三组是杀人祭柱的场面。如一件"剽牛铜牌饰"上，有四个人颇似巫师，二人用手紧按牛背，一人揪住牛尾，另一人持绳数周，将绳之一端盘绕牛腿，另一端系于柱上，一场剽牛仪式即将开始。[①]在云南原始社会的宗教祭祀中，祭柱是最庄严最隆重的活动。在云南先民看来，柱即是天，适时举行祭祀活动，把事务或愿望向天汇报，是希望获得天的恩准，得到天的保佑，故祭柱习俗实际上反映的是柱崇拜倾向。这一习俗亦在后世得到了很好的传承。如《南诏图传》中就有"三赕白大首领将军张乐进求并兴宗王等九人，共祭天于铁柱侧"的文字和画面。现尚存唐代铁柱实物，在今弥渡县太花乡庙前村原铁柱庙内，柱呈圆形，高3.3米，上有铭文，注明此柱乃南诏景庄王世隆于建极十三年（872）所建。[②]

另外，这些出土文物表明，在遥远的原始社会，云南已出现专门从事宗教活动的巫师。晋宁石寨山出土的"剽牛铜牌饰"上，铸有四个巫师形象的人，他们头戴近似冕旒之冠，长发垂于肩部两侧。在另一件鎏金铜牌饰上，铸有四人并排作舞蹈状，四人头戴尖顶高帽，高帽后垂有两条长带，帽下垂至眉间，双手戴铃，左手曲于胸前，想必是在"作法布道"。还有的巫师服饰更为奇特，头戴兜鍪，身披鳞甲，颈饰羽翎，腿绕兽尾，手持弓弩。另有一些巫师形象狰狞可怕，巨眼、大嘴、长牙、手提人头等等。巫师手中之法器多是铃、剑、弓等，另

---

① 张增祺：《滇王国时期的原始宗教和人祭问题》，载云南省博物馆编：《云南青铜文化论集》，昆明：云南人民出版社，1991年。

② 李昆声：《云南艺术史》，昆明：云南教育出版社，1995年，第290页。

外，有几件青铜器物中巫师所持之物是伞。①出土于呈贡的一个铜鼎，铸有一位头戴羽冠、身披铠甲、手举仪杖的巫师，正在虔诚布道行法，场面威严而又神秘。巫师的出现及娱神活动的举行，标志着云南的原始宗教已走向成熟。

春秋时期，在激烈的大国征战中，中原文化与云南文化发生碰撞，逐渐渗透到云南每一个角落。而在所有中原文化中，渗透力最强和影响面最广的无疑是来自荆楚的楚文化。楚文化的代表人物屈原，留下了许多脍炙人口的佳作，而这些佳作对云南的宗教信仰也产生了深远影响。《楚辞·天问》中"水滨之木，得彼小子"的诗句，在云南被幻化成"水中触木，生九子"的"九隆"神话。《招魂》中"魂兮归来"的主题，为至今仍在云南各地流行的《招魂歌》或《招魂词》描画了轮廓。《九歌》展现的迎神、送神、颂神、娱神仪式至今仍能在云南宗教活动中找到印记，而巫师承袭的也是千年不变的基本法则。《楚辞》《九歌》中出现的众多神鬼，如湘君（湘水之神）、河伯（黄河之神）、少司命（子嗣之神与儿童命运之神）、东君（太阳神）、山鬼（山神）、鲮鱼（人面鱼身的怪物）、烛龙（人面蛇身之神）、应龙（长有翅膀的飞龙）、萍号（雨师）等均以神灵身份活跃在云南老百姓的意识中，千百年来受到人们的崇拜与追捧。

作为中国传统宗教的道教，自战国时期便以传播神仙方术的"方仙道"与托黄帝神仙之术、托老子道德修养的"黄老道"而初见端倪。东汉时期张陵（即张道陵）在四川首创"五斗米道"，为道教派别的开创奠定了坚实基础。此后，随着蜀滇通道的陆续开放，"五斗米道"也渐经四川传入云南，并逐步扩展开来。除了蜀滇相互毗邻、交通便

---

① 顾峰：《古滇艺术新探索》，昆明：云南教育出版社，1992年，第90页。

利之外，还有另外一些相似原因。"一是五斗米道的一些方术与云南少数民族原始巫教的巫术行为有极相似的地方，如《华阳国志·南中志》言：南中之民'俗征巫鬼，好诅盟，投石结草'，而五斗米道《正一法文经章官品》中所记录的方术也多与此相似。二是古代云南人民多有类似于道教追求长生不死的思想，如后世道教极为推崇的古蜀王杜宇，《太平御览》卷八百八十八言其出生于朱提，《华阳国志·蜀志》又言其'以汝山为畜牧，南中为园苑'，曾为了修炼长生而将王位禅让给了鳖灵。……这种'略同'，使得五斗米道的说教流入云南后很容易在云南的部分区域传播开来。此外，五斗米道中保留了较多的西南少数民族原始宗教的内容，五斗米道的祀神驱鬼等行为，与云南白族、彝族等少数民族先民（濮、僰、叟）的原始宗教中的攘鬼除祟等行为也极相似，这使五斗米道在西南少数民族地区较容易得到认同，从而易于得到流传。"①

　　作为世界三大宗教之一的佛教，于东汉初年传入中国。但"云南远在荒服之外，未闻有奉其教者"②。至唐，有号观音者进入云南弘扬佛法，③才开启云南佛教信仰之风。与道教一样，佛教的传入并非偶然，而是与云南原始宗教有着诸多契合点。"佛教的三世两重因果理论认为，凡生命之体，在其未获'解脱'之前，必然要在过去、现在、未来三世，以及地狱、饿鬼、畜牲、人、天、阿修罗六道中生死轮回。"④"佛教的一些礼仪、祭祀形式与本土宗教极为相似，具有不

---

　　①　萧霁虹、董允：《云南道教史》，昆明：云南大学出版社，2007年，第15—16页。
　　②　昆明筇竹寺明镇《无相禅师塔铭》。
　　③　元佚名：《白古通记》，载王叔武辑著：《云南古佚书钞》，昆明：云南人民出版社，1979年，第56页。
　　④　傅永寿：《南诏佛教的历史民族学研究》，昆明：云南民族出版社，2003年，第35页。

少共同点。如密宗的'三密三印''即身成佛'的说教：口诵真言，即口念，叫语密；手结契印，即各种手势，叫身密；心作观想即想象，叫意密。掌握了这三密，就可以即身成佛。这种修行方式接近于原始宗教的巫术，也接近于天师道的一些礼仪。"[1]因此，佛教在云南百姓心目中，无疑是一味救苦救难、济寒赈贫的良药，自然容易为百姓所接受。

总之，云南具有宗教信仰的丰厚土壤，当原始宗教信仰深深植根于人民心田时，与原始宗教有着诸多共通性的道教与佛教就能够顺利导入。而后，支撑三种宗教的各路神祇自然而然会受到膜拜，并进入祭坛。关帝信仰就是在这样的思想基础上产生和发展起来的。

第三节　云南关帝庙宇的修建历史

承前所述，云南具有深厚的原始宗教信仰基础，早期宗教信仰主要为灵魂崇拜，而后化为偶像崇拜，再升华为神祠崇拜。可以说，每一个偶像的产生与发展，最终都会物化为用于膜拜的神祠。因此，探寻云南关帝信仰的形成历史，离不开对神祠、庙宇及道观的梳理。

神祠是原始宗教的祭拜场所，也称祠庙。神祠的兴建，最早可追溯到先秦时期。《尚书》卷二《舜典》："正月上日，受终于文祖。在璇玑玉衡，以齐七政。肆类于上帝，禋于六宗，望于山川。"[2]随着

---

① 傅永寿：《南诏佛教的历史民族学研究》，昆明：云南民族出版社，2003年，第35页。

② 张馨编：《尚书》，北京：中国文史出版社，2003年，第12页。

五岳四渎的敕封，各种自然崇拜神祠相继产生。云南较早出现的神祠是黑水祠。《后汉书》卷三十三《郡国志》："滇池出铁，有池泽，北有黑水祠。"[①]《汉制考》卷四《书》："黑水，正义：'《地理志》：益州郡，故滇王国也。武帝元封二年始开为郡，郡内有滇池县，县有黑水祠。'"[②]《滇考》卷上《楚庄蹻王滇》："今云龙州有三崇山，一名三危。澜沧经其麓，其地有黑水祠焉。"[③]黑水祠一说在滇池，一说在云龙，或许二地都有，但无论位居何地，或许都反映了云南祠庙的源头。

魏晋南北朝时期，鬼神崇拜异常兴盛，云南除继续建造自然崇拜的神祠之外，又增加了部分人物崇拜的神祠，如瞿君祠、望帝祠、周公庙、姚岳庙等。同时，一批与云南有关的历史人物也纷纷登上祭坛，如司马迁、司马相如、王褒、张渤等。到了唐代，南诏异牟寻即位，仿照中原格式敕封五岳四渎，首开云南敕封偶像的先例。胡蔚本《南诏野史》："德宗甲子兴元元年，牟寻迁居史城，改号大理国，自称日东王。封岳渎，以叶榆点苍山为中岳，乌蛮乌龙山为东岳，银生府蒙乐山为南岳，又封南安州神石亦为南岳，越巂高黎贡山为西岳，嶲州雪山为北岳。封金沙江石下祀在武定州，兰沧江祀在丽江府，黑惠江祀在顺宁府，怒江祀在永昌府，为四渎，各建神祠。又立三皇庙。"[④]与此同时，以龙、虎为代表的动物崇拜及以土主为代表的鬼神崇拜相得益彰，大为兴盛，促进了文武贤达神祠与龙王寺庙的兴建。宋代理

①　范晔、司马彪：《后汉书》（下），长沙：岳麓书社，2008年，第1252页。

②　王应麟：《汉制考》，北京：中华书局，1991年，第9页。

③　云南省人民政府参事室、云南省文史研究馆编，李孝友、徐文德校注：《滇考校注》，昆明：云南民族出版社，2002年，第6页。

④　倪辂辑，王崧校理，胡蔚增订，木芹会证：《南诏野史会证》，昆明：云南人民出版社，1990年，第86页。

学盛行，云南原始宗教信仰一度走向衰退，原始神祠的兴建也一度减少。自然崇拜、动物崇拜神祠屈指可数，但鬼神崇拜仍占据主导地位。特别是随着与中原交往的日益增多，大批英雄人物如关羽、岳飞、狄青等，渐渐在人们心目中占据主导地位，成为英雄崇拜的代表人物。元代，鬼神崇拜仍占据主流地位。当云南被纳入中原版图后，大批中原神祇顺势进入，在一定程度上改变了云南原始宗教信仰的沉寂状态。明清以后，由于中央政府对原始宗教信仰进行有目的的引导和利用，各种符合封建统治阶级道德规范与利益需求的神祇应运而生，并迅速增加。与此同时，各省会馆也如雨后春笋般蓬勃发展，并进驻到云南各地。这一时期，云南的原始宗教信仰明显地表现出三个特色：第一，崇拜对象异常丰富。贤儒、武官、乡贤、孝悌、忠义、节烈、龙王等纷纷成为各地奉祀的对象。其中土主崇拜如火如荼，达到登峰造极之境界。第二，崇拜种类多种多样。自然崇拜、植物崇拜、动物崇拜、鬼神崇拜、图腾崇拜、生殖崇拜等等均在各地勃然兴起，巫人及巫术亦发展迅速。第三，崇拜民族数量较多。云南少数民族众多，佛道传入后，汉族成为佛道信仰的主体，而少数民族却是原始宗教信仰的中坚力量。但发展到这一时期，云南各族人民几乎都在信奉原始宗教之外，渐渐受到了佛道的熏染，故信仰民族数量及信教种类相对复杂。这一情况，也使云南成为西南乃至全国原始宗教信仰较为典型的地区。

有研究者认为，云南最早的关帝庙为五灵庙，系产生于魏晋南北朝时期。"五灵庙所祀则显然带有历史演化的痕迹，当初或仅为专祀关羽的祠庙，尔后增祀赵昱（一称赵云），至宋、元以后又加进唐、葛、周天门三将军，遂成'五灵'。"①《新纂云南通志》对五灵庙的历史以及所祀神灵亦有记录："五灵庙，在城南门内。祀唐、葛、周三真君及崇宁至道真君、清源妙道真君，合称五灵。按：崇宁真君即关壮缪，清源真君即隋嘉州太守赵昱，唐、葛、周三真君，相传为周厉王时三谏官，弃官游吴仙去者。又有三国汉镇军将军赵云亦附祀于内，为碧山土主。"又："五灵庙，相传孔明南征时立，名五龙。洪武辛酉，天兵下云南，庙毁，黔宁昭靖王时为西平侯，总师留镇，寻以祷旱有感，改为五灵。今所祀吴客三真君：清源妙道真君、崇宁至道真君、碧山土主之神。稽之外传，三真君者，唐、葛、周三仙，周厉王时三谏官也，尝弃官游吴，用神策为吴降楚，自以客臣辞迁赏，其得名以是。夫崇宁，即蜀汉关将军云长，宋真宗朝盐池作怪，显灵灭之。清源姓赵，讳昱，隋嘉州太守，年二十八，怒入泠源斩蛟后，隐去为神。碧山，盖蜀汉赵将军子龙，意尝偕孔明南征，有功德于此而崇祀。余亦莫知其所以合祀之意，神六而庙名五龙、五灵，意必有在，未可强为之说，岂今所祀与旧有不同耶？"②从这段历史记载看，五灵庙确有其庙，相传是建于诸葛孔明南征时，然而何时祭祀关羽并未明确。因此，建于魏晋南北朝之说有待商榷。

另外，李纯君在《孔明建关庙于孟获乡》一文记载云："略谓：据传孔明于三擒孟获时，使赵云、魏延与孟氏族人最有力之孟龙、孟虎较重武器；为赵、魏胜之。孔明反置酒为之压惊，并令其导往黑泉，知有毒，令封闭之；而在黑泉上面建关侯庙。庙塑关公父子及周仓三泥像，并定以永昌县（按：在云南）县宰为主祭官，拨大量公田为庙

产。并将关侯一生大事，勒石为碑以示边民，该庙自汉至今犹峥然矗立于原地，庙貌庄严如故；盖历代帝王均有重修也。战时，我远征军赴缅甸配合盟军作战，道出保山县（按：在云南省，汉时的永昌旧址即在保山县），经过金锟村及诸葛营各地，得瞻此一间最古老之关侯庙。"①事实上，诸葛亮在云南少数民族地区建立关庙一事，正史并无记载。云南的地方历史文献尽管罗列了保山县的多个关帝庙，但亦未提及保山县有关帝庙建于三国时期。再者，关羽在世时并没有到过那个地方，只有诸葛亮带兵去征战过，所以，即使诸葛亮真想以关大将军的神威震慑"蛮主"，并以他的忠义精神教化"夷族"，也应该找一位夷族熟悉并且崇拜的偶像，这样才能在夷族中站稳脚跟，树立威信。比如诸葛亮本人，因为七擒六放孟获的义举，使孟获本人感佩交并，亦使百姓心悦诚服，因此，百姓乐于为他建立祠庙。有文记载云："蜀相武侯诸葛孔明，建兴南征南中，与孟获战于赤石寨、佛光寨，皆擒之。获不服，亮六纵之。获与亮约，决战于龙尾关洱河水口。获集哀牢九部酋，汇诸部族三万众，兵出漾水，夜绕青龙山，至洱河尾水口。时武侯伏兵于隘口万余，于天生关两岸智擒孟获，于天生关南岸上路帽顶坪侧。获服亮智心胸宽厚，七擒而降。亮厚赐获，封诸部酋各治其地，各理其部。以孟优、吕凯屯军龙尾关、永昌二地。建石河城于洱河尾。东侧马涧道为东营，永昌为西营，相距五百里。孟获居浪穹佛光寨为西寨。泸水西岸金沙渡口南侧龙首山赤石崖，今十二蕃司府为东寨。武侯殁，孟氏念孔明仁厚，以檀香雕像供于佛光寨，以立秋日祀之，以求丰登。"②又："孔明南征孟获，治南中，而派人

---

① 李纯君：《孔明建关庙于孟获乡》，《龙冈秋季刊》，1961年，第29页。
② 李浩：《三迤随笔·点苍武侯祠遗址》，载大理州文联编：《大理古侠书钞》，昆明：云南人民出版社，2001年，第89页。

入西川，学桑蚕，织丝罗，武侯夫人黄氏亲授诸技。白崖有孔明祠，有沉香木刻孔明、黄阿婆像而祀之。段氏敬仰武侯，而于土主祠侧塑武侯、黄阿婆像。段氏敬孔明南征，教南人造水碓、水磨、耕种农事。教民仿蜀汉开田陌，修河渠。吕凯、李恢部属亲授农技。至此，南地始开化。历数百年，妇幼皆知孔明。西平侯叹曰：'孔明，治滇第一人。'"①基于此，诸葛亮在云南少数民族地区建立关庙的说法也值得商榷。

事实上，揆诸历史，关帝信仰当为中原文化产物，云南的关帝信仰亦从中原传入，且自魏晋南北朝至隋唐以前，云南并无关帝庙兴建记录，故隋唐以前的建庙时间恐不太确切。目前学界普遍认为，历史上关帝庙的发源地应在山西，即关公故里，关帝信仰亦与山西人民的信奉与推崇有关。中国目前最早的关帝庙，一般公认的有五处：一为湖北玉泉山麓小关庙，相传建于关羽遇害后的两年，即蜀汉章武二年（222），距今有约1800年的历史。二为山西解州关帝庙，始建于隋开皇九年（589），距今有1400多年的历史。三为山西省平遥县七洞村关帝庙，创建于唐朝，距今有1200年左右的历史，重修于清道光九年（1829）。四为山西定襄县关王庙，一说始建于唐，一说创建于金泰和八年（1208）。五为山西太原市庙前街关帝庙，始建于北宋太平兴国四年（979），距今有1000多年的历史。历史绵邈，古迹难寻，尽管这些关帝庙的修建时间不一定确切，但证明了我国最早关帝庙的修建时间不会早于三国时期，而且发源地皆在中原。因此，云南关帝庙的修建时间应该也不会早于三国时期。

①　李浩：《三迤随笔·南人崇诸葛武侯》，载大理州文联编：《大理古佚书钞》，昆明：云南人民出版社，2001年，第158页。

　　据文献记载，云南最早的关帝庙于宋代建于昆明，名武安王庙。民国《新纂云南通志》卷一百十二《祠祀考》："武安王庙，在城内大灵庙前，原名关王庙。案：王受封始于宋徽宗，始封为忠惠公，大观二年加封武安王。此庙之建当在政和六年段正严遣使朝贡受封之后。滇之关帝庙，此为最古。"①武安王庙的建立，体现的是人民精神追求与灵魂修养的高度物化。这也是唐代统治阶级笃信佛教、大兴佛寺的一种文化延续。其时，云南虽未纳入中原行政版图，但上层统治阶级已经与中原在政治、经济、军事、文化等方面建立了密切联系，而且，该时期佛教精神与儒家文化已在云南上层社会形成较大影响。而关羽作为忠、勇、仁、义的化身，与儒、佛经义有着极佳的契合度，因此，其传入具备一定的历史必然性。元代，云南设置行省，结束了魏晋南北朝以来南北割据的局面，社会生活相对稳定。而云南平章政事赛典赤·赡思丁在云南建立孔庙的事件，标志着儒家文化已在云南打下深厚的根基，并渐渐融入人民的生活中。此时，关帝信仰日渐走向兴盛。建于大理府太和县的武帝庙就是一个明证。到了明代，中央政府对关羽推崇备至，先后对其进行了五次加封，还将其纳入国祀典礼，营造了关帝信仰极强的社会氛围，举国上下的祭祀活动如火如荼。这一时期，全国各地关帝庙数量剧增，云南关帝庙的修建也呈现同样的趋势。首次建于明朝的关帝庙就达三十余所，尤以万历年间的修建为最，占明朝可考关帝庙数量的四分之一以上。清代，随着清政府对关羽的继续加封，关帝信仰达到了顶峰。

---

　　① 龙云、周钟岳纂修：《新纂云南通志》，民国三十八年（1949）铅印本。

第四节 云南关帝信仰形成的原因

云南的关帝信仰，是在本土原始宗教信仰的基础上，融合儒释道三教教义，伴随着历史上移民、军屯、通商、留戍、流放的社会背景而兴起的。但这些条件，还不足以使关帝信仰成为覆盖全国乃至影响全世界的重要信仰。究其来源，实际上还有更为深刻的历史与社会原因，兹分析如下。

一 地理环境的造化

文化的形成与地理环境息息相关，这已是一个不争的事实。云南关帝信仰的形成，亦源于地理环境的影响与造化。

云南地处西南边疆，自古就是少数民族聚居区。由于人口文化水平普遍偏低，思想素质相对落后，对自然现象与社会生活缺乏正确认识，遂较容易将万事万物归结于神灵，并产生迷信与崇拜思想。关帝信仰在一定程度上也是迷信与崇拜的产物。

从另一个层面上看，云南虽地处偏远，却是沟通西部地区、连接东南亚各国的重要交通枢纽，具有沟通内外的有利优势。因此，历朝历代的封建帝王都力图打通云南通道，希望将其纳入统治版图。战国时期，庄蹻开滇，无疑是云南历史上具有划时代意义的重大事件。此后，云南封闭的大门得以打开。而随着先进的楚文化的引入与传播，云南与中原交通的桥梁也因此得以搭建。

云南经济条件落后，以农业为支撑产业。在长期刀耕火种的艰苦劳作中，云南先民对雨水的渴求异常强烈，因此在很早以前，就产生了祭拜龙王的习俗。当中原文化将农历五月十三（本书中如无特别说明，此类日期均为农历纪日）关公磨刀下雨的神话传入后，云南百姓自然也承袭了这一传说与仪式。

另外，云南自建立以来，一直经历着各种各样的战争。处于社会下层的无辜百姓，饱受战争煎熬，渴望逃避战争苦难。在此情况下，战无不胜、攻无不克、以庇护苍生为己任的关羽的出现，自然赢得了百姓的追捧与爱戴。

由此可见，地理环境为关帝神职神格的产生提供了契机，而关帝与生俱来的优秀品质与赫赫功绩又顺应了百姓的心理需要，因此，关帝才会被百姓奉为神灵，关帝信仰亦在此基础上得以形成和发展。

二 文学艺术的美化

史传文学中的关羽事迹，最早见于西晋陈寿所著的《三国志》。后裴松之为《三国志》作注，加入了《蜀记》《魏书》《傅子》等史书的内容，完善了其中的历史资料。到了北宋时期，司马光著《资治通鉴》，又补充了一些重要的历史事件。综合各种著述，关羽平生的故事主要有：亡命琢郡；结拜刘、张；乞娶貂蝉；辞曹归刘；劝刘杀曹；刮骨去毒；拒婚孙权；单刀赴会等。这些情节可谓是关羽形象的基本原型。

而到了元代，地方戏曲渐渐将关羽或三国故事搬上舞台，并对关羽形象做了艺术加工与处理。一批批表现关羽显圣的剧目相继出现，如《关云长大破蚩尤》《关大王三捉红衣怪》《关张双赴西蜀梦》等。这些剧目无不绘声绘色地突出了关羽的神灵形象。至今仍在云南澄江小屯村流行的关索戏，当系元代关公戏的传承剧种，即以关索为依托，反映了以关羽为代表的众三国英雄的神圣威武。关公戏对关羽人格进行了美化，对关羽神性进行了渲染，由此也在民众心里留下了深刻的记忆烙印，对民众信仰产生了深远影响。

元末明初，罗贯中著《三国演义》，该书沿袭三国剧目内容，对关羽形象进行了更多的加工与渲染，不仅突出了关羽的人格，更加凸显了他的神格。书中描写关羽的神异事迹的内容主要有：关羽殒没之际，空中有神招之；殒没后拜普净禅师皈依佛门；骂权索蒙；惊吓曹操；泣告刘备要为之雪恨；助子斩潘璋；阵前救关兴。这些显圣故事不仅充实了关羽神化故事的内容，还启发了民众的想象力和创造力，促使民众自觉将文学艺术与市井小说相联系，创造了更多题材广泛的显圣传说。这样一来，关羽神话传说的表现内容越来越奇异，流传区域越来越广泛，关羽信仰也越来越深入民心。

三 文化心理的同化

"忠""孝""仁""义""信"是儒家文化大力弘扬的道德准则。经过几百乃至上千年的积淀，这些精髓已深深植根于长期接受儒家文化熏陶的中国人的思想意识中。人们对这些品质推崇备至，很多人都把它作为修身立命、品评人物的准则。关羽精忠报国、恪守孝道、待人仁慈、行侠仗义、重诺守信的精神正与人们的文化心理相一致，因此能够引发百姓的共鸣与推崇。

另外，从各时代各地区流行的关羽传说中可以看到，关公显圣助战的主题几乎占据了大半,人们对关羽驰骋疆场、所向披靡的英雄气概充满了敬畏,因此把他奉为战神、守护神、武财神。这些现象无不流露出人们崇尚勇武的心理。而正是这种尚武心理,使民众对关公的崇拜更加深入持久。

四 政治统治的教化

关羽忠、孝、仁、义、信等优秀品质,不仅在民众的精神层面处于主导地位,亦在统治阶级的执政过程中居于核心位置。在历代统治者看来,关羽精神既是其进行政治教化的理想典范,又是维护其统治制度的有力武器,因此,对关羽的推崇与褒扬一代胜过一代。

最初的封谥是在蜀汉景耀三年(260),后主刘禅追谥关羽为壮缪侯,这时距关羽去世已有四十年。唐代朝廷敕封关羽为“伽蓝神”,并于常见十八罗汉旁塑关羽神像作为供奉。宋徽宗在位期间,对关羽进行过四次封谥:崇宁元年(1102)追封关羽为忠惠公,崇宁三年(1104)封关羽为崇宁真君,大观二年(1108)封关羽为昭烈武安王,宣和五年(1123)再封关羽为义勇武安王。这个时候,关羽的封谥由侯至公再至真君,已迅速升迁为王。宋高宗于建炎二年(1128)三月十五日封关羽为壮缪义勇武安王。宋孝宗淳熙十四年(1187)十一月二十一日封关羽为壮缪义勇武安英济王。元世祖忽必烈封关羽为“监坛”。元文宗天历元年(1328)封关羽为显灵义勇武安英济王。到了明代,关羽的封谥一跃而到了一个新的地位:帝。明太祖朱元璋洪武元年(1368)又恢复关羽的“汉寿亭侯”。明武宗正德四年(1509)赐关庙曰忠武庙。明神宗万历十年(1582)封关羽为协天大帝。明万历十八年(1590)封关羽为协天护国忠义帝。明万历二十二年（1594）应道士张通元的请求，进关羽爵位为帝，赐关庙曰英烈庙。明万历四十二年（1614）十月十日封关羽为三界伏魔大帝神威远震天尊关圣帝君。同时封关羽夫人为九灵懿德武肃英皇后，长子关平为竭忠王，次子关兴为显忠王，长期追随关羽的部将周仓为威灵惠勇公。到了清代，对关羽的封谥仍在如火如荼地进行。清世祖顺治九年（1652）封关羽为忠义神武关圣大帝。清世宗雍正三年（1725）封关羽祖辈三代，曾祖为光昭公，祖为裕昌公，父为成忠公。清高宗乾隆二十五年（1760）改关羽原谥壮缪侯为神勇侯。清乾隆三十三年（1768）封关羽为忠义神武灵佑关圣大帝。清乾隆四十一年（1776）又改乾隆二十五年谥关羽的神勇侯为忠义侯。清仁宗嘉庆十九年（1814）封关羽为忠义神武灵佑仁勇关圣大帝。清宣宗道光八年（1828）封关羽为忠义神武灵佑仁勇威显关圣大帝。清文宗咸丰四年（1854）封关羽为忠义神武灵佑仁勇威显护国保民关圣大帝。清咸丰五年（1855）又加封关羽三代祖辈为王，曾祖光昭王、祖裕昌王、父成忠王。咸丰又加封关羽为忠义神武灵佑仁勇威显护国保民精诚绥靖关圣大帝。清穆宗同治九年（1870）封关羽为忠义神武灵佑仁勇威显护国保民精诚绥靖翊赞关圣大帝。清德宗光绪五年（1879）封关羽为忠义神武灵佑仁勇威显护国保民精诚绥靖翊赞宣德关圣大帝。清代皇帝的屡次加封，使关羽的封号长达26字，超过了前代任何王朝。如此长久且大规模的封敕，使关羽源于民间的模糊神性得到了确证和进一步发展。而民众对关帝集扶正压邪、佑护众生、招财进宝众多神格于一身的神性深信不疑。在这样的历史背景下，关帝信仰日渐深入人心，关帝信仰之风亦随之推广至全国乃至世界。

五 宗教传播的神化

关帝信仰萌芽于魏晋南北朝时期，兴盛于明清，之所以成为流传千古、遍布全国的信仰文化，主要在于"凝聚在关羽身上而为万世共仰的忠、义、信、智、仁、勇，蕴涵着中国传统文化的伦理、道德理想，渗透着儒学的春秋精义，与释教、道教教义所趋同的人生价值观念，实质上就是彪炳日月、大气浩然的华夏魂"。[①]因此，作为中国传统精神支柱的儒释道三教，无不对其推崇备至。儒家尊关羽为"文衡帝君""文衡圣帝"，将其奉为文人墨客的守护神，列为五文昌之一，并称其为"武圣""关夫子"，与孔子相提并论。佛教通过对隋代关羽在玉泉山显圣护法的神话传说的渲染和传播，尊关羽为"伽蓝护法""盖天古佛"，奉为"护国明王佛"。道教通过对关羽伏魔降妖、治病捉鬼的神话故事的扩充与宣传，尊关羽为"关圣帝君""协天大帝""翊汉天尊"，奉为"荡魔真君""伏魔大帝"。由此，儒释道三教将关羽纳入其神灵系统，并赋予他各种神职，伴随着三教的发展壮大，关帝信仰必将获得全面发展。

总之，关帝信仰作为一种波及面较广、影响力较深的传统信仰文化，并非偶然形成，而是有其深刻的社会历史原因。厘清关帝信仰的社会背景与形成原因，有助于我们清晰了解关帝信仰的特点及本质，从而能更科学、更客观地看待现代关帝信仰现象。

---

① 皇甫中行编著：《文化关羽》，北京：中国华侨出版社，2003年，第158页。

第二章 云南关帝庙宇

庙宇及宫观是进行宗教活动的公开场所，它们是民间信仰由抽象理念走向固化偶像崇拜的集中体现，也是祠堂或神祠进一步发展的需要。云南关帝庙宇及宫观遍及全省每一个地区，体现的是对关帝高度崇拜的物化形式。但在不同区域及不同历史时期，关帝庙宇及宫观发展并不平衡。因此，对其进行全局性、历史性的梳理，可以深入解析云南关帝信仰的历史脉络及地方特色，从而全面揭示其产生发展的内外部联系、文化背景及演变规律。

第一节 云南关帝庙宇与会馆的修建与分布

一 云南关帝庙宇的修建与分布

宋元以后，云南关帝庙的兴建逐渐兴起，至清代达到顶峰。但清代各个阶段的发展并不均衡，这与国家政局的走势有一定关系。从清初到康熙二十年（1681），云南先后受明永历帝与吴三桂统治，该时期较少对关帝庙进行修建，新建关帝庙仅在宾川州与通海县两地有记录,而重修记录也仅在昆阳州、邓川州两地有所体现。到了康熙中晚期,随着吴三桂势力的土崩瓦解,云南各地关帝庙的修建又开始升温。雍正年间,由于清政府对关羽祖先的加封以及致祭的增加,关帝庙的修建更加兴盛。乾隆年间,在清政府继续组织祭祀关羽及继续完善关羽谥号的背景下,云南关帝庙的修建也达到了一个高峰。嘉庆年间,社会衰败;道光年间,鸦片战争爆发。此时,清政府越来越希望能够借助关帝的神力力挽狂澜,重振雄风,于是努力给关羽罩上各种各样神圣的光环,一步步将他推向神坛。其间,云南新修的关帝庙达到了二三十处,由此可见社会动荡、民生凋敝也是推动关帝信仰走向兴盛的一个重要原因。

通过对云南关帝庙修建情况的历史考察与综合分析,我们发现,云南关帝庙具有以下几个特点:

一是分布范围广。关帝庙在云南各府、县、直隶厅、提举司都有分布,甚至在偏远村镇也设有祠堂,关帝神灵的雕像或牌位亦常供奉于家庭。

二是庙宇数量多。云南关帝庙总数为612个,其中临安府高达125所,位居第一,云南府78所,位居第二。数量较少的镇沅直隶州、黑盐井直隶提举司、琅盐井直隶提举司、白盐井直隶提举司也至少各有1—2所。

云南各地关帝庙数量一览表(单位:所)

	建置	数量
云南府(共78)	昆明县	7
	富民县	4
	宜良县	16
	呈贡县	6
	易门县	5

建置		数量
云南府（共78）	禄丰县	2
	罗次县	6
	嵩明州	6
	晋宁州	24
	安宁州	1
	昆阳州	1
大理府（共30）	太和县	3
	云南县	9
	浪穹县	1
	邓川州	1
	宾川州	2
	云龙州	2
	北胜州	1
	赵州	11
丽江府（共26）	丽江县	8
	鹤庆州	8
	剑川州	5
	中甸厅	4
	维西厅	1
楚雄府（共45）	楚雄县	7
	广通县	2
	定远县	5
	定边县	1
	大姚县	6
	盐丰县	2
	南安州	4
	镇南州	1
	姚州	17
永昌府（共19）	保山县	14
	永平县	2
	永年县	1

	建置	数量
永昌府（共19）	镇康县	1
	龙陵厅	1
顺宁府（共29）	顺宁县	18
	缅宁厅	6
	云州	5
曲靖府（共36）	南宁县	6
	平彝县	3
	沾益州	2
	陆凉州	4
	马龙州	2
	寻甸州	3
	罗平州	4
	宣威州	12
东川府（共9）	会泽县	3
	巧家厅	6
昭通府（共17）	恩安县	6
	永善县	5
	大关厅	3
	鲁甸厅	1
	镇雄州	2
澄江府（共22）	河阳县	8
	江川县	6
	新兴州	3
	路南州	5
临安府（共125）	建水县	9
	通海县	10
	河西县	9
	嶍峨县	2
	蒙自县	12
	石屏州	68
	阿迷州	8
	宁州	7

续表

建置		数量
广南府（共16）	宝宁县	16
开化府（共34）	文山县	21
	马关县	12
	安平厅	1
普洱府（共15）	宁洱县	5
	威远厅	5
	思茅厅	3
	他郎厅	2
广西直隶州（共21）	师宗县	4
	弥勒县	5
	邱北县	12
武定直隶州（共13）	和曲州	4
	元谋县	2
	禄劝县	7
元江直隶州（共45）	新平县	23
	元江县	22
腾越直隶州（共5）		5
永北直隶厅（共8）		8
蒙化直隶厅（共5）		5
景东直隶厅（共6）		6
镇沅直隶厅（共1）		1
黑盐井直隶提举司（共4）		4
琅盐井直隶提举司（共2）		2
白盐井直隶提举司（共1）		1
		总计：612

　　三是以官修为主。云南关帝庙的修建与重修以官方为主，修建者或重修者多为知县、知州、提督、总督、总兵、巡抚、贡生等，民间百姓修建较少。

　　四是关帝庙名称丰富。关帝庙在云南各地名称不一，主要有关帝庙、关圣庙、关王庙、武安王庙、武庙、关岳庙、关圣宫、武圣宫、关圣行宫等。而且在不同历史时期，称呼会有一些差异。如：关帝庙产生初期，主要称武安王庙、武庙；明代主要称武帝庙、武安王庙；清代除沿用前代名称外，主要称关帝庙、关圣庙；而清末到民国时期，关圣宫、关圣行宫、三圣宫、关岳庙等称呼则较多。

二　云南会馆的修建与分布

　　明清时期，伴随着经济与政治的高度发展，出现了一种特殊的社会组织——会馆。"会馆是由同省、府、县籍以及相邻乡籍或同业的人在京城、省城或大商埠设立的机构，主要以馆址的房屋供同乡同业聚会或寄寓。"[①] "创建会馆的目的在于'以敦亲睦之谊，以叙桑梓之乐，虽异地宛若同乡'。"[②]关于会馆的划分，目前学界的分类标准大致一致。如：卞伯泽《会泽文化之旅·会馆文化》将会馆划分为以科举考试为中心的试馆、以商业活动为中心的商馆、以政治联谊为中心的仕馆。王日根《中国会馆史》分为官绅试子会馆、工商会馆与移民会馆三类。《中国会馆志》分为商人会馆、移民会馆、士绅会馆三类。在这几类会馆中，试馆起源最早，初为进京应试考生而设，其他地区一般不设。据目前学界考证，中国最早的会馆为北京芜湖会馆，建于明永乐十三年（1415）。除试馆之外，在京所设会馆还有仕馆与商馆两类，仕馆专为同籍官僚而设，而商馆专为在京经商的同籍商人而设。

---

　　① 卞伯泽：《会泽文化之旅·会馆文化》（上），昆明：云南人民出版社，2011年，第8—9页。
　　② 中国会馆志编纂委员会编：《中国会馆志》，北京：方志出版社，2002年，第1页。

以上三类会馆为北京所具有，其他省城与商埠一般只有商业会馆与同业会馆两类。无论何种类型会馆，几乎都会供奉地方神祇，有的会馆甚至供奉多种神祇。神祇对于客居异地的商人来说，无异于一种保护神，既能减轻精神压力，又能反映思想诉求。而祀神活动无疑能把同籍商人们常常聚集到一起，为他们提供诸多交流与互助机会。更重要的是，通过会馆这根纽带，商人们能够获取信息、积累资本、规范交易秩序。

关羽主要供奉于山陕会馆内，当然，其他一些会馆也会供奉，如湖广会馆、广东会馆、江西会馆、江南会馆、浙江会馆等。山陕会馆又称秦晋会馆，其命名方式是截取山西、陕西两省名称的第一字联合而成。其他命名方式可灵活多变。如：可取各省全名，称为山西会馆、陕西会馆、全晋会馆、西晋会馆等；可取州、县名称命名，称为太原会馆、临汾会馆、泾阳会馆、汉中会馆等；可取庙、观命名，称为山陕庙、三义观、财神庙、关帝祠等；还可取行业名称，如称陕西龙驹寨的会馆为船帮会馆、马帮会馆等。山陕会馆之所以供奉关羽，主要因为山西运城不仅是关羽的出生地，还是中国历史上重要的盐业专城。历朝历代，山西都不乏从事盐业贸易的商人，商人们也从中获取了丰厚的利润。随着制盐技术的改进和提高，盐产量越来越大，商人们突破地域限制，把业务拓展到全国各地。而山西、陕西两省自古有秦晋之好的佳话，在明清时期又形成了两大驰名天下的商帮——晋商与秦商。在长期交往与合作中，两省商人互惠互利，在全国各地经商，由此建立了多个山陕会馆。山陕会馆的建立，扩大了晋商与秦商的社会影响力，关帝信仰文化也由此得以传播与弘扬。

云南会馆出现于明，繁衍于清。其早期发展较为缓慢，直到清代，云南的商人会馆才获得一定发展，但发展阶段并不平衡。清初，随着中央王朝边疆开发政策的启动，大批内地工商业者自发迁移到云南进行开发，商人会馆随之兴起。康熙至乾隆年间，云南商人会馆的发展进入了首个高峰期。据笔者不完全统计，康熙年间云南的商人会馆数量约有十余所，经过雍正年间的发展，至乾隆年间已增长到七八十所，其中至少有五十所建于乾隆年间。嘉庆至道光年间云南商人会馆发展速度减慢，新增会馆十余所；咸丰、同治年间云南商人会馆发展处于停滞期，不仅数量增幅减慢，之前修建的许多会馆还被战火毁坏，会馆发展受到前所未有的重创。光绪、宣统年间云南商人会馆发展又进入第二个高峰期。这源于战乱平息后，云南经济得以恢复发展，内地商人陆续返滇或至滇贸易。这期间全省新增会馆数十余所，战火中被毁的会馆也陆续得到重建或重修。据统计，有清一代，内地商人在云南共建立了二百余所会馆，大部分移民会馆皆供奉关羽。而且，大部分商人亦会在家里供奉关羽，祭拜礼节与其他神祇一样，在五月十三、六月二十四这些重要的日子，也会举行隆重的祭祀活动。在他们眼里，关羽大义凛然，忠诚有信，能正商业之序、立诚信之本，俨然是一位正义之神；关羽心怀慈悲，神勇无敌，能救百姓之危、赐平安之运，俨然是一位保护之神；关羽重义轻利，乐善好施，能解商人之困、赋财富之源，俨然是一位幸运之神。因此，他们对关羽充满了无限的崇拜、敬重和爱戴，无论身在何地，都希望通过自己虔诚的侍奉来求得顺利和圆满。

云南会馆大多为中原或江南移民、商人所建，一般为同业会馆与同乡会馆，选址几乎都在中心城镇、交通重镇及商业城镇，故会泽、昆明、保山、蒙自等交通要地会馆数量较多。尤其是明清时期的会泽，钱币铸造业与青铜冶炼业异常发达，"商贾云集，八方辐辏"，移民与商人数量倍增，会馆蜂拥而建。"2007年，国务院将赣（江西）、楚（湖南、湖北）、淮（安徽、江苏）、黔（贵州）、晋（山西）、秦（陕西）、闽（福建）、川（四川）、滇（云南）十一省于云南会泽所建的江西会馆、湖广会馆、江南会馆、贵州会馆、陕西会馆、福建会馆、四川会馆、云南会馆等八大会馆公布为"全国重点文物保护单位"，至此，会泽的八大会馆进入了国家级的保护范畴。若再加上江西等省下属府、县两级于会泽县城所建府、县两级会馆6座，以及缅甸移民所建会馆一座，不同行业所建会馆12座和云南会馆偏殿的17个行业所建的同业殿堂，处于西南地区的会泽，就以44座（个）会馆列于全国县城之首，成为中国'会馆最多的县城'"[①]，"享有'会馆之城''庙宇之都'的美誉"[②]。目前，会泽供奉关羽的庙宇或会馆共有六处：县城武庙、陕西会馆、江南会馆、宝庆会馆，娜姑镇的三圣宫、者海镇的武圣宫。会泽除对武圣关羽在春、秋二季举行规定的大典祭祀外，还在农历五月十三关羽诞辰日举行祭典。几次祭典都较隆重，百姓参与度高，由此可见关圣帝君在这座县城影响力巨大。

明清以来，云南的移民会馆大多经改造旧庙或旧观而成。这种改造，一来可使旧庙旧观焕然一新，二来可以节省大量人力与物力。专门供奉关羽的会馆，特别是山陕会馆，一般也是通过对关帝庙或武帝庙的重修或改造而成。据统计，当时此类会馆大约有十余所，但遗憾的是今天已难觅踪迹。

---

① 卞伯泽：《会泽文化之旅·会馆文化》（上），昆明：云南人民出版社，2011年，第1页。

② 卞伯泽：《会泽文化之旅·会馆文化》（上），昆明：云南人民出版社，2011年，第24页。

供关帝会馆

	建置	名称	又称	庙址	旧称旧址	建庙时间、建庙人	重修时间、修建人	文献出处
云南府	昆明县	山陕会馆	关圣行宫	城南门外太平桥				民国《新纂云南通志》卷一百十二
临安府	蒙自县	云省会馆	关圣宫					乾隆《蒙自县志》卷三
		湖广会馆						
		江西会馆						
		同乡会馆	关圣宫	鸡街哨上		本乡绅士		乾隆《蒙自县志》卷三
		湖广会馆						
		陕西会馆	关圣宫	鸡街西关外	哨上		康熙二十二年（1683）知县孙居湜	宣统《续蒙自县志》
昭通府	恩安县	陕西会馆	忠义坊	城西永顺街				宣统《恩安县志稿》
东川府	会泽县	陕西会馆						乾隆《东川府志》卷七

第二节　云南关帝庙宇的建造与设置

历史上形成的关帝庙大多全毁或部分毁灭，至今留存的庙宇一般都经过了无数次翻修，因此大多失了原貌。然而，透过现存的关帝庙建筑及关帝造像，我们仍能挖掘到能够体现地域风貌的历史特征。

一　云南现存关帝庙宇概述

笔者通过近两年的资料查阅与田野调查，对供奉关帝庙宇的现存情况做了一些整理与总结，兹列表如下。

云南各地现存关帝庙修建时间一览表

建置	名称	庙址	旧称旧址	修建时间	备注
魏山	玄龙寺	县城东山玄珠山上	玄珠观、蒙化观		内有关圣殿
	圭峰寺	青华乡西窑村后圭峰山	尖山寺		内有关圣殿
	接龙寺	魏宝乡师妈里北面山坡上		清嘉庆十七年（1812）	内供关圣
	文昌宫	魏宝山	龙潭殿	清初改为道观	内供关圣
	关圣庙（武庙）	县城关圣街		明代	
		大仓乡大仓街东山		明代	
		永建乡永平村公所王官厂		明代	

建置	名称	庙址	旧称旧址	修建时间	备注
师宗	飞来寺	龙庆乡豆温村东南约2公里的正乙山		清乾隆二年（1737）由伽蓝堂改建	内供关圣
	月涛寺	竹基乡小龙甸村东南1公里月涛山腰		清康熙初年	内供关圣
	保太古戏台	五龙乡保太村东200米处		清道光十年（1830）	
	三圣殿	县城东南约8公里的长桥老寨村		清嘉庆	内供关圣
宣威	三台洞（回龙山丰乐洞）	西泽乡黄家台子村头		乾隆十六年（1751）	内供关圣
会泽	三圣宫	娜姑镇白雾街中段	白雾文庙	清嘉庆二十四年（1819）	内供关公
	武庙	县城中西内街		清雍正年间	内供关羽
	陕西庙	县城中西直街下		清初年	内供关羽
	江南会馆	县城东南翠屏村		清初年	内供关羽
	关帝庙	县城西义通河旁		清同治年间	内供关羽
	宝庆会馆	县城东北角		清光绪年间	内供关羽
	武圣宫	者海县老街		清嘉庆年间	
	云峰寺（圣武庙）	娜姑镇云峰村东		清康熙四十七年（1708）	内供关羽
	关帝庙	乐业办事处山咀村东侧		清道光二十二年（1842）	内供关羽
石屏	武庙(关帝庙、关岳庙)	异龙镇南正街上		明	内有关圣殿
玉溪	关圣宫	玉溪公路养路总段		清咸丰年间	
	关圣宫	江川九溪镇六十亩村		民国十六年（1927）	
	关帝庙	通海县四街		明代	
	关圣宫	华宁冲麦古驿道		清同治七年（1868）	
	关圣宫	通海县河西镇戴文村一组		清乾隆五十五年（1790）	内供关圣

建置	名称	庙址	旧称旧址	修建时间	备注
昆明	关圣殿(武庙、华严阁)	南郊官渡螺峰村北面		明嘉靖年间	
	昙华寺	东郊三公里外的金马山麓		明崇祯七年(1634)	内有关圣殿
	悯忠寺	五华山		元至元十四年(1277)	
	关帝庙	武成路中段		清嘉庆	
	武安王庙	武成路东端			
安宁	关圣宫	草铺镇中心		清乾隆十二年(1747)	
	关圣宫(关帝庙、三圣宫)	八街镇义兴街		清嘉庆十三年(1808)	
	关圣宫	温水		清乾隆年间	
	关圣宫	八街		清同治三年(1864)	
	三和寺	八街		清	内有武庙
景东	关圣宫戏楼	大街乡大街村		清	
开远	云窝寺	中和营乡响水村委会附新寨北端		清乾隆	内有关圣宫
	归圣寺	狮子山		明末	
	关圣宫(武庙)	小龙潭办事处小寨街村西南		清道光年间	
弥渡	密祉大寺	密祉坝西部中段太极顶山下的回龙山麓		乾隆初年建	内有关圣殿
	德苴清风阁	德苴坝东山麓		明末清初	内有关圣殿
剑川	关岳庙	金华镇古城西郊景风公园内			
建水	朝武庙	县城西门外西正街中段		清代	
盈江	关帝庙				

建置	名称	庙址	旧称旧址	修建时间	备注
晋宁	关圣宫	二街镇肖家营村		清末	
	三教殿	六街镇六街村		清康熙年间	内供关圣
	关圣宫	晋城镇上西街北沿		清雍正五年（1726）	
	关圣宫	上蒜镇三多村		清光绪十九年（1893）	
	关圣宫	六街镇三印村		清	
个旧	宝华寺	宝华山西麓老鹰山脚		清康熙九年（1670）	内供关圣
	云省庙(云庙、云南会馆)	市区宝华路1—15号		清乾隆三十年（1765）	内供关圣
禄丰	关圣宫	县碧城镇猫街村委会		清	
楚雄	武庙（关帝庙）	东华镇新柳村老街对面		清咸丰四年（1854）	内供关羽
姚安	武庙	姚安县栋川镇		明	内供关羽
洱源	关帝庙	城南门外		光绪十一年（1885）重修	内供关羽
宾川	武庙	宾川县州城		清康熙初年	
诺邓	武庙	诺邓村		民国二十年（1931）	
泸西	武庙(关岳庙)	县城东二里处鹤山山麓		明万历四年（1576）	
路南	武庙	县城南门街东侧		清光绪十四年（1888）	
祥云	关帝庙	刘厂镇小波那村			
牟定	关圣宫	戌街乡		清同治年间	
宜良	关圣宫	汤池镇小街村		清雍正十二年（1734）	

续表

建置	名称	庙址	旧称旧址	修建时间	备注
弥勒	武庙	虹溪镇武庙街123号		明	内供关羽
	关圣庙	朋普镇黑果坝村委会小新寨村		清光绪年间	
	关圣宫	弥阳镇古城社区新瓦房村		清光绪二十九年（1903）	
	关圣宫	虹溪镇新桥村委会小黑就村		清乾隆年间	
	关圣宫	竹园镇花园村委会构皮寨		清光绪二十五年（1899）	
	关圣宫	竹园镇龙潭村委会上湾沟村		清道光年间	
	关圣殿	虹溪镇刘家庄村委会荣宗村		清光绪年间	
	关圣殿	朋普镇小寨村委会落虹村		清乾隆年间	
	关圣宫	竹园镇土桥村委会新街子村		清光绪年间	
	关圣宫	虹溪镇白云村委会小马料田上寨		清康熙元年（1662）	
	关圣庙	虹溪镇刘家庄村委会刘家庄村东		民国	
	关圣庙	朋普镇矣厦村委会梭落凸村		清	
保山	关庙	中正乡老街子			
	三圣宫	兴华镇蒲缥街东南			
	关帝庙	兴华镇蒲缥街			
	关帝庙	沧莲乡瓦渡街西			
	关帝庙	小田坝街			
	关帝庙	周里乡箐口			
	关帝庙	汶上镇汶上街			
	关帝庙	汶上镇下里戳			
	关帝庙	汶上镇搭板桥			
	关帝庙	汶上镇上棉戛			
	关帝庙	汶上镇下棉戛			

建置	名称	庙址	旧称旧址	修建时间	备注
保山	关帝庙	上江乡大地			
	关帝庙	县城关庙街			
	关帝庙	县城东北镇关庙街			
	关帝庙	县城西南镇报国寺街			
	关庙	永和镇石庄村			
	关庙	永顺镇丙辛街西			
	关庙	永顺镇复性乡			
	关帝庙	永顺镇图马村			
	武庙（老关庙）	永保镇沟上村			
	武庙（老关庙）	永保镇大村			
	关岳庙	姚关镇姚关街			

笔者对表上所附大部分关帝庙做了调查，但调查结果不容乐观。许多关帝庙现已无人问津，长期处于关闭状态。另有一些地方，仅在农历初一、十五开放，供百姓敬香。更有甚者已把关帝庙作为群众娱乐场所，庙宇功能全失，令人遗憾。笔者将其中二十余个关圣宫的关帝造像做了整理与探讨，希望为云南宗教研究与民俗研究提供一些研究资料。

二 云南现存关帝庙宇的建置与布局

云南关帝庙的平面布局形式与我国传统建筑一样，一般为院落式布局，有一进院落与两进院落式。大多数关帝庙的平面布局排列依次是：门楼—戏台—前殿—后殿。戏台与大殿之间有厢房连接，大殿的两侧一般都设有耳房。门楼与戏台多位于建筑群入口的开端位置。有的还在门楼临街处设有照壁。前殿一般处于关帝庙中轴线的中心位置，为设置关羽塑像的主殿。厢房与耳房都位于中轴线的两侧，厢房多为两层，耳房一般为单层。关帝庙的结构一般为穿斗式与抬梁式两种。穿斗式结构的特点是柱子较细、密，每根柱子上架一根檩条，柱与柱之间用木条串接，连成一个整体。抬梁式构架的特点是柱上置梁，梁上支短柱，短柱上再置短梁，檩条直接置于梁的两端。

　　位于宜良县汤池镇小街村的关圣宫（图1—2），为四合院木结构建筑，由门楼、主殿、配殿、厢房和天井组成。门楼为重檐歇山式建筑，门楼二层设有戏台，门楼下为入殿通道，主殿祀奉关帝。东西为厢房，厢房有两层，主殿左右两旁各有一个小殿。

　　位于安宁市八街镇义兴街的关圣宫（图3—4），由前殿、正殿及南北耳房、厢楼等建筑组成。前殿三间，明间为入寺院通道，单檐歇山顶。正殿为穿斗式木结构，面阔三间，进深三间，单檐歇山顶，举架较前殿高。两厢房均为两层，上层楼为吊脚楼，边缘设有曲形木条栏杆。

　　位于晋宁县二街镇肖家营村的关圣宫（图5—6），为四合院建筑，由正殿、配殿、偏房、山门和戏台组成。正殿三开间，单檐歇山顶，抬梁穿斗式屋梁，配殿为两面坡屋顶，全部灰瓦覆盖，五开间，二进间，装有木楼，楼边走廊有美人靠，朝天井一面的栏板上有山水画。山门为牌楼式建筑，面阔五间。

图1　宜良县汤池镇小街村关圣宫门楼

图2　宜良县汤池镇小街村关圣宫院景

图3　安宁市八街镇义兴街关圣宫门楼　图4　安宁市八街镇义兴街关圣宫院景

图5　晋宁县二街镇肖家营村关圣宫
　　　门楼

图6　晋宁县二街镇肖家营村关圣宫
　　　院景

　　位于晋宁县六街镇六街村的三教殿（图7—8），为三进两院落土木结构建筑。前殿为牌楼式建筑，重檐歇山顶，檐柱础为鼓形，明间举架较高。中殿为重檐歇山顶，有木楼，两边均有厢房，檐柱础为灯笼形。正殿为单檐歇山顶，抬梁穿斗式屋梁，南北各有配殿三间，正殿墙外南北均有一小殿。

　　位于晋宁县晋城镇上西街的关圣宫，原建筑为山门、中殿、后殿三部分，三进两院，土木结构，现仅存中殿。中殿面阔三间，进深三间。单檐歇山顶，翼角上翘，琉璃瓦镶边，抬梁穿斗式屋架，金柱与檐柱之间有拱形瓦顶。

　　位于晋宁县上蒜镇三多村的关圣宫（图9），由正殿、配殿、前殿、山门和两边厢房组成。正殿为单檐歇山顶，抬梁式建筑，三开间，四进间。前殿为单檐歇山顶，三开间。两边厢房为重檐歇山顶，抬梁式屋顶，三开间，两进间。正殿、前殿、两边厢房的檐枋上均有浮雕，雕工精湛，内容丰富。

　　位于师宗县龙庆乡豆温村东南的飞来寺内的关圣宫，为单檐悬山顶抬梁式木结构建筑，通面阔三间。

　　位于开远市中和营乡响水村委会附新寨北面的云窝寺（内有关圣宫），主体建筑大雄殿为重檐歇山顶，面阔三间，进深三间。

　　位于开远市小龙潭办事处小寨街的关圣宫，原建筑包括正殿及两护山耳房、厢房、大门。正殿为歇山顶，采减柱造法，面阔三间。

　　位于弥渡县城西南三十公里处密祉坝西部的密祉大寺内的关圣殿（图10—11），为单檐歇山顶，抬梁式与穿斗式结构，面阔三间，明间前檐向前伸出牌坊式，前出檐架斗，平身科一斗两升二翘。

　　位于会泽县娜姑镇云峰古道上云峰村的云峰寺，为两进四合院建筑，在中轴线上排列有山门、圣武大殿、魁阁、观音殿和祖师殿。山门临街，通面阔三间，前檐为重檐，卷棚出厦，后檐为单檐。整个结构为穿斗与抬梁相结合木结构，歇山顶，屋面用青瓦覆盖。明间为通道，山门后面楼上为戏台，台口与大殿相对，台前为院落。正殿为穿斗与抬梁相结合的木结构，单檐歇山顶，通面阔三间。正殿东西两端各设配殿一间。魁阁位于正殿之后，为楼阁式建筑，重檐，四角攒尖顶，底层为通道。穿过魁阁后为第二进院。大殿左右设有东厢房。

位于会泽县娜姑镇乐里办事处山咀村的关帝庙，由照壁、山门、大殿、东西大殿及东西厢房组成。照壁临街而立，入山门即是天井，穿过天井即是大殿。大殿面阔三间，为穿斗与抬梁相结合木结构，单檐歇山顶，殿内天花板绘《三国演义》故事，东西配殿两间。

位于弥渡县德苴坝东山麓的清风阁（图12），即关圣殿旧址，始建于明末清初。由于旧殿倾圮，民国元年（1912）从阿扎陆村拆清风阁迁来重建，保持一阁两厢格局。清风阁为八角攒尖重檐殿阁式建筑，阁虽为重檐，但实为三层，其中一层较宽敞，为三开间建筑。

图7　晋宁县六街镇六街村三教殿大门

图8　晋宁县六街镇六街村三教殿院景

图9　晋宁县上蒜镇三多村关圣宫正殿

图10 弥渡县城密祉大寺关圣殿
外景

图11 弥渡县城密祉大寺关圣殿
院景

图12 清风阁关圣殿外远景

三 云南现存关帝庙宇戏台的建置与布局

关帝庙的戏台，一般建于门楼二层，背靠大门入口，面向主殿，起到酬谢乡土神的作用。如位于晋宁县二街镇肖家营村的关圣宫（图13），山门倒座建有戏台，深入天井，台口面向正殿，为木结构建筑，飞檐下有木作龙首雕刻，台壁饰有颂扬关羽的壁画。

关帝庙的戏台，也有建在殿外的，如位于安宁市八街镇义兴街的关圣宫（图14），戏台与宫门东西相对，其平面呈凸字形，石砌基座，宫与戏台之间是一片面积2000余平方米的场地。

位于师宗县五龙乡保太村东200米处的保太戏楼，始建于清道光十年（1830），由于几经毁坏，又多次重修，原建筑风貌已失，今存的戏台是1933年修葺后的面貌。

师宗县保太古戏台（图15）由戏楼和戏台两部分组成。戏楼三间，单檐悬山顶，青灰筒板瓦覆盖，穿斗式梁架结构，一楼一底。底层明间，普通双扇板门，两次间前后安装直棂窗，透光通气较好，楼板全封闭，底层不可上楼，楼上由于柱身加高，房屋空间也随之扩大，室内较为宽敞，前檐部分皆装修为格扇，戏楼明间楼板与戏台水平衔接，相交处为三关六扇雕花格门，格心和裙板全部用木板镶严，均饰山水、花鸟彩画，格扇门内设插关，逢演戏时可以任意开启和拆卸，使用十分方便。戏台为抬梁式木结构亭式建筑，重檐歇山顶，整个戏台建在一高约2米的须弥座石砌台基之上，台前和两侧敞朗，观众能从三面看戏。台上由四根通柱直贯屋顶，支撑整个建筑，屋四角起翘，翼角出檐较高。前檐两柱各立于一较大的八方形覆盆柱础之上，柱础束腰处

图13　晋宁县二街镇肖家营村关圣宫戏台

图14　安宁市八街镇义兴街的关圣宫
戏台院景

图15　师宗县保太古戏台

图16　泸西武庙戏台远景

图17　泸西武庙戏台近景

刻有八仙及犀牛望月、鹿望金钟等浮雕图案，戏台的其他檐枋、檩柱拱梁等构件之上，皆雕刻或彩画有戏剧故事、飞禽走兽及花鸟几何图案。整个戏台建筑朴素大方，简洁利落，造型古朴优美。[①]

泸西武庙（图16—17）位于泸西县城，建于明万历年间，其大殿与古戏台保存完好。二者皆建于高约2米的须弥座石基之上，石基上刻有龙凤戏珠等浮雕图案。戏台位于大殿之前，为抬梁式木结构建筑，单檐歇山顶，三开间，廊深3米，远视极为壮观。

四　云南现存关帝庙宇的装饰特色

云南关帝庙的装饰也很有特色，主要体现在绘画与雕刻上。绘画主要用于门的上方、飞檐下方等位置，表现题材一般有动物，如龙、凤、鸳鸯、仙鹤等；花草植物，如牡丹、荷花、梅、兰、竹、菊等；民间故事，如三国演义、八仙过海等。雕刻主要用于门窗、栏杆、花台等处，多为装饰性图案，如回纹、菱形纹等，亦有民间故事题材。

位于晋宁县六街镇六街村的三教殿（图18—19），檐梁上彩绘富丽，檐枋上浮雕绘有"二龙戏珠""双凤朝阳"和花草图案。

位于晋宁县上蒜镇三多村的关圣宫（图20—23），正殿、前殿、两边厢房的檐枋上均有浮雕，雕工精湛，内容丰富。中殿内的佛台用青石镶边，并雕刻有"八仙过海"等九幅人物图像，至今保存完好。

---

① 师宗县文物志编纂委员会编：《师宗县文物志》，昆明：云南大学出版社，1994年，第21—22页。

图18 晋宁县六街镇六街村三教殿花台一

图19 晋宁县六街镇六街村三教殿花台二

图20 晋宁县上蒜镇三多村关圣宫花台

图21　晋宁县上蒜镇三多村关圣宫厢房顶檐

图22　晋宁县上蒜镇三多村关圣宫门枋

图23　晋宁县上蒜镇三多村关圣宫厢房楼顶壁画

图24　晋宁县晋城镇上西街关圣宫房雕

图25　晋宁县晋城镇上西街关圣宫门雕

位于晋宁县晋城镇上西街的关圣宫（图24—25），单檐歇山顶，翼角上翘，琉璃瓦镶边，中部有三菱形图案琉璃瓦覆盖，正脊及羽角原有龙形吻兽，今已不存。金柱与檐柱之间有拱形瓦顶，三间檐枋及雀替有浮雕及镂空彩雕雕刻的23条形态各异的大龙小龙，还有"双龙戏珠""云卷蟠龙"等图案。前后穿插枋上雕有"双凤朝阳"和莲花、菊花、回形图案等纹饰。后次间左右各有一拱形小门，栏枋上也有镂空彩雕"双龙戏珠""双凤朝阳"和几何图案。

位于德苴坝东山麓的清风阁（图26—27），堪称运用雕刻与绘画的经典建筑。整个建筑的廊檐、立柱上均刻着飞龙，四周墙壁亦绘有"龙凤戏珠"等图案或写有诗词名句。内部天花板上以八卦图为中心，四周有松竹兰梅、福禄寿喜、山川景物等图画层层环绕。

位于晋宁县六街镇三印村的关圣宫，殿内天花板绘《三国演义》故事，檐枋上雕有"双凤朝阳"等图案，雕工精湛，内容丰富。天井内有一青石花台，上刻有八仙过海、二十四孝等题材，并刻诗一首。

位于师宗县龙庆乡豆温村东南的飞来寺内的关圣宫，殿前檐装六抹隔扇门，腰串及裙板上有如意花草及八仙图案浮雕。

位于开远市小龙潭办事处小寨街的关圣宫，殿堂明间原设隔扇门，三堂门上雕刻"三英战吕布""三英战马超"等三国故事，次间设圆窗两堂，窗雕"喜鹊望梅""凤穿牡丹"等吉祥图案。斗拱五踩出跳。拱枋雕刻技艺精美，透雕、浮雕技法交互使用，琴棋书画、龙凤呈祥、海马献瑞、福寿双全、兰放幽香、岁寒四君子等瑞兽祥花和万字锦、福、寿、喜图案交相辉映。

图26　德苴坝清风阁楼顶壁画

图27　德苴坝清风阁墙壁字画

第三节　云南关帝庙宇关帝造像

关羽的形象，源于小说、故事或传说，经过几千年的口头传颂与耳濡目染，在民众心目中早已定格：身长九尺，髯长二尺；面如重枣，唇若涂脂；丹凤眼，卧蚕眉，相貌堂堂，威风凛凛；头裹青巾，身着绿袍，手仗宝物青龙偃月刀，又名冷艳锯；胯下追风赤兔马，火红如炭。云南关帝庙内关羽的造像总体据于此，但彼此又有一些细微的差别。比如：从造像的服饰来看，有的地方塑的是绿色战袍，有的地方塑的是红色战袍，有的地方塑的是金色战袍。从造像的姿势看，有的地方取站姿，有的地方取坐姿，更有翘起右脚坐立者。从造像的面容看，有的脸方，有的脸圆；有的肌肤呈粉红色，有的肌肤呈古铜色，有的肌肤呈黝黑色。从造像的表情看，有的沉静，有的威武，有的仁慈。从造像的动作看，有的左手捋须，右手持《春秋》；有的右手捋须，左手放于腿上；有的双手抱拳握在胸前。林林总总，不一而足，兹分析如下。

弥勒朋普镇黑果坝村关圣宫关帝（图28），面色黑红，表情平和，坐于虎皮凳上，右脚亦翘起放于凳上。身着绿色官服，头戴绿色官帽。右手捋须，左手放于左腿之上。周仓面色黝黑，戴曲檐高帽，身穿铠甲，腰间系带，双足穿高筒靴。左手放于腰上，右手持刀，立于关帝左侧。关平面色粉红，头戴官帽，身穿铠甲，腰间系带，双足穿高筒靴。左手、右手合抱放于腰前，立于关帝右侧。

弥勒落虹村关圣殿关帝（图29），面色黑红，表情威严，坐于虎皮凳上，右脚亦翘起放于凳上。身着绿色官服，头戴曲檐绿色官帽。右手捋须，并将须挑起，左手放于左腿之上。周仓面色黝黑，戴曲檐高帽，身穿铠甲，腰间系带，双足穿高筒靴。左手放于腰上，右手持刀，立于关帝左侧。关平面色粉红，头戴官帽，身穿铠甲，腰间系带，双足穿高筒靴。双手合抱官印，立于关帝右侧。

弥勒朋普镇梭落凸村关圣庙关帝（图30），面部突出，面色赤红，鼻与眉弓高突，面容威严，坐于凳上。身着绿色战服，头戴黑色官帽，脚穿高筒战靴。右手捋须，左手张开，平放于胸前。周仓面色粉红，戴曲檐高帽，身穿铠甲，腰间系带，双足穿高筒靴。左手、右手合力持刀，立于关帝右侧。关平面色粉红，头戴官帽，身穿铠甲，腰间系带，双足穿高筒靴。双手合抱官印，立于关帝左侧。

弥勒小凹革村关帝庙关帝（图31），面色粉红，表情沉静，坐于凳上。身着绿色官服，头戴黑色官帽。右手捋须，并将须挑起，左手握卷成筒状《春秋》。周仓面色黝黑，戴曲檐高帽，身穿铠甲，腰间系带，双足穿高筒靴。左手放于腰上，右手持刀，立于关帝右侧。关平面色粉红，头戴官帽，身穿铠甲，腰间系带，双足穿高筒靴。双手合托官印，立于关帝左侧。

安宁八街镇关圣宫关帝，面色赤红，面容威武，坐于凳上。身着绿色官服，头戴曲檐绿色官帽。右手捋须，左手持《春秋》，放于胸前。周仓面色黝黑，戴曲檐高帽，身穿铠甲，腰间系带，双足穿高筒靴。左手放于腰上，右手持刀，立于关帝右侧。关平面色粉红，头戴官帽，身穿铠甲，腰间系带，双足穿高筒靴。左手托官印，右手握剑，立于关帝左侧。

安宁义兴街关圣宫关帝，面色赤红，面容威严，坐于凳上。身着绿、黄、蓝三色官服，头戴绿色官帽。右手捋须，左手持《春秋》，放于胸前。头顶饰有幡盖，大有帝王之威仪。周仓面色黝黑，戴曲檐高帽，身穿铠甲，腰间系带，双足穿高筒靴。左手放于腰上，右手持刀，立于关帝右侧。关平面色粉红，头戴官帽，身穿铠甲，腰间系带，双足穿高筒靴。双手托官印，立于关帝左侧。

大理魏山永建镇关圣宫关帝，面色粉红，表情威武，坐于凳上，右脚亦翘起放于凳上。身着绿蓝相间官服，头戴绿色官帽。右手捋须，左手放于左腿之上。周仓面色粉红，戴曲檐高帽，身穿铠甲，腰间系带，双足穿高筒靴。左手放于腰上，右手持刀，立于关帝右侧。关平面色粉红，头戴官帽，身穿铠甲，腰间系带，双足穿高筒靴。左手、右手合抱官印放于胸前，立于关帝左侧。

大理武庙关帝，通体金色，表情威武，坐于凳上。身着战袍，头戴官帽。右手拉衣，左手持《春秋》阅读。周仓戴曲檐高帽，身穿铠甲，腰间系带，双足穿高筒靴。左手放于腰上，右手持刀，立于关帝右侧。关平头戴官帽，身穿铠甲，腰间系带，双足穿高筒靴。双手合托金印，放于胸前，立于关帝左侧。此造像高大威武，造型威风凛凛，气势蔚为壮观。

凤羽三教宫关圣殿关帝，面色赤红，表情威严，坐于凳上，右脚亦翘起放于凳上。身着绿蓝相间官服，头戴绿色官帽。右手捋须，左手放于左腿之上。与财神赵公明同坐。周仓面色粉红，戴曲檐高帽，身穿金色铠甲，腰间系带，双足穿高筒靴。左手放于腰上，右手张开，放于胸前，立于关帝右侧。关平面色粉红，头戴蓝色帽子，身穿黄色衣服，双手捧印，造型典雅，立于关帝左侧。

通海河西镇代文村关圣宫关帝，通体金色，表情威严，坐于凳上。身着战袍，头戴官帽。左手捋须，右手持《春秋》阅读。周仓戴曲檐高帽，身穿铠甲，腰间系带，双足穿高筒靴。左手放于腰上，右手持刀，立于关帝左侧。关平头戴官帽，身穿铠甲，腰间系带，双足穿高筒靴。左手托金印，右手放于腰上，立于关帝右侧。

会泽县者海镇武圣宫关帝，面部突出，面色黑红，面容威严，坐于凳上。身着黑色官服，头戴黑色官帽。左手捋须，右手持《春秋》，放于胸前。周仓面色黝黑，戴曲檐高帽，身穿铠甲，腰间系带，双足穿高筒靴。左手放于腰上，右手持刀，立于关帝右侧。关平面色赤红，头戴官帽，身穿铠甲，腰间系带，双足穿高筒靴。左手托金印，右手放于腰上，立于关帝左侧。

晋宁县三多村关圣宫关帝，面色淡红，表情严肃，坐于凳上，右脚亦翘起放于凳上。身着绿色官服，头戴绿色官帽。左手捋须，右手持《春秋》，放于右腿之上。周仓面色黝黑，戴曲檐高帽，身穿铠甲，腰间系带，双足穿高筒靴。左手放于腰上，右手持刀，立于关帝右侧。关平面色粉红，头戴官帽，着文官服饰，双手合抱金印，立于关帝右侧。

晋宁县六街镇三圣宫关帝（图32），面色赤黑，面容威武，坐于凳上。身着绿色官服，头戴黑色官帽，双足穿高筒靴。左手持《春秋》，右手捋须，放于胸前。周仓面色黝黑，戴曲檐高帽，身穿铠甲，腰间系带，双足穿高筒靴。左手放于腰上，右手持刀，立于关帝左侧。关平面色粉红，头戴官帽，身穿铠甲，腰间系带，双足穿高筒靴。左手托金印，右手持剑，立于关帝右侧。

开远小寨关帝庙关帝，面色赤红，面容威严，坐于凳上。身着绿色官服，头戴黑色曲檐官帽。双足穿高筒靴。左手放于左腿之上，右手捋须，放于胸前。周仓面色粉红，戴曲檐高帽，身穿铠甲，腰间系带，双足穿高筒靴。左手放于腰上，右手持刀，立于关帝右侧。关平面色粉红，头戴官帽，身穿铠甲，腰间系带，双足穿高筒靴。双手合托金印，立于关帝左侧。

弥勒构皮寨关圣宫关帝，面色粉红，表情平和，坐于虎皮凳上。身着绿色官服，头戴蓝色官帽。右手捋须，左手持《春秋》阅读。周仓面色黝黑，戴曲檐高帽，身穿铠甲，腰间系带。左手放于腰上，右手持刀，立于关帝左侧。关平面色粉红，头戴官帽，身穿铠甲，腰间系带。双手合托官印，身体微倾，立于关帝右侧。

弥勒新街子村关圣宫关帝，面色黑红，表情威严，坐于凳上。身着绿色官服，头戴蓝色官帽。右手捋须，左手放于左腿之上。周仓面色黝黑，戴曲檐高帽，身穿铠甲，腰间系带。左手放于腰上，右手持刀，立于关帝左侧。关平面色粉红，头戴官帽，身穿铠甲，腰间系带。双手合托官印，立于关帝右侧。

腾冲关圣宫关帝（图33），通体金黄与银白相间，高大威武，坐于凳上。身着战袍，头戴官帽。左手持《春秋》，右手捋须。周仓戴曲檐高帽，身穿铠甲，腰间系带，双足穿高筒靴。左手放于腰上，右手持刀，立于关帝右侧。关平头戴官帽，身穿铠甲，腰间系带，双足穿高筒靴。双手合托金印，放于胸前，立于关帝左侧。

宜良县汤池镇小街村关圣宫关帝（图34），面色赤红，面容威严，双手持令牌坐于凳上。身着玉皇大帝帝服，头顶灵幡宝盖。周仓面色粉红，戴曲檐高帽，身穿铠甲，腰间系带，双足穿高筒靴。左手放于腰上，右手持刀，立于关帝右侧。关平面色粉红，头戴官帽，身穿铠甲，腰间系带，双足穿高筒靴。双手合托金印，立于关帝左侧。

弥渡密祉大寺关帝（图35），气宇轩昂，面色赤红，左手捋须，右手握《春秋》，身着绿色战袍，头戴蓝色官帽，脚穿金色高筒战靴，威武立于台上。周仓面色赤黑，戴曲檐高帽，身穿铠甲，腰间系带，双足穿高筒靴。双手持刀，立于关帝右侧。关平面色粉红，头戴官帽，身穿铠甲，腰间系带，双足穿高筒靴。双手合托金印，立于关帝左侧。

总之，云南各地关帝庙的关帝造像尽管从造型上看基本一致，但实际在服饰、面部表情、神态以及年龄诸方面存在许多不同，这些细微差别事实上反映了民众心目中形态各异的关帝形象，这也是云南关帝庙文化内涵与地域特征的重要体现。

图28 弥勒朋普镇黑果坝村关圣宫关帝塑像

图29 弥勒落虹村关圣殿关帝塑像

图30　弥勒朋普镇梭落凸村关圣庙关帝塑像

图31　弥勒小凹革村关帝庙关帝塑像

图32　晋宁县六街镇三圣宫关帝塑像

图33　腾冲关圣宫关帝塑像

图34　宜良县汤池镇小街村关圣宫关帝塑像

图35　弥渡密祉大寺关帝塑像

第三章　云南关帝信仰的祭祀仪式

　　关羽作为忠、勇、仁、义的化身，符合历代统治者的统治需求；而作为福、禄、祥、瑞的代表，又契合普通民众的精神需要。此外，其精诚大义、浩然正气与儒释道三教的要义不谋而合，故其在官方、民间、宗教界都有着极其重要的历史地位，历来受到各方的爱戴与推崇。关羽由人而神，由神而王，再由王而帝的敕封历程，折射了关羽在民众心目中的崇高地位及伟大形象。明清以降，在官方的倡导与组织下，关羽渐渐登上祭祀的神坛，并逐渐扩展到全国上下每一个地方。

　　云南对于关羽的宗教祭祀仪式分为官方和民间两个层面，官方严格履行制度化的祭祀仪式，赋予神祇国家的力量；而民间祭祀活动，一般是为了满足其俗事需求，如求财富、求功名、求平安、驱鬼除疫等。云南关帝祭祀仪式主要在汉族地区有广泛分布，当然，在少数民族地区，如大理、丽江、文山等地也有重要体现。本章旨在在文献考探与实际调研的基础上，真实记录云南关帝信仰宗教仪式，以期深刻剖析民众崇拜心理，展示云南关帝信仰的宗教倾向与地域特点。

第一节　云南汉族关帝信仰的祭祀仪式

承前所述，历史上关帝庙的修建应该不会晚于宋代，而作为国家祀典载入史册，且有文献可考的时间却在明代。明末清初孙承泽《春明梦余录》卷二十二："汉寿亭侯庙，在宛平县东，成化十三年建，俗呼白马庙，盖隋之旧基也。每岁五月十三日遣太常官致祭。按：洪武二十八年，建庙于鸡鸣山，祭汉寿亭侯，永乐中，始载祀典。"①《太常续考》卷六："汉寿亭侯庙，建于宛平县之东。中塑关圣神像，前为马殿，外为敕建关王庙门。每岁五月十三日，本寺题请遣本寺堂上官致祭，凡国有大灾则告。洪武二十八年，建庙于鸡鸣山，南祭汉寿亭侯关圣。永乐年，庙祭于京师。成化十三年，奉敕修建。嘉靖十年，南京太常少卿黄芳以汉寿者封邑，而亭侯者，爵也。今止称寿亭侯，误矣。乃改称汉前将军汉寿亭侯。五月十三日，祭汉前将军汉寿亭侯之神。前期十二日，本寺同都城隍题遣本寺堂上官行礼。"②《明史》卷五十《南京神庙志》："关公庙，洪武二十七年建于鸡笼山之阳，称汉前将军寿亭侯。嘉靖十年订其误，改称汉前将军汉寿亭侯，以四孟岁暮，应天府官祭，五月十三日，南京太常寺官祭。"③

---

① 孙承泽撰，王剑英点校：《春明梦余录》，北京：北京古籍出版社，1992年，第318页。

② 永瑢、纪昀等纂修：《景印文渊阁四库全书·史部》，台北：台湾商务印书馆，1986年，第244页。

③ 张廷玉等：《明史》（三），长春：吉林人民出版社，2005年，第844页。

关帝祭祀仪式最初定于农历五月十三，源于关羽生于此日，由此以示纪念。后随着敕封的深入，又增加了春、秋二祭。《皇朝通典》卷五十："顺治元年，定祀关帝之礼，建庙于地安门外，岁以五月十三日遣官致祭。九年，敕封忠义神武大帝。雍正三年，敕封关帝曾祖为光昭公，祖为裕昌公，父为成忠公，制造神牌安奉后殿。于五月致祭外，增春、秋二祭，又以后裔之在洛阳者授为五经博士，世袭罔替。"①

祭祀仪式采用国祀中祀规格。《解梁关帝志》记载："嘉靖年间，定京师祀典，每岁五月十三日，遇关帝生辰，用牛一、羊一、猪一、果品五、帛一，遣太常官行礼。四孟（孟春、孟夏、孟秋、孟冬）及岁暮，遣官祭，国有大事则告。凡祭，先期题请遣官行礼。"②《清朝文献通考》记载："关圣大帝庙、府、厅、州、县以春秋仲月（春二月、秋八月）致祭，又五月十三日特祭。祭时并祭三代。其解州祖庙及祖墓亦同日祭。"③

祭祀的祝文由朝廷确定，如《大清会典》卷八十三载《五月十三日致祭关帝庙前殿祝文》："惟帝纯心取义，亮节成仁，允文允武，乃圣乃神，功高当世，德被生民，两仪正气，历代明礼，英灵丕著，封号聿新，敬修岁事，显佑千春，尚飨！"④又载《春秋祭前殿祝文》："惟神秀毓河山，名垂今古，英风正气，世历久而弥新。大节纯心，史相传而莫匹，念神灵之显著，命典礼以优隆。兹当仲，用昭时飨尚其歆格，鉴此春秋精虔，尚飨！"⑤

---

① 稽璜等：《皇朝通典》，浙江书局光绪八年（1882）本，第14页。
② 宋万忠、武建华标注：《解梁关帝志》，太原：山西人民出版社，1992年，第78页。
③ 刘锦藻：《清朝文献通考》，杭州：浙江古籍出版社，1988年，第5773页。
④ 孟祥荣：《武圣关羽》，武汉：湖北人民出版社，1998年，第121—122页。
⑤ 蔡东洲、文廷海：《关羽崇拜研究》，成都：巴蜀书社，2001年，第181页。

　　民间祭祀活动以诵经为主。诵经时要保持心灵的高度虔诚与经书、物品及身体的极度洁净。诵经款式规定：凡有善男信女，发心持诵此经，一时不及塑绘圣像，即用黄纸朱书，中间一行书：中皇天尊关圣帝君神位。左列张仙大帝、关圣帝君，右列灵官天君、威武大帝。供奉中堂，斋戒沐浴，更着洁服，点烛一双，上香三炷，茶酒供果，虔诚致敬，行三跪九叩礼，跪诵焚香赞、燃烛赞、开卷神咒、三净神咒、安社令咒、金光咒、解秽咒、祝香神咒、集灵咒、卫灵咒、请土地咒。至伏以启请各神号毕，读告文，拜礼各宝诰一遍跪诵，亦可接诵《正心宝训》《降笔真经》各一遍，以上日诵一次至此止。然后三叩首起身。略停一息，再振起精神，跪诵《桃园明圣经》，自"汉，汉寿亭侯略节桃园经"，诵至"心在人中，日在天上，钦哉勿忽"此句为止，共作一遍。诵完之后，叩首起身。又停一息间，养顺其气，然后再诵。若身体虚弱，久跪辛苦，或起住合掌敬诵，诵至"神圣之名"，即跪下叩首。以昭恭敬，亦无不可。随时随地，诵多诵少，由人自发念头，总以心到气到为第一紧要。若以平常而论，日诵不如夜诵，夜诵又不如四更后五更初诵，此时养足精神，元气清醒，万物寂静，烦躁不生，兼以彩烛清香，光辉朗照，心专气聚，诵之倍觉英爽。得此经者，宜用洁布包好，安置高处，勿令妇女儿童污秽致招罪过。凡男女捧诵，必先净手，以表肃诚。①

　　云南具有深厚的原始宗教根基与久远的民间崇拜渊源。关羽崇拜从中原传入后，立刻在云南民众中引起强烈反响，且祭祀活动似乎比其他地方更为兴盛。清宣统《续蒙自县志》卷三《祠祀》："关圣，姓关，名羽，字云长，汉河东解人。汉末天下纷争，辅先主成帝业，

――――――――――

　　① 周本寿编：《民间国学手抄本》，北京：中国华侨出版社，2013年，第6—7页。

忠义仁勇，名高三国，祠祀遍寰宇，云南尤崇奉之。"①云南的关帝祭祀仪式，亦分官祀与民祀两类，组织祭祀活动者主要为汉族。就目前掌握的文献资料看，云南关帝祭祀典礼亦兴起于明代。虽亦有少量著述论及前代祀典，如民国《续修马龙县志》卷八《典礼》："关岳先是关帝庙，原在城西黄牛山，早毁。康熙四十六年，知州黄廷飑始将城北之云龙寺易为关圣宫。查：宋以前祀关侯，但用本称称汉前将军而已。"②但由于缺乏充足证据，故不采本说。

明代云南的关帝祭祀仪式多在五月十三日举行，参加祭祀的主要人员皆为政府官员，且大多为武官。如：

明隆庆《云南通志》卷十二《祠祀》载：

（云南府）关王庙　在府城，岁五月十三日都司祭。

（大理府）关王庙　在府治西南，元时建，洪武间指挥使郑祥易而新之，岁五月十三日武官致祭。各卫御皆有。

（永昌府）武安王庙　在府城隍庙东五十，岁五月十三日武官致祭，州县皆有。

（楚雄府）武安王庙　在府城南，五月十三日武官致祭，州县皆有。

（楚雄府）武安王庙　在府治北，洪武二十三年建，岁五月十三日武官致祭，各卫所皆有。

（姚安府）武安王庙　在府治南，弘治间知府王嘉庆建，岁五月十三日武官致祭。

---

① 佚名：《续蒙自县志》，清宣统年间本。
② 王懋昭纂修：《续修马龙县志》，民国五年（1916）铅印本。

（寻甸府）武安王庙　在府城西北一里，岁五月十三日武官致祭。

（景东府）武安王庙　在府城外，岁五月十三日武官致祭。

（顺宁府）武安王庙　在府治北一里，嘉靖间知府猛寅建，岁五月十三日致祭。

（北胜州）武安王庙　在州治南，岁五月十三日澜沧卫武官致祭。①

清雍正《顺宁府志》卷四《坛庙》载：

（云州）关帝庙　一在城内，一在旧所，一在猛郎街。五月十三日祭。②

清康熙《云南府志》卷十六《祀典》载：

（禄丰县）关帝庙　在县南门外，明万历间建。每岁五月十三日致祭。③

清代，随着关羽及其三代曾祖得到加封，关羽在民众心目中的地位更加崇高，祭祀仪式也更加庄严隆重，被正式纳入国家祭典范围，与文圣同级，并钦定于春、秋两季举行。如：

---

① 李中溪纂修：《云南通志》，民国二十三年（1934）龙氏重印本。
② 范溥修，田世容等纂：《顺宁府志》，清雍正四年（1726）刻本。
③ 张毓碧修，谢俨纂：《云南府志》，清康熙刊本。

清康熙《云南通志》卷十八《祠祀》载：

> （云南府）关帝庙　在府城南。每春、秋丁祭后择吉以云南府知府主祭，同知通判陪祭，其外府州县者即以本地方官致祭。①

清乾隆《蒙自县志》卷三《祠祀》载：

> 关圣庙　在县治东南。设春、秋祭祀。②

清光绪《镇雄州志》卷三《经费》载：

> 武庙　春、秋祭祀，并庆祝圣诞。③

清雍正《安宁州志》卷一《典礼》载：

> 关圣　春、秋致祭。④

清道光《晋宁州志》卷七《祠祀》载：

> 关帝庙　共二十三。每岁春、秋二仲月奉部定期。督抚

---

① 范承勋等修，吴自肃等纂：《云南通志》，清康熙三十年（1691）刻本。
② 李焜纂修：《蒙自县志》，清乾隆五十六年（1791）钞本。
③ 吴光汉修，宋成基纂：《镇雄州志》，清光绪十三年（1887）刻本。
④ 杨若椿修，段昕纂：《安宁州志》，清乾隆四年（1739）刻本。

率司道以下官致祭，各府知府主之，各州、县知州、知县主之，同城文武官员悉陪祭。①

清道光《宣威州志》卷四《祀典》载：

关帝庙　在城西门内。春、秋二仲月祭。②

清道光《新平县志》卷三《祠祀》载：

关帝庙　在城小东门外。每岁春、秋二仲月奉部定期。知县主祭，同城文武各官悉陪祭。③

清光绪《续修永北直隶厅志》卷四《祠祀》载：

关帝庙　旧在府城东门外，原名开化寺，知州申奇猷改修为关帝庙。春、秋致祭。④

清道光《大姚县志》卷九《祠祀》载：

武庙　春、秋仲月丁祭后择日祭。⑤

①　朱庆椿修，陈金堂纂：《晋宁州志》，民国十五年（1926）铅印本。
②　刘沛霖等修，朱光鼎等纂：《宣威州志》，清道光钞本。
③　李诚修，罗宗瑾纂：《新平县志》，清道光七年（1827）刊刻钞本。
④　叶如桐修，刘必苏纂：《续修永北直隶厅志》，清光绪三十年（1904）刻本。
⑤　黎恂修，刘荣黼纂：《大姚县志》，清道光钞本。

民国《新平县志》卷十七《礼俗》载：

关帝 清雍正七年定每岁春、秋二仲月由部定期致祭，知县主祭，同城各官悉陪祭。[1]

民国《陆良县志稿》卷三《典礼》载：

关帝庙 在南门外。春、秋二仲月祭。[2]

民国《新纂云南通志》卷一百九《祠祀考》载：

（云南府昆明县）武帝庙 在城南门外。每岁春、秋二仲月奉部定期。督抚率司道以下官致祭，各府知府主之，各州县知州、知县主之，同城文武官员悉陪祭。[3]

有的地区把祭祀时间固定在春、秋二仲月上戊日。如清乾隆《续修蒙化直隶厅志》卷二《坛庙》载：

武庙 在郡城内太平街。每岁春、秋二仲月上戊日致祭。[4]

清康熙《嵩明州志》卷五《典礼》载：

① 吴永立修，马太元纂：《新平县志》，民国二十二年（1933）石印本。
② 刘润畴修，俞赓唐纂：《陆良县志稿》，民国四年（1915）石印本。
③ 龙云、周钟岳纂修：《新纂云南通志》，民国三十八年（1949）铅印本。
④ 刘垲等修，吴蒲等纂：《续修蒙化直隶厅志》，清乾隆五十五年（1790）刻本。

关圣庙　州城西。仲春、仲秋上戊日祭。①

清雍正《顺宁府志》卷四《坛庙》载：

关帝庙　一在府城内准提寺左。一在猛右。俱于二月、
八月上戊日祀之。②

清乾隆《云南县志》卷一《祠祀》载：

关帝庙　在城内西街。每岁春、秋二仲戊日致祭。③

民国《罗平县志》卷三《祀典》载：

关帝庙　在城东大街。向例于春、秋二仲月上戊日，以
太宰、羊、豕各一祭之。④

亦有地区一年举行三次祭祀活动，除五月十三日外，还在春、秋
二仲月举行。如：

清雍正《建水州志》卷六《祀典》载：

关帝庙　在城西。顺治元年，定每年五月十三日祭。九

---

① 王嬰修，任洵纂：《嵩明州志》，清康熙五十九年（1720）刻本。
② 范溥修，田世容纂：《顺宁府志》，清雍正四年（1726）刻本。
③ 李世保修，张圣功等纂：《云南县志》，清乾隆三十二年（1767）刻本。
④ 朱纬修，罗凤章纂：《罗平县志》，民国二十二年（1933）石印本。

年，敕封忠义神武。雍正三年，诏封三代公爵。每年春、秋二仲月致祭。①

清乾隆《东川府志》卷七《祠祀》载：

关帝庙　在西门内。雍正三年，诏封三代公爵，每年除五月致祭外，仍于春、秋二仲月致祭。②

清乾隆《陆凉州志》卷四《祀典》载：

关帝庙　在城南。顺治元年定每年五月十三日祭。顺治九年，敕封忠义神武。雍正三年，诏封三代公爵，每年春、二仲月遵部颁日期致祭。③

清嘉庆《永善县志略》卷一《祀典》载：

武庙　岁以春、秋仲月，吉日五月十三日致祭。④

清嘉庆《楚雄县志》卷四《祀典》载：

———————

① 祝宏纂修，赵节纂：《建水州志》，清雍正九年（1731）修，民国二十二年（1933）重刊本。
② 方桂修，胡蔚纂：《东川府志》，清乾隆二十六年（1761）刻本。
③ 沈生遴纂修：《陆凉州志》，民国二十六年（1937）刊本。
④ 查枢纂修：《永善县志略》，清嘉庆八年（1803）钞本。

　　武庙　春、秋二仲上戊日及五月十三日祭，牲用太牢。[①]

清乾隆《宜良县志》卷二《祀典》载：

　　武庙　岁以春、秋仲月，吉日五月十三日致祭。[②]

清宣统《恩安县志·祀典》载：

　　武庙　在府城北门内。每年除五月致祭外，仍于春秋仲月春日五月十三日致祭。[③]

清咸丰《邓川州志》卷七《秩祀》载：

　　关帝庙　在州城西北隅。岁以春、秋仲月及五月十三日致祭。[④]

民国《姚安县志》卷五十二《礼俗志》载：

　　岁春、秋二仲月上庚日祭武安王庙。岁五月十三日，武官致祭。[⑤]

---

①　苏鸣鹤修，陈璜纂：《楚雄县志》，清嘉庆二十三年（1818）刻本。
②　王诵芬纂修：《宜良县志》，清乾隆三十二年（1767）刻本。
③　汪炳谦纂修：《恩安县志》，清宣统三年（1911）钞本。
④　钮方图修，侯允钦纂：《邓川州志》，清咸丰四年（1854）刊本。
⑤　霍士廉等修，由云龙总纂：《姚安县志》，民国三十七年（1948）铅印本。

民国《昭通志稿》卷三《政典志》载：

武庙 五月十三日致祭外，春、秋二仲月大祭。①

民国《宜良县志》卷七《祠祀志》载：

关帝庙 在南门内。岁以春、秋仲月吉日、五月十三日
致祭。②

民国《景东县志稿》卷四《建设志》载：

关岳庙 在治北门外，即旧有关帝庙。岁春、秋二仲上
戊日祭，同知主祭，同城文武官员悉陪。民国三年，奉令增
修为关岳庙，遵章祭祀，各区均有以阴历五月十三日为祀
期。③

有的地方以六月二十四日为关羽诞辰日，祭祀活动也定在该日举
行。如清康熙《罗平州志》卷二《祀典》载：

关圣庙 每岁春、秋二仲月上戊日及五月十三日，以羊、
豕各一祭之。今奉督院蒋颁发碑记于六月二十四日特致祭焉。④

① 符廷铨修，杨履乾纂：《昭通志稿》，民国十三年（1924）铅印本。
② 王槐荣修，许实纂：《宜良县志》，民国十年（1921）刊本。
③ 周汝钊修，侯应中纂：《景东县志稿》，民国十二年（1923）石印本。
④ 黄德巽修，周启先等纂：《罗平州志》，清康熙五十七年（1718）刻本。

民国《罗平县志》卷二《岁时》载：

> 六月二十四日自总督蒋颁发关夫子系六月二十四日生辰，
> 知州黄德巽主碑庙中，届期率属祭祀。[①]

还有的地方并未遵循官方或大部分地区习俗，而是自行确定关帝祭祀的时间。如清康熙《晋宁州志》卷二《祠庙·寺观》载：

> 关帝庙　有二。一在北关外，一在治城中。祝贺万寿时瞻拜。[②]

清光绪《镇雄州志》卷一《祠庙》载：

> 武庙　关帝庙在在皆有，省、府、州、县各择一巨庙，朔、望礼拜，岁时致祭，并立后殿崇奉三代先公本主。[③]

祭祀有主祭与陪祭之分，主祭一般为各州、县长官，陪祭一般为下属官员或礼生等。祭祀前期，要打扫殿宇，洁净器物，准备祭品，陈列神位，进行先期庙祝活动。如清咸丰《邓川州志》卷七《秩祀》载：

> 关帝庙，主祭以长官，执事以礼生。先期庙祝，洁扫殿

---

① 朱纬修，罗凤章纂：《罗平县志》，民国二十二年（1933）石印本。
② 杜绍先纂修：《晋宁州志》，清康熙五十五年（1716）钞本。
③ 吴光汉修，宋成基纂：《镇雄州志》，清光绪十三年（1887）刻本。

宇内外。是日昧爽，备器陈神位。[1]

祭祀之日，鼓乐喧天，文武官员先到祖先祠祭祀，然后到正殿祭祀。如清道光《大姚县志》卷九《祠祀志》载：

> 武庙　先一日省牲，祭日五鼓齐集，委孝职先祭三公祠。
> 毕后，祭正殿。[2]

祭品主要有礼帛、牲物、器物等。清嘉庆《永善县志略》卷一《祀典》载：

> 陈设制帛一，白色酒罇一，牛一，羊一，豕一，笾十，
> 豆十，献爵三。[3]

民国《新平县志》卷十七《礼俗》载：

> 祭品　牛一，羊一，豕一，白色礼神制帛一，果品五，
> 尊一，爵三。[4]

清代，特加祭太牢。

清嘉庆《永善县志略》卷一《祀典》载：

---

[1] 钮方图修，侯允钦纂：《邓川州志》，清咸丰四年（1854）刊本。
[2] 黎恂修，刘荣黼纂：《大姚县志》，清道光钞本。
[3] 查枢纂修：《永善县志略》，清嘉庆八年（1803）修钞本。
[4] 吴永立修，马太元纂：《新平县志》，民国二十二年（1933）石印本。

武庙　雍正三年，诏郡县春祭祀加太牢。五月，太常寺奏定五月十三日祀加太牢。①

清乾隆《宜良县志》卷二《祀典》载：

武庙　雍正三年，诏郡县春、秋祠加太牢。五年，太常寺奏定五月十三日祀，加太牢。②

清道光《大姚县志》卷九《祠祀》载：

武庙　先一日省牲，祭日五鼓齐集，委孝职先祭三公祠。毕后，祭正殿。春、秋祭俱用太牢。③

清宣统《恩安县志·祀典》载：

武庙　雍正三年，诏郡县春秋祠加太牢。五年，太常寺奏定五月十三日祭加太牢。④

民国以降，许多地方的关帝祭祀活动仍然沿袭前制。如民国《续修马龙县志》卷八《典礼》载：

①　查枢纂修：《永善县志略》，清嘉庆八年（1803）修钞本。
②　王诵芬纂修：《宜良县志》，清乾隆三十二年（1767）刻本。
③　黎恂修，刘荣黼纂：《大姚县志》，清道光钞本。
④　汪炳谦纂修：《恩安县志》，清宣统三年（1911）钞本。

各地方关岳庙皆以岁春、秋分节气后第一戊日，由驻在该地方各文武推官职较高者一人亲诣敬祭。官职相等者皆为陪祭。如将军主祭，则巡按使为陪祭之类。官职较次者，二人东、西序分，献纠仪以军官警官各一人执事，人各以其属。及地方官绅、学校教员、学生之娴礼仪者，选充在该地方各军官、警官及兼有军警职各文武官一体与祭。其余同城文官均不另祭。祭之日，陈设祭品、行礼仪节均与京师遗祭关岳庙礼同。[1]

但亦对仪式作了一些修改。民国《续修马龙县志》卷八《典礼》载：

关圣帝君祭祀典礼与祀孔同。每岁以二八月上戊日为祭日。民国成立，易拜跪为鞠躬，以军服为礼服，迎神、送神各三鞠躬，初献、亚献、三献各一鞠躬，读祝、受胙各一鞠躬，撒馔仍行三鞠躬，祝文仍旧。[2]

值得一提的是，民国成立初年，按照政府要求，不少地方把关羽与岳飞合祀，从而把关帝庙、武庙改称为关岳庙，但祭祀时间及仪式未变。有的地方甚至把历代二十四名将也纳入祭祀活动中。

民国《宣威县志稿》卷七《舆地志》载：

武庙 在西门街。原祀关公，民初合祀关岳，以春、秋

---

[1] 王懋昭纂修：《续修马龙县志》，民国五年（1916）铅印本。
[2] 王懋昭纂修：《续修马龙县志》，民国五年（1916）铅印本。

二仲月大祭，五月十三日加祭，仪如孔庙。[①]

民国《宜良县志》卷三《舆地志》载：

关岳庙　民国四年三月，奉大总统申令，关岳合祀，改武庙为关岳庙，岁以春、秋分节气后第一戊日致祭。[②]

民国《路南县志》卷五《祠祀志》载：

武庙　在城南关外。反正后改祀关岳，仍为祀典。[③]

民国《禄劝县志》卷九《祠祀志》载：

关岳庙　由关帝庙改称，在城南门内。岁以春、秋两仲月上戊致祭。[④]

民国《新纂云南通志》卷一百十《祠祀考》载：

（石屏州）关圣武帝庙　各村多有，约百余处。在城内南厢者一称武庙，每年官吏祀关圣于此。案：民国成立改关岳庙。[⑤]

---

①　王钧图等修，缪果章纂：《宣威县志稿》，民国二十三年（1934）铅印本。
②　王槐荣修，许实纂：《宜良县志》，民国十年（1921）刊本。
③　马标修，杨中润纂：《路南县志》，民国六年（1917）钞本。
④　许实纂修：《禄劝县志》，民国十四年（1925）铅印本。
⑤　龙云、周钟岳纂修：《新纂云南通志》，民国三十八年（1949）铅印本。

民国《姚安县志》卷五十《礼俗志》载：

> 武庙　（李通志）武安王庙在府治南，弘治间知府王嘉庆建。岁五月十五日武官致祭武庙。自清雍正七年，定关帝为祀典，以春、秋二仲致祭。民国初加祀岳武穆，定名关岳庙，并以历代名将二十四人配享。寻废。[①]

民国《鹤庆县志》卷五上《祠祀志》载：

> 武庙　在治西南。民国四年，陆海军部呈请并祀岳忠武王作为关岳合祀。[②]

民国《嵩明县志》卷六《舆地志》载：

> 武帝庙　城西。光绪六年重修，后改为关岳庙，每岁仲春、仲秋上戊日致祭。[③]

亦有少数地区未能把关帝祭祀活动贯彻始终，如中甸厅早在清代便将仪式废除了。

清光绪《新修中甸厅志书》中卷《祀典》载：

---

①　霍士廉等修，由云龙总纂：《姚安县志》，民国三十七年（1948）铅印本。
②　杨金铠纂修：《鹤庆县志》，民国钞本。
③　陈诒孙等修，杨思诚纂：《嵩明县志》，民国三十四年（1945）铅印本。

> 关帝武庙　在城内。二、八月祭，今废。①

大部分地区是到民国时期才停止祭祀活动的。如民国《顺宁县志初稿》卷四《典礼》载：

> 旧日春、秋戍祭关岳，仪式与祀圣略同。惟仅行一献礼，民十以还，年或举行一次。今废。②

民国《嵩明县志》卷十九《礼俗》载：

> 国民政府所定者，查民国初元时，政府所定典礼废除祀文昌、山川坛、厉祭坛等典礼而以岳武穆王、关壮缪侯合祭，名其庙曰关岳庙。又加祭明永历帝外，其余祀典仍沿前清之旧，惟改跪拜礼为鞠躬礼而已。至民十六年，奉令废除祀孔，旋又奉令并废除祀关岳，自是厥后所有祀典遂随之而尽废除矣。③

时至今日，官方祭祀活动已经全面废除，但民间祭祀活动仍在继续。

民间对关羽的祭祀活动一般都在农历五月十三日举行，主要是为了纪念关羽圣诞。如清光绪《沾益州志》卷二《风俗》载：

---

① 吴自修修，张翼夔纂：《新修中甸厅志书》，清光绪钞本。
② 张问德修，杨香池纂：《顺宁县志初稿》，民国钞本。
③ 陈诒孙等修，杨思诚纂：《嵩明县志》，民国三十四年（1945）铅印本。

五月十三日，关帝圣诞，设供庆祝。[①]

清乾隆《白盐井志》卷一《风俗》载：

五月十三日，作关帝会，轮流演戏。[②]

清乾隆《云南县志》卷二《民俗》载：

五月十三日，庆关帝诞。[③]

清乾隆《宜良县志》卷二《风俗》载：

五月十三日，庆关帝圣诞，编竹贮香，饰以五采人物、花卉，新奇工巧，高二三丈，大可以围，约三四对，名"大香会"。又迎台阁彩亭，绣幡珠盖，自十三至十八演戏敬神，始然大香，观者如堵，称盛会焉。[④]

清嘉庆《临安府志》卷七《风俗》载：

五月十三日，祀关帝。自通邑大都至穷乡僻壤，莫不奔走恐后，勷祀惟虔。是日雨，则三农相庆，以为丰年，谓帝

---

① 陈燕等修，李景贤等纂：《沾益州志》，清光绪十一年（1885）钞本。
② 郭存庄纂修：《白盐井志》，清乾隆二十三年（1758）刻本。
③ 李世保修，张圣功等纂：《云南县志》，清乾隆三十二年（1767）刻本。
④ 王诵芬纂修：《宜良县志》，清乾隆三十二年（1767）刻本。

泽之所遗也。夷人复烹羊炮羔，吹笙鸣鼓，虽椎鲁无文，而诚意可掬，有土鼓蒉桴之遗焉。《礼》失而求诸野，盖于夷也征之矣。前正月十三，后九月十三亦然。①

清光绪《续修顺宁府志》卷五《地理志》载：

五月十三日，谒关帝庙。②

清宣统《续蒙自县志》卷三《风俗》载：

五月十三日，虔祀关帝，城乡皆然。是日雨，则三农相庆，以为丰年，谓帝泽之所遗也。③

民国《顺宁县志初稿》卷九《礼俗》载：

五月十三日单刀会，俗有谈经庆祝关公者，屠业亦于是日祭祖师。④

民国《景东县志稿》卷二《地理志》载：

五月十三日为单刀会，男子赴关岳庙进香庆祝。农人以

① 江浚源修，罗惠恩纂：《临安府志》，清嘉庆四年（1799）刻本。
② 党蒙等修，周宗洛等纂：《续修顺宁府志》，清光绪三十一年（1905）刻本。
③ 佚名纂：《续蒙自县志》，清宣统年间本。
④ 张问德修，杨香池纂：《顺宁县志初稿》，民国钞本。

牲醴祀田祖，谓烧秧纸，多栽竹木、果树。①

清雍正《阿迷州志》卷十《风俗》载：

五月十三日，庆关帝会。②

清康熙《寻甸州志》卷三《民风》载：

五月十三日，关帝圣诞，有会集，或演□，或礼祭。③

在今天的云南，但凡有关帝庙留存的地方，基本都延续了农历五月十三日的祭祀习俗。如：蒙自县五月十三日有举刀会；开远市五月十三日庆关帝会；安宁县五月十三日祭关公，城里屠宰业主、餐饮业主到武庙杀猪宰鸡祭祀一天。另外也有在六月二十四日举办庆祝活动的，如陆良县六月二十四日的雷神会、关帝会。

在开远市羊街乡杨柳寨的关圣宫，每年关公诞辰（农历五月十三日）这一天，都要举行隆重的祭祀活动。当天一大早，附近的百姓就带着贡品从四面八方赶到关圣宫。上午九点左右，庙里的工作人员先把糖、水果、花糕（米糕、荞糕、沙糕、蒸糕）、斋饭等盛到盘子里，摆放到供桌上，然后管事开坛念《关圣帝君觉世真经》，念唱完毕，将金银（纸叠的元宝）呈上，就举行诵经等祭拜活动。中午大家一同

---

①　周汝钊修，侯应中纂：《景东县志稿》，民国十二年（1923）石印本。
②　王民皞纂修：《阿迷州志》，清康熙钞本。
③　李月枝纂修：《寻甸州志》，清康熙五十九年（1720）刻本。

吃斋饭，吃完斋饭焚烧香烛纸火，下午收经，最后将贡品收回分给大家。关圣宫常年香火不灭，平日主要由庙里的管理人员轮流进香点灯，每人十天。一般情况下，祭拜活动主要集中于初一和十五，当然，百姓如有诉求，任何时候都可以到这里祭拜。祭拜百姓中，以开车者和家庭不睦者为多。开车在外的人遇到灾祸，一般都会去找师傅观香火，并在关圣神像的大刀上挂一块红布，叫"挂红"，以此请关老爷消灾。家里丈夫或妻子有外心者，也会来"挂红"，因为他们相信只有关圣老爷的大刀才压得住桃花。带着其他愿望来这里祭拜的人，一般都会点几柱香，然后压一些钱在香炉脚。如果祭拜的事能够如愿，还须进行还愿活动。还愿时，百姓们一般是提一桶香油，带上一些贡品（蒸糕水果之类）及金银、香烛等来进行答谢活动。如有需要，还可根据其所求之事由庙中管事者念还愿文。

开远市乐白道街道东联村大水井庙也会举行祭祀关圣的活动。在人们心里，关羽是一位法力无边的庇佑之神，因此，附近百姓无论遇到什么困难，或有什么样的诉求，都会带上贡品，诚心到关帝庙祈祷敬拜。而到关公诞辰（农历五月十三）这一天，人们都会自发带上公鸡、母鸡各一只以及蒸糕、糯斋饭（糯米饭制成的斋饭）、水果等，到关帝庙烧香磕头，进行祭拜。

通海县河西镇戴文村关圣宫每年正月初六，都要举行迎神送神仪式。一大清早，村民们就抬着神轿，到关圣宫去接"神爷爷"。途经戴文三队、河西观音寺，最后又返回关圣宫。每年农历五月十三，传说是关圣老爷磨大刀日，村里还要举行祭祀活动。村民们认为，如果关老爷磨的是干刀，当天就不会下雨，磨的是湿刀，当天就会下雨。这一天，村民们不约而同到关圣宫参加念经、烧香、烧锡箔、点蜡烛、磕头等活动，以求得关老爷保佑。由于现在民间广场舞兴起，所以做会的时候也会请各个村子的文艺队跳舞表演。

　　会泽作为传承古代文化的代表地，会馆云集，供奉神灵丰富，其庙会活动数量多、规模大、时间长，这在全国是有口皆碑的。就关帝祭祀活动而言，会泽继承了明清以来的祭祀传统，每年共举行三次，分别于农历二月、八月第一个卯日、五月十三日在县城武庙、陕西会馆、江南会馆举行，其场面热闹非凡。祭祀仪式与其他地方基本相同。

第二节　云南白族关帝信仰的祭祀仪式

　　白族是云南省境内的土著民族之一，也是滇国的主体民族。历史上的白族，分布范围较广，除在滇国统治中心滇池有大量分布外，在今昭通、曲靖、建水、石屏、楚雄、保山等地及四川西南、贵州西部地区亦有广泛分布。白族系从氐羌族分化而来，秦汉时期称为"僰人"，隋唐时期又称"白蛮"，至元代在书面语中将"僰"改称"白"。李京《云南志略》："白人，有姓氏。汉武帝开僰道，通西南夷道，今叙州属县市也。故中庆、威楚、大理、永昌皆僰人，今转为白人矣。"[①]明代后期，在移民垦荒的大背景下，白族自称"民家"，即"民户"之意，以示与"军户""夷户"相区别。到了清代，白族除沿用"白人""僰人"的称谓之外，又称"白子""僰子"或"民家子"。

---

　　① 郭松年、李京撰，王叔武校注：《大理行记校注·云南志略辑校》，昆明：云南民族出版社，1986年，第86页。

　　白族与汉族有着久远深厚的融合历史。早在汉代，汉武帝开发西南夷时，便在今保山地区设置不韦县，并迁移了部分汉族人口前往屯垦，初步实现了汉族与僰人的融合。南北朝时期，爨氏割据云南地方政权，使得云南夷、汉族与内地汉族断绝了联系。于是，先后迁入的内地汉族最终与云南土著民族特别是僰人发生了融合。唐朝的三次战争动用了数万汉族军队，但在战争失利的情况下，绝大部分汉族士兵成为俘虏，不得已在滇西落户，而且随着白蛮政治、经济、文化中心由东部滇池地区向西部洱海地区转移，这部分人最终也融入洱海地区的白蛮之中。元代随着忽必烈南征及元王朝军屯、民屯政策的实施，内地汉族大量迁入，与当地白族发生了范围更为广泛的融合。明代随着移民垦殖的大力开展，汉族人口仍在源源不断迁入，与云南土著居民融合，并最终占据了总人口的绝大多数。白族在与汉族的融合进程中，传播了民族文化，同时也吸收了汉文化，拓展了其文化精义，而且至今经久不衰。关帝信仰作为中原文化精神的重要体现，在白族中也得到了传承与发扬。

　　白族的宗教信仰类型丰富，既包括佛教、道教等有系统经典的中国古代传统宗教，也包括本主崇拜等白族民间信仰，还包括圣谕坛、同善社等融合儒释道三教的民间宗教。[①]白族的本主崇拜源于原始社会时期的自然崇拜、图腾崇拜与祖先崇拜，而当佛教、道教传入后，白族的原始宗教自然与其融合，形成了综合儒释道三教的多元信仰文化。关羽作为三教备加推崇且深受云南人民爱戴的忠勇之神，自然也进入了白族土主崇拜之列。

　　大理作为云南白族聚居区，关帝信仰在这里有重要体现。海东白

---

　　① 侯冲：《大理白族地区的民间宗教》，《宗教哲学》，2007年第6期。

族崇拜关帝，建有关帝庙。漾濞县上邑村本主庙以檀香木雕刻几十尊神像，供村民朝奉，关羽神像亦在其中。另外，大理白族也举行关帝祭祀活动，祭祀时间基本与汉族一致。如：鹤庆金墩六月二十四日举办关帝会。大理周城五月十三日举办关云长单刀赴会纪念活动，六月二十四日庆祝诞辰。漾濞县六月二十四日在关圣殿举行关圣会，诵《关圣帝君应验明圣真经》。祥云县五月十三日在老君殿举办关圣会，诵伏魔经，拜伏魔忏。上关镇河尾村六月二十四日在圣谕堂举办关圣帝君圣诞祭祀仪式，其具体流程如下：

六月二十四日前两日，村里设立筹备工作委员会，开始搭建牌坊，设立堂所，书写对联与横幅。当日清早，全村耆英会、洞经会全体成员360余人齐聚圣谕堂参加活动。全天供餐两顿，早餐吃素，晚餐吃荤。当天设主祭一人，由耆英会长担任，另设司仪二人、礼生二人、呈设二人、恭读生一人、造斋一人。堂所设鼓乐所和祭祀堂。中堂内外各设天坛、地坛两坛，每坛设供桌三张，左右树五彩旌旗五面。供桌正中置牌位，牌位插于盛满大米的木制斗内，上书"昭烈武穆关圣帝君神位"，牌位后置一香炉，内盛香面和香疙瘩。用艾叶揉碎成团点燃香炉内香疙瘩，保持烟火终日不灭。香炉左右各置鲜花一瓶、大红烛一对，左边一杯茶，右边一杯酒，中间点油灯一盏。贡品用三牲，即熟猪头一个、小开门公鸡一只、鲜鱼一尾、鸡鸭蛋各一枚、净水两碗、斋菜两盘（干拉、乳扇、香椿、豆粉皮、鲜煎豆腐片、糯米粉小圆子）、熟菜三碗、贡饭三碗、干鲜果品各两盘（内盛冰粒、桂圆、荔枝、大枣等）、大红粒两盒。两坛贡品均同，但猪头、公鸡只设在内坛。大门外设两个火塘，火塘内燃烧鲜艾蒿，终日不灭。仪式开始，司仪高唱，内外肃静，执事者各司其事。鼓乐所发大通，鸣金一点，发鼓一通；鸣金二点，发鼓二通；鸣金三点，发鼓三通；大号三声，大乐止；细乐三曲，更小乐，然后鸣炮。接着，请主祭升位。主祭用艾叶在清水盆里净手后，在神像前跪下，此时，呈献开始敬香，敬香流程依次为初敬香、亚敬香、三敬香，主祭随之叩首、叩首、再叩首。接下来，呈献敬茶、敬酒、斋馐素具、宝瓶鲜花、时鲜果品、家常汤饭，呈献完毕，主祭叩首、叩首、三叩首；起立，跪下，叩首、叩首、六叩首；起立，跪下，叩首、叩首、九叩首。礼毕，请恭读生宣读告词，恭读生叩首、叩首、三叩首：

维

大中华人民共和国公元二零二一年岁次辛丑月建乙未朔日己未祭日壬午，昭烈武穆关圣帝君圣诞临坛奉行课奏法事。中国云南大理市上关镇河尾村居位。神酧愿集福，保安信士耆英会、洞经会全体信士右即几人等，是日具情伏以佛天慈惠之恩随机普应，有愿皆通，化精衷之恳切。家广积造于遇咎叩君，康泰未及省修兹者。

上奏

閤坛神灵宝座下维

神真正德佑斯民，福善广播，遥启一方之敬畏，却灾捍患，为万古之瞻數。

望

神造设筵席香斋、酒、礼、金银元宝，幸沐鸿恩，广造六德，旋勾销昔许之愿，正阳来福。保安信士瞻仰之至，拜酬之后满堂大吉，灾祸消除，五谷丰登，六畜兴旺，顺畅荣幸，清吉平安，凡诸未尽，全叩默佑。

然后鸣炮起鼓，仪式结束。

　　昆明西山区沙朗、谷律、团结等地，亦是白族聚居区。这里的白族自成村落，很少与其他民族杂居。据当地村民说，这一村落远在古代就已存在，其祖先系从大理迁居而来。当时经济殷实，人口众多，但历经数次战争，最后走向衰落。由于经济相对落后，宗教信仰氛围相对浓厚。与大理白族一样，这里的白族也是家有佛堂，侍佛甚谨，一年之中斋戒几半。除了崇拜自己的祖先之外，佛教、道教，乃至几乎所有鬼神都是他们崇奉的对象。关圣帝君作为佛道共同崇拜的偶像，自然也名列其中。这里每个村落均建有关帝庙，村民们除定期朝拜外，亦在关帝庙举行各种祭祀活动。如：三月三祭龙会、六月六青苗会、八月初七马王会。另外，与全国各地的祭祀仪式相同，逢五月十三关羽诞辰日，亦会在关帝庙举行大刀会，全村荤祭。俗谓五月十三是关羽磨青龙偃月刀的日子，前后数日必有雨，村民们的祭祀活动意在求雨。当地有谚语云："天干不干，看看五月十三。"

　　在大理，几乎每一个村寨都分布着数个本主庙；庙里供奉的本主，数量达几百尊之多。其供奉类型大致有石头、树桩、水牛、龙王、山神等自然崇拜与图腾崇拜之神，阁罗凤、异牟寻、段思平、杨干贞等本土帝王之神，李宓、傅友德、蓝玉、沐英等历代封建王朝将相之神。另有观音菩萨、大黑天神等佛教诸神，不一而足。而在所有本主中，大黑天神无疑具有非常显著的地位。时至今日，以大黑天神作为本主崇拜的地区，几乎遍及大理、巍山、洱源、剑川、鹤庆等地，庙宇达数十个之多。正如《新纂云南通志·宗教考·佛教》所载："云南各县多有土主庙，所供之神非一，而以祀大黑天神者为多。塑像三头六臂，青面獠牙，狰狞可畏。何以祀此神像？民间传说多不稽之谈。近年留心滇史，稍有涉猎，乃知大黑天神为阿阇梨教之护法神，盖其教以血食享祀，民间尤敬畏之。村邑立祠，疾疫祷祝，初谓之大灵庙，后乃目为土主也。"①大黑天神进入白族本主祭祀行列后，渐渐成为白族化产物。其形象根据白族人的认知与意愿，已发生了很大的改变。一般认为，大理多地供奉的大黑天神实际就是关羽的化身，故对大黑天神的崇拜在一定意义上体现了对关羽的崇拜。

　　洱源作为云南道教圣地，其宗教活动与民间祭祀仪式一直以来都较为兴盛。这里的百姓每年正月间都为大黑天神举行隆重的请神、送神活动。据《中国名镇·云南凤羽镇》记载，大黑天神在洱源的"辖区"主要为义和、上寺、屯户三个自然村。一般每年正月初五是义和村的迎神之期，正月初八是上寺村的送驾之期。迎送前由当年家中添有男孩的一家或数家牵头组织，村民们自愿帮忙采买、扎花轿，排练耍狮灯、龙灯、马舞，请吹唢呐，物色唱戏人选。妇女将村里大街小

图36　南涧灵宝山国家森林公园土主庙大黑天神塑像

---

①　龙云、周钟岳纂修：《新纂云南通志》，民国三十八年（1949）铅印本。

巷打扫得干干净净，并将迎入本主歇脚的文昌宫也整理一新。迎接本主这一天，全村男女老少都要穿上自己最好的衣服，精心打扮，以示恭敬。中午十二点左右，由年长的人领头，唢呐、锣鼓前导，一路上耍狮灯，耍龙灯，跳鹤舞。全村男女老少手秉香烛鱼贯出村，向本主庙进发。到了本主庙，烧香磕头，祭奠祷告，然后在激越的唢呐声中尽情表演。有时还唱戏来取悦本主，礼请本主上轿启程。回村时，仍然和出发时一样，长者与奏乐、耍狮、耍龙、鹤舞的人们前导，青年男子争相抬本主上路，以博取本主欢心。手秉香烛的妇女们跟在后边，最后是看热闹的男女老幼。沿途只要遇有空旷的地方，就会耍狮、耍龙，总要舞弄一番。进入本主辖区的村头巷尾，本主总是暂歇一会，附近村民立即将早就准备好的汤圆、果酒、包子等供品供在本主轿前，热心的村民还将事先就备下的红糖开水、米酒端给迎接本主的队伍品尝。下午五点左右，村民们将本主迎到事先准备好的神坛（通常设在文昌宫）。神坛内悬挂着各种五颜六色的彩纸，上书各路神祇的佛号、道号、神号。神坛前摆着大红香烛一至二对，花瓶一对，内插鲜花，点佛灯、点蜡烛、摆水果、红糖、糖果、米干馕、豆腐、馒头，陈献齐备后，请朵兮薄或法师念本主疏文道：

　　开辟疆域自古仰赖　神灵

　　捍卫人民原系凭依　赫濯

　　是以恩推兆姓，援引大众之欢欣，凡属泽及万民，感动各村之迎迓，兹当春王正月值。

　　福主之巡村，照例规定日期，概举迎神之赛会，整齐职事迳銮舆于今宵，洁净身心，叩凤车于是辰，三熏嚖祝，百拜俯陈，由是约集众姓，于文宫设坛，宣演福主经章，拜礼宝

号，保安道场一供白昼良宵等因，今则道场洁备，法事当行，谨具疏文，恭伸礼请

　　本境福主　座下

　　神慈俯垂洞鉴　伏愿

　　銮舆遥临，尝大家之素供；凤车暂住，佑众姓之平安，亘冀默佑花童；人人扶其健顺；永保全村，家家荫以清吉。干冒神威，下情祈祝之至，百拜谨疏。

　　天井里齐集的群众载歌载舞，欢歌笑语，响彻云霄，与神坛内的祈祷相映成趣。直到黄昏，除留下守护本主的人外，其余的暂回家吃饭。饭后，又齐集本主周围，唱戏娱乐。热心的人自然将早就备下的硕大的干树疙瘩捐出，供本主老爷和子民一起取暖。在熊熊的火塘边，人们都乐于守护本主，喝酒聊天，乐而忘归，通宵达旦。有的本主辖区有几个村，那就要你接我送，直到将辖区全部走完，才将本主送回本主庙。

　　到了正月初八，义和村要举行送驾仪式，而上寺村则准备迎接本主。上午十时左右，送驾仪式开始。本主前仍供各种东西，杀一只大公鸡，备一块肥肉，不拘多少。全村老少按辈分齐跪叩谢本主来时赐福，去后留恩，开祭后读祝文一封：

　　福王：

　　国定榆都，神封凤邑。五朝证位，千载覃恩。常捍患而御灾，屡拯民而保国。在当年干戈扰壤，曾频显应于战攻；经此日境土清平，又复维持乎气运。卫四方而靖镇，疾疫无虞；舒万姓以延康，清宁有庆。赡依不尽，感戴无穷。伏愿默佑

时和岁稔，俯仰皆宽；冥扶国泰民安，蕃昌嗣续。祈来尝之
菲献，聊洞乎微枕。

　　谨祝。

　　最后，全村欢聚吃喝一场，迎送本主宣告结束。另外，迎送本主
期间的各种供品，必须每天早换一次、晚换一次，以示虔诚。迎送本
主的各村之间，有时为了争个你先我后，还会发生戏剧性的争斗场面。
因为在人们心目中，新春佳节时本主至各村巡视，与民同乐，就可祛
病免灾，保佑各村清吉平安。①
　　除了全村性的大型祭奠活动外，各个家庭平时也会举行大黑天神
的祭祀活动。祭奠不分时日，虽然每次祭奠因所祈求的愿望不同而有
所区别，但大体仪式是相似的。当某家人做出祭奠决定后，就着手准
备祭品。有些祭品可以自己准备，比如各类小菜、葱花芫荽、公鸡、
腊肉等。有些需要到街上去买，比如香烛纸钱、本主甲马子一封、米
干馕、豆腐等物。出发前，主人依次将油、盐、酒、茶、米、菜蔬、
香烛纸钱、锅、碗、刀、砧、壶、杯等物装入几个箩筐中。大公鸡则
由小男孩早早抱着在大门外等待出发。到了本主庙，支好三脚灶，掌
锅的先将各类碗盏用香柏叶或香草刷洗干净。主人在本主像前摆放红
糖、糖果、茶、酒、香烛、金银纸钱等物。并打开一封本主甲马子，
将"本境福主"的几张供在本主前。其余的按甲马子上书写的"六畜
大王""痘儿哥哥""子孙娘娘""卫房圣母"等封号摆设在各自的
神坛上。待掌锅的将五颜六色的米干馕、香气四溢的乳扇和豆腐煎好

---

　　① 罗扬总主编，赵寅松撰稿：《中国名镇·云南凤羽镇》，北京：知识产权出版社，
2012年，第76—81页。

后，本主面前摆六碗叫一席，其余各神面前则摆各类都有少许的一杂碗。牧羊人前面还要摆一根事先备好的羊骨头。吃斋人面前只摆素食素果，不摆荤腥。其间有专人去将公鸡用香柏叶或香草从头到脚洗干净。

万事准备就绪，就开始第一次活祭。主祭者抱着大公鸡在前面跪下，其余人按辈分分排跪下，行三跪九叩大礼。主祭者陈述祭奠的原因、主人的愿望，有时还念本主祝文："云南总本主大黑天神卫国佑民弘道圣帝，座下生而神武，从容沉百万之兵；位更圣聪，感应遍三千之界。骈怵兆姓，保障全滇，六诏元魁，于昭英明。御灾捍患，苍生常坐于福中；护国安邦，香国悉荫于佑下。恩周边徼，泽溥村户，膺上帝之褒封，尊隆洪号；敕善坛以主宰，掌握重权。民等久仗调停，频蒙指示。亲如父母，仰若君师。今逢岳降，共效嵩呼，虔将意悃之报，乞鉴心香之奉。谨祝。"祝毕，在本主座前杀公鸡。然后将鸡脖子和鸡尾较华丽、长、大的鸡毛拔下少许，蘸上鸡血后插在本主祭坛的石缝或砖缝里。活祭仅在本主老爷前进行。祭毕，即将全鸡连同前面供好的腊肉一次放入锅中煮，准备第二次祭祀。待鸡、肉煮得半熟，负责陈设的人再次往神坛上供着的酒杯、茶杯里添酒茶，有时还再上一次香。然后将全鸡盛在盆中，用两只筷子和菜刀插在鸡翅膀中，让鸡呈昂首挺立状。这次全鸡祭祀除吃斋的外，其余各神牌位或塑像前都要磕头祭到。第三次祭。这一次祭要盛饭一碗，各种菜肴、鸡肉各盛一碗，放置在托盘中，上面横放几双筷子，从本主老爷开始，除吃斋的外依次再祭一次。祭毕，长者烧化纸钱、甲马子等物。然后在本主神前摆开地席，你请我邀，开怀畅饮，一醉方休。中间还夹杂着看鸡头、鸡骨骼等仪式。[①]

　　关羽崇拜在洞经会中也有重要体现。洞经会是元明以来普遍存在于云南各地、州、县的一种具有道教特色的民间组织，该组织因弹演《文昌大洞仙经》而著名。据不完全统计，解放前昆明、安宁、晋宁、曲靖、沾益、昭通、马龙、会泽、镇雄、富民、武定、禄丰、楚雄、下关、南华、大理、剑川、鹤庆、永胜、丽江、洱源、华坪、巍山、祥云、永平、保山、腾冲、施甸、昌宁、开远、蒙自、个旧、石屏、建水、马关、云县、普洱、文山、新平、元江、大姚等八十余个县市都在不同时期有一定规模的洞经会组织活动。其中，昆明、大理、丽江、通海和建水的洞经会最为兴盛。昆明城乡、大理四野几乎村村寨寨都有人（主要是男人，通海县则有妇女）参加活动。[②]洞经会活动多在节日展开，一般农历二月初三、五月十三都会在各地文昌宫、关圣宫中悬挂帐幔，敷设贡品，设坛做会，弹演《觉世真经》《五斗仙经》《真元应会经》等十余部经典，祭祀文昌帝君、关圣帝君、太上老君、玉皇大帝等道教神灵，祈求风调雨顺、消灾解厄、广沐恩泽。洞经会有特定的人员编制，并各有分工。一般设会长一人（或称学长），总持会务，核定开支，批准接纳新会员。会长之下设值年管事一人，库房管事二人。经坛之上设有纠仪者一人，监坛者二人，展拜者四人，供职者二人，宣讲者二人，讲经者二人，乐师十六人。值年管事经办日常事务，采购物品，筹备祭会。库房管事专管全部礼器法物，摆坛收坛，清点造册。纠仪者掌叩首，发号施令。展拜者代众对神行礼。供职者专搞勤务，管香火、添灯油、剪烛花、抬祭品。监坛者注视经

---

　　① 罗扬总主编，赵寅松撰稿：《中国名镇·云南凤羽镇》，北京：知识产权出版社，2012年，第81—83页。

　　② 雷宏安：《云南洞经会初探》，《宗教学研究》，1986年第00期，第88—89页。

坛人等有无犯规举动。宣讲者提口纲，讲经者主述经典章句大义。乐师们等则依规奏曲，又按东、西两组排定座次，每座都有具体分工。东西首座分别为司鼓、司锣，又称左宣、右宣。"宣"是不用音乐伴奏的讲述。东西二、三、四、五、六、七、八座各人分别操笛子、二胡、三弦、铙、钹、云锣、木鱼、碰铃、大小鼓、钟、磬等乐器。①总之，祭祀仪式繁杂，场面肃穆壮观。

洱源的洞经会也得到了较好的传承与保留。这里的洞经会主要为文昌帝君圣诞会与关圣帝君圣诞会。文昌帝君圣诞会一般在农历二月初三举行，关圣帝君圣诞会则在五月十三举行。届时，洞经会成员都要洒浴斋戒，群聚诵经，焚香鼓乐，做会三天。两种礼仪和方式基本相同。做会之前，会长亲写红帖发给新老会员和社会名流。执事人等采购米面蔬果、纸火用品，并筹措炊具、用具、茶具、祭器等，悬挂帐幔，严饰经坛。殿宇内外，张灯结彩，贴上红对联，经桌上铺有黄缎绣花桌帷，桌上放有古铜香炉、经书等。届时，执事将灯火香烛点燃，众人净手除邪，依次拱立。敬香、奠爵、献帛、焚楮后，经长高唱："道之一字广宣扬，道教流传得正方，道有五常生五帝，道分三气降三皇，道高龙虎常钦伏，道法精深不可量。道德威仪朝上帝，道场起处放毫光。"众念五尊圣诰，接着奏《大吉祥》《元诰》《华通》《迎仙令》等曲，经长率众念《净心神咒》《息虑真言》《焚香真言》《整容真言》。奏五字调曲乐，继奏《花供养》《香供养》等乐曲，后经多次边唱边奏乐，最后经长念收经偈："大道不远在身中，万法皆空性不空。神性不空元气注，气归元海寿无穷。天性人心理一同，机关动静道相通。乾坤上下君臣合，万国民安乐岁丰。"然后鼓乐齐奏，

① 雷宏安：《云南洞经会初探》，《宗教学研究》，1986年第00期，第89页。

大众依次展拜后撤班止乐。依此科仪，且上庆诞表，最后以《龙摆尾》乐曲收场。①

大理还存在一种以崇拜六圣、扶乩降神、宣讲圣谕为目的的民间宗教组织，俗称圣谕坛。圣谕坛在明清时期较为兴盛，至今仍在大理焕发光彩。圣谕坛也谈演洞经，其中，武洞经折射出了大理关帝信仰的历史文化。《祖荫下》是美籍华裔人类学家许烺光的一本著作，书中深刻而详细地记载了民国时期大理喜洲镇的民俗风情。该书《与祖先进行交流》一章中记录了圣谕坛的状况，特别是关帝崇拜的情况。书里提到圣谕堂得名的缘由或与关帝有关。"据寺内的住持说，这个'堂'（组织）的名字'圣谕'，其意思是神旨或圣旨，它本源于'关公帝'，通常也称为关圣。"②书中亦介绍了寺庙的用途及关公崇拜的兴盛。"这座寺庙本是建造来朝拜'文神''观音菩萨'和'土地神'的。大约25年前，当人们接受了关公帝的圣谕之后，这座寺庙随之被另做它用了。寺宇内的神像也大大地增加了。"③书中还描述了寺庙的陈设及圣谕坛的布置情况。"寺庙内部装饰着各种各样具有宗教色彩的饰物。在靠墙的高台上，三尊如人一般高大的神像被分别放在三个祭坛上，'观音'，或称慈悲女神居中；'文昌'，或称文神居左；'地母'，或称地神居右。每尊神像前都放置了香案，香案上放了供品。除此之外，香案上还供了一排神的牌位和塑像。在观音菩萨的前面是一尊彩色的关公帝塑像。这位关公帝便是授旨兴建这座圣谕堂的圣人。

---

① 洱源县民族宗教事务局编：《洱源县民族宗教志》，昆明：云南民族出版社，2006年，第278页。

② 许烺光：《祖荫下》，王芃、徐隆德译，台北：南天书局有限公司，2001年，第143页。

③ 许烺光：《祖荫下》，王芃、徐隆德译，台北：南天书局有限公司，2001年，第143—144页。

关公帝的两侧一共竖着八座牌位，每座牌位代表一个神，牌位上写着他们夸张的头衔。'文神'的前面是三座牌位，其中代表'灶神'的牌位放在左侧，代表'天、地、君、亲、师'的牌位放在了中间，代表佑堂大天灵官的牌位被放在了右侧。在'地神'的前面是一尊中华民国的缔造者孙逸仙博士的塑像。墙上挂着三张照片：挂在'文神'旁边的一张是最近去世的本堂住持的相片，在这张相片下方的一张是本堂部分成员的合影，第三张是一位已去世的女性成员的相片，这张相片被挂在'地神'的侧面。右侧墙上有一张孔子的画像，画像前面有一张桌子，这里便是神灵传达意旨的地方。"①另外，关于帮手的挑选，书中也有详细记录。"挑选什么样的人做帮手必须首先祈求主神神主愿灵，将中选人的名字显示在扶乩沙盘上。扶乩由三部分组成：一个盛满细沙的盘子；一支用柳木做的笔，笔把上有握笔的地方，笔尖与沙面垂直；第三部分是一个校平器。这个校平器用来将盘内的细沙抹平。二位相对而坐的住持握住柳木制的笔，笔尖触及沙面。当和尚们做完祈祷仪式之后，这支笔仿佛自动'移动'起来。灵魂和神就是通过这支笔来传达他们的旨意的。这支笔每次写出一个字。负责宣读旨意的住持将每一个字宣读出来，司记录的住持便将每一个字记录下来。一切神示都是以这种方法来获得的。"②从该书的记载看，关帝在百姓心目中已经由人升华为神，具有无限的法力，亦成为人们崇拜的至高之神，而圣谕坛显然也已经认可了关帝登基的说法。

---

① 许烺光：《祖荫下》，王芃、徐隆德译，台北：南天书局有限公司，2001年，第144页。

② 许烺光：《祖荫下》，王芃、徐隆德译，台北：南天书局有限公司，2001年，第145—146页。

第三节　云南彝族关帝信仰的祭祀仪式

云南彝族历史悠久，据史料记载与考古发掘，其族概源于"旄牛徼外"的古氐羌族系，后融合了当地众多的土著部落，吸收了部分中原文化，随着社会经济的发展而形成。氐羌族系在秦汉两晋南北朝时分有"昆明""滇僰""叟""爨"等，至隋唐时又分有"乌蛮""白蛮"两大系；"乌蛮"的分支很多，其中"东爨乌蛮"一支即为今彝族的祖先。"东爨乌蛮"入宋元后被称为"乌蛮"或"罗罗"，至明清时又被称为"黑爨""爨蛮""罗罗"等。这些名称实际皆是对彝族先民的不同称呼。[①]

彝族分布形式是大分散、小聚居，除川、滇两省交界处的大小凉山呈大片聚居外，其余地区都为散状杂居形态。云南彝族主要分布于楚雄彝族自治州、红河哈尼族彝族自治州。

彝族的宗教属于原始宗教，但其崇拜的不是一般意义上的动植物或氏族图腾，而是祖先的神灵或自然界的其他神灵。在他们看来，祖先的灵魂不会幻灭，可以保佑子孙永世享福。而自然界中的神灵无处不在，天神、地神、日神、月神、雷神、山神充盈于人间，具有超自然法力，可以左右人的一切生死祸福。因此，为了获得祖先或神灵保佑，彝族常常要念《请神经》，并举行祭祀仪式。

---

① 马曜：《民族学与民族工作论文集》，昆明：云南民族出版社，2001年，第679页。

关于彝族祭祀的起源，彝族史诗是这样描述的：

远古时期，"山上没有草种，山上没有树种"。彝族先民就去找种子，"四十天过坝子尾，六十天过坝子边，八十天到坝子头。红云彩做楼梯方，黄云彩做楼梯板，白云彩做吊索，雾露做脚垫。手攀云彩上天去，九十天就到南天门"。他们向天神祈求："天官爷爷啊！天官娘娘啊！我们讨草种子来啦，我们讨树种子来啦。地下有山峰，有像龙一样的山峰，可是山上没有青草，山上没有绿树。给草种子吧，给树种子吧！"天神回答："你们地上，过年不磕头，吃好的也不献饭。像这个样子嘛，草种我们不给，树种我们也不给。要是改过来了，种子在囤箩里，会堆得尖尖的，尖得泼出来，种子有的是。"人们悔悟了，齐声作保证："以后一定改过来，请你给我们种子，过年我们就磕头，吃好的也要献饭了。"天神很感动，于是"天官爷爷给一把种子，天官娘娘给一把种子。这些好种子，撒在山大的地方，撒在山高的地方，撒在坝子宽的地方，撒在风吹得到的地方，撒在太阳晒得到的地方"。[1]由于彝族具有原始宗教的肥沃土壤，所以，在佛教、道教融入之后，自然能将宗教祭祀仪式与其原始宗教仪式结合在一起。

据《云南省志·宗教志》记载，"（张道陵）曾设二十四治教化治民。二十四治中有蒙秦治（越嶲郡台登县）设在金沙江南岸包括滇东北和滇西的部分地区。这些地区当时居住着氐羌后裔的彝族、白族和纳西族先民。张道陵所创的早期道教，特重占星祭天，祀神驱鬼，俗称'鬼道'，同彝族、白族、纳西族的原始宗教十分相似。道教的

---

① 云南省民族民间文学红河调查队搜集翻译整理：《阿细的先基》，北京：人民文学出版社，1960年，第20—23页。

教义融入它们的信仰是很自然的"。[①]

昆明近郊彝族撒尼支系的撒梅人信奉西波教。西波教是在原始宗教的基础上融合了道教的某些成分而形成的。该教神灵系统以太上老君为最高神，其次是通天教主，他奉太上老君之命，总理天庭的日常事务。以通天教主为主导，下辖两个部门的神灵，一个部门系以雷部总管为首的雷部诸神，主管自然界的变化，并兼有惩罚恶人之职。雷部总管王天君率三助手天应大神陶天君、雷府吉奏张天君、雷师太保辛天君共主雷部事务，下辖四道雷神（共四名，镇守四方）、十二雷神（十二名，在一年中轮流值日）。雷部在人间设有"报信""报马"监视人们的言行。另一部门以元始天尊为首，主管人间的生死疾苦和作祟人间的鬼怪。元始天尊率万方主师、陵宝天尊等助手，下辖天通土地未卜仙官（该神主宰人们的命运），其下是六十甲子本命星官（主管人们在一年中的祸福）。本命星官之下是主师，为管辖较大区域之神，能降服本区域的鬼怪，在本区域内可以呼风唤雨，统领本区域的土主、地母。土主、地母管理一小区域的鬼神，决定土地是否肥沃。地母还兼管妇女的生育等。再下是山神土地。此外本命星官还直辖"升空报"这种飘荡在人间的精灵，监视人们的言行，惩恶扬善，司因果报应；日、夜游神主管人们的安全，防止鬼怪作恶。火神为南方三气火道药和仙君、五显华光火关圣君，由两部门共管。南方三气火道药和仙君是制造雷用火药之神，管理天下水源，保存火种。五显华光，又称马天君，主管人间火灾，事先对恶人进行再三警告，并论情节轻重，纵火惩罚恶人。前意四品火关圣君，其职能与马天君相同，

---

① 云南省地方志编纂委员会总纂，云南省社会科学院宗教研究所编撰：《云南省志·宗教志》，昆明：云南人民出版社，1995年，第118页。

但老成干练，能制约马天君，阻其过火行为。①

由以上分析可知，关圣在彝族撒梅人的神灵崇拜系统中是作为火神存在的。而火在彝族日常生活中十分重要，因此，火神与彝族人民各种祭祀活动紧紧联系在一起。

彝族每进行一次宗教活动，都必须设经堂经桌，经桌正中放三个斗，内盛五谷并供太上老君牌位，两旁供水果、香。待《开场经》念完，毕摩将皂角枝投入火中，俟烟出后遍熏经堂，然后用缘柏叶向经堂洒水，称为"打醋汤""洒净"，以使环境清洁，邪神趋避。烧皂角、扁柏，香气四溢，以请诸神。同时毕摩念《打醋经》《洒净经》，念毕将三牲敬献神灵，并念《领生经》。念毕将一只公鸡先以清水洗净鸡头、脚，并用黄钱熏一遍，然后给鸡吃米，再用清水浇鸡头，如果鸡大口吃米，在淋鸡头时用力甩水意味着神能答应人们的请求，反之则说明神不满意这次祭祀。待供上的祭品煮熟后，念《回熟经》，然后毕摩将人们的请求写在纸上，称"方欠"，又将其置于一只篾编的小马内烧毁，意为由小马托送天庭，奏请诸神答应人们的要求。这一仪式称"上小马"。这些仪式在每一个宗教活动中都要进行。待这些仪式完毕，再根据不同目的念不同的经。家中相处不和时，念《火神经》，内容如下："祈祷天通土地、前言四品、五显光华、灶君老爷保佑家中平安，原谅家庭成员的过错，万事化解。"②

彝族一年四季离不开火。山区人家，几乎家家都有火塘，而且永不熄灭。火塘绝大多数是方形的，靠墙的一边有一块刻工精细的石块，是作为祭台使用的。彝族常常把酒肉饭菜供在上面，请火神享用，以

---

① 邓立木：《撒梅人的西波教》，《云南民族学院学报》，1985年第3期，第48页。
② 邓立木、赵永勤：《官渡区阿拉乡彝族宗教调查》，载云南省编辑组编：《昆明民族民俗和宗教调查》，昆明：云南民族出版社，1985年，第37—52页。

示人们对火神所给予的光、热、福报等好处的感谢，并祈求火神宽恕人们侍奉的不周，不要在来年降下火灾，保佑吉祥平安，举家兴旺。遇到春节，还要烧上一点黄纸钱，供火神来年使用。

如果村里接连发生火灾，村民们便凑钱请毕摩寻找火星。他们认为住房、畜棚等着火，是因为某些事得罪了火神，火神埋了火星进行惩罚。毕摩先在村中念《火神经》《灶神经》《雷神经》等，次日各家先准备一碗米，一只鸡蛋，以及盛有几角钱币和清水的碗供在灶上。毕摩到各家先将火神咒贴在堂屋正墙上，然用地尺取出火星，或是木炭，或是未经修整的火链（一种可以打击起火的黑石头）。毕摩将"火星"拿给大家看，宣布火星已找到。然后用红布把火星包好。如果是木炭则系于鸟脚上，让鸟带往他乡。如果是火链，则埋到村口岔路上。挖走了火星，方能消除火灾之源。事后毕摩将各家供在灶上的米、鸡蛋和用来找火星的公鸡一并带走，表示将灾祸彻底带走，其实是作为酬劳。①

除了火神的角色之外，关羽亦以本来身份受到彝族的崇拜。如建水县曲作冲"摆依人"②五月十三日祭祀关公，杀猪到关圣庙里祭献，祈求关公保佑，风调雨顺。昆明沙朗乡彝族六月二十四日庆关圣帝君和雷神的生日。魏山县彝族六月二十四日庆祝关公诞辰，但仪式要更为隆重。

---

①　马经、邓立木：《富民县罗兔和赤就习俗和宗教调查》，载云南省编辑组编：《昆明民族民俗和宗教调查》，昆明：云南民族出版社，1985年，第71—83页。
②　曲作冲"摆依人"由于历史原因曾被归为彝族，但其风俗习惯存在差异，近年亦有关于其族称问题的争议。

第四节　云南纳西族关帝信仰的祭祀仪式

纳西族源于我国古代的氐、羌族群。纳西先民，汉代称"牦牛夷"，晋代称"摩沙夷"，唐代称"磨些蛮""麽些"，宋元以后称"摩狄"和"摩梭"。纳西族内部分为两个支系，纳西支系，自称"纳西"，他称"摩些"；纳日支系，自称"纳""纳日""纳汝"，他称"摩梭"。在纳西语中，"纳"的含义是"大"与"黑"，而"西""汝"和"日"的含义是"人"和"族"，故"纳西""纳日"和"纳汝"的含义是"尚黑的民族"。

云南纳西族主要分布在丽江、中甸、维西、宁蒗、永胜、德钦、贡山、兰坪、剑川、鹤庆等县。其中以丽江市玉龙县为最。

纳西先民在游牧时期就普遍信仰万物有灵，因而以自然崇拜与祖先崇拜为其原始宗教的雏形。在原始宗教的基础上，纳西族吸收了由北至南流入的喇嘛教红教，也接受了由南至北浸入的佛教与道教，最终形成儒释道三教相结合的多元宗教体系，推动了东巴教的形成与发展。

在佛教与道教传入的过程中，内地"洞经乐"也传入了丽江纳西族地区。而丽江洞经会以大研镇及附近农村洞经会最为著名。大研镇有洞经会与皇经会。洞经会一般在文昌宫举行，每年办两次文昌会与两次武圣会。两次武圣会的举办时间分别在农历五月十三与六月二十四。皇经会的活动地点主要在玉皇阁，后也到文昌宫与武庙举行。

关圣帝君的祭祀活动于五月十三日在武庙举行。

而据雷宏安《丽江洞经会调查》记载，五月初三是关圣帝君"单刀赴会"的纪念日，丽江洞经会员做会三天。加上头尾共五日。做会之前，要"发红贴"，办祭品，执事人等将一应器物尽数搬出，摆设悬挂。

做会第一天（初二早晨），所有人员衣冠整洁，齐聚庙中。迟到者依律罚拜。纠察充当司仪，擂鼓三通，宣布经坛起鼓。会员按年龄、资历及入会先后分三人一组，依次到神桌之前展拜。礼毕，乐奏《山坡羊》。司仪引斋主至神桌前，曰"初上香""二上香""三上香"。旋即，司仪曰"乐止，授戒尺"。会长将戒尺投予纠察，乐奏《八卦》之曲。上长照《关圣帝君开坛仪文》唱道："上坛齐唱步虚声，祝国为先竭寸诚。当奏表章金阙觐，今朝香霭玉炉馨。皇图巩固山河壮，帝道遐昌日月明。万方乐业安天下，岁稔年丰贺太平。炎火将灰不再燃，帝君建节楚江边。力扶社稷千秋统，身任纲常亿万年。经日英风耆孟德，迄今大义鄙孙权，人心公道应难设，千古遐荒颂圣贤……"锣鼓铙钹击节，上长领诵《息虑》《调气》《注目》《整容》《洗耳》《漱口》《肃坛》《焚香》《燃烛》《舆水》等十真言及《展卷神咒》。以碰铃、木鱼之声伴奏，上长复念道："欲读三卷灵文，先扬五声圣号。"鼓乐高奏，大众齐呼五声"神威永镇天尊"。锣鼓铙钹击节《十七世》，上长在此节拍声中念诵《关圣帝君宝训》，其辞曰："当臣节无亏，滥叨天禄。君恩未报，终愧人纲。忠义笃于同生，至今如昨。患难穷于大数，视死如归。此亦血气之勇未驯，不足以传后世。何以神明之心加悯，遂令弗堕游魂。静省当时，迷离一梦。用是亟思报称，以救苦为先。乐在将成，以显灵为要。为国家广求善良之士，为圣门阴骘克服之贤，未尝因皈依而动私怜，未尝忽愚蠢而疏垂鉴。

惟公惟直，无奋无偏乃者……"接着左讲玄曰："中庸大学是玄功，此语吾当拜下风。一自诗书留宇内，徒多议论在寰中。梓潼圣主开天手，指点仙经妙义融。后代学人须要记，无极先天本大功。"右讲玄曰："圣主无为万国安，普天同庆圣恩宽。水旱干戈灾尽民，唐虞尧舜治非难。长城万里如磐石，海国千年顺水滩。君臣泰运良臣合，为政为民一样看。"

第二天即初三谈演《关圣帝君觉世真经》中卷。木鱼轻敲，上长开言："帝君篆书曰：'读好书。'朱子赞曰：'百圣在目，千古在心，妙者躬践，放者口吟。说好话，莠言虚妄，兰言实栖，九兰一莠，驷追不回。行好事，圣狂露口，义利关头，择言若游，急行若邮。作好人，孔称成仁，孟戒非仁，小人穷冬，距人盛春。天地氤氲，最灵维人。道德广崇，最大维伦。孝斯为子，忠斯为臣，千经万纬，根本一仁。伟哉造化，天地无亲，作善降祥，德必有怜。……'"乐奏《全八卦》，左右讲玄轮述《杜真君十忏》，左讲玄述《读书》《取友》《轻财》《敬天》《报主》，右讲玄述《养气》《尽伦》《除恶》《恤民》《归真》。述完此段，乐奏《万岁花》（小调），斋主在司仪引导下手捧鲜花，跪于神桌之前，众诵曰："天花散秘香，优昙荫紫云。葩葩与菁蕊，大造发氤氲。雕盘舆手献，五色映缤纷。心花结诚种，芳馨上界闻。乃武乃文乃圣神，凡兹血气尽尊亲。真经觉世宏宣处，敬箧瑷葩献帝宸。"照此规仪，依次再上花、果、香、食、衣、宝、茶、水、符、酒等十种供品，但曲调有所转换。财供养时奏《到春来》之曲；衣供养时奏《到夏来》；宝供养时奏《到秋来》；茶供养时奏《到冬来》；水供养时奏《水龙吟》；酒供养时奏《柳摇金》。此十类供品中，除衣供养与符供养之外，均用时鲜佳品。花用木本，不用草本。果用"五子"（枣子、梨子、柿子、桃子、橘子）。食用糯米面蒸大仙桃一个。宝用银质镶宝石如意一柄。茶用方块砖茶一饼，上贴"福、禄、寿、仕"四字。衣用绿缎绣龙凤，并有戎冠一顶。酒为陈年好酒，符为咒符。上完十供养时，斋主跪诵表文，鼓乐迭奏，化符。

第三天（初四）谈演《关圣帝君觉世真经》下卷，此卷共分《述志》《洪蒙》《气数》《世道》《居处》《配育》《修建》《雨旸》《游行》《符讼》《疾病》《命运》《摄生》《瘟瘴》《太朴》《欲界》《生人》《业报》等十八章，总述关圣帝君"忠孝恪上苍、仁义贯古今"的圣迹圣志、圣功圣德，劝化众人勿做不忠不孝、不仁不义之徒，而要存心修善，否则恶有恶果，善有善报，"远报儿孙，近报己身"。若欲消灾免难，唯有勤诵《觉世真经》。诚如是，则有不可思议功德，无量福禄寿喜。中卷经文较长，上午只能谈演前九章。下午谈后九章，乐配《元始》《华通》《全八卦》《吉祥》之曲。上长曰："伏魔大天尊，崇隆配上帝，赞化辅乾坤，神灵显华裔。圣志在春秋，陈常植忠义，天中丽赤心，两间塞正气。文武宪王纲，幽明奉统治，万类触灵威，百王加庙谥。感应动风霆，聪明彻微翳。洋洋格人心，赫赫垂运世，顶献永千秋，山河共带砺。"众念："天地生根圣有根，顶天立地镇存存。全凭浩气行千古，先有丹心到孔门。一部春秋清乱本，九重圣主总乾元。赤书云篆先天炁，鼓荡充周命不沦。……"左讲玄诵完第一章《述志》，右讲玄说："此章帝君自述生平以示人。自始至终，无非忠义也。忠义解有二义，以统会而言，则四端万善，无不实尽其心，谓之忠；无不各适其宜谓之义。以专奉而言，则尽道事君谓之忠，忘身为国谓之义。二字谈尽帝君生平……"照此规仪谈完第十八章《业报》，乐奏《清河老人》之曲，大众起立，高诵十四声关帝圣号："神威永镇天尊""度人无量天尊""空证妙果天尊""应时助国天尊""丹衷辅国天尊""劲力定国天尊""至神佑国天尊""真灵救世天尊”“三界伏魔大帝”“昭明翊汉天尊”。三卷至此演完。

当晚做送圣法事，诵《祈福送圣灯科》。乐奏《龙摆尾》之曲，化符，法事即告结束。①

第五节　云南瑶族关帝信仰的祭祀仪式

瑶族历史悠久，其先民见于史书或称为“蛮”，是秦汉时期称作“长沙武陵蛮”的一部分。后又称为“徭”，即今名之始。《隋书·地理志》：“长沙郡有夷，名曰莫徭，自云其祖先有功，常免徭役，故名。”②《天下郡国利病书》引《博罗县志》谓：“瑶本盘瓠种，地界湖蜀溪峒间，即长沙黔中五溪蛮，后滋蔓绵亘数千里，南粤在在有之，至宋始称蛮瑶。”③关于瑶族迁入云南的时间，众说不一。有人主张云南瑶族是清代从广东、广西或贵州迁入的，而事实上唐宋之间已有瑶人来往于滇黔之间。亦有人主张早在唐代，云南的土地上已有瑶族居住。唐樊绰《蛮书》卷十：“黔、泾、巴、夏四邑苗众……祖乃盘瓠之后。”④据《元史·泰定帝本纪》记载，至治三年（1323）冬十月丙戌，八番顺元（今贵州）及静江（今广西桂林）、大理、威楚诸路瑶兵为寇，敕湖广、云南二省招谕。⑤另载，泰定元年（1324），云南瑶

①　雷宏安：《丽江洞经会调查》，《宗教学研究》，1989年第Z2期，第51—53页。
②　魏征等：《隋书》，北京：中华书局，1973年，第895页。
③　顾炎武撰，黄坤等校点：《天下郡国利病书》（五），上海：上海古籍出版社，2012年，第3197页。
④　樊绰撰，向达校注：《蛮书校注》，北京：中华书局，1962年，第254页。
⑤　宋濂等：《元史》（三），北京：中华书局，1976年，第640页。

阿吾及歪阂为寇。故至迟至元代，云南境内已有瑶族。①

云南瑶族主要分布在文山壮族苗族自治州的富宁、广南、麻栗坡，红河哈尼族彝族自治州的金平、河口、元阳，西双版纳傣族自治州的勐腊，思茅地区的景东、江城等县以及屏边苗族自治县等地。

瑶族的宗教信仰较为丰富，原始信仰较多，如牛、马、风、雷、灶、山、石、树、寨神等。另外受佛教、道教影响颇深，故信仰神祇不下数十种。重要者如盘古、伏羲、神农、社皇、城隍、山神、谷娘、灶王、瘟王、民官、本境等，须于节日祭祀；其次如三元、四师、五雷、六神、真武、女娘、威德、明皇、三清、牛官、家先、帝母、花林、南曹、令公、张天师、罗五娘等，皆主吉凶祸福。②

瑶族没有庙宇，绝大部分宗教仪式是在寨老家中由"目老"主持举行。瑶族的宗教仪式主要有度戒、打斋、祭龙、扫寨、拜寄、祭祖等。度戒是每个成年男子必经之宗教仪式，实际上是古代成人礼的演变，多在十六、十九、二十二岁举行。度戒是男子获得社会地位的重要体现，瑶族成年男子只有通过度戒取得法名，接受戒律，才被正式视为成年人，并编入瑶族的族籍，列入族谱名册，否则便会丧失许多社会权利，甚至被社会排斥。因而每一位男子对度戒都非常重视。

云南瑶族受道教影响较深，关帝信仰在其信奉神灵与宗教仪式中亦有重要体现。据金少萍《富宁县团堡蓝靛瑶宗教调查》载，富宁县瑶族群众崇奉的神灵有：三清（上清、玉清、太清）、三元（上元、中元、下元）、四帅（赵帅、邓帅、马帅、关帅）、救苦天尊、九幽天尊、朱陵天尊、张天师、李天师、功曹、西皇公、西皇母、玉皇、

---

① 宋濂等：《元史》（三），北京：中华书局，1976年，第652页。
② 黄惠焜：《瑶族简介》，载《民族问题五种丛书》云南省编辑委员会：《云南苗族瑶族社会历史调查》，昆明：云南民族出版社，1982年，第67页。

灵公、灶君、雷公、雷母等。①瑶族度戒活动的程序和内容非常复杂繁琐，且与道教有紧密关系。受戒男子在度戒前须拜请师父，视师父为自己的第二父母，对于师父说的话要绝对听从。师父择定度戒的吉年吉日之后，要举行延请师父仪式。度戒师父按辈分排列赐予受戒者度戒法名后，要给其三块熟猪肉，告诉受戒者第一块是狗肉，以后严禁屠狗、禁食狗肉；第二块是龙肉，吃了能强身健体，不受毒蛇伤害；第三块是猪肉，吃后六畜兴旺。度戒仪式进行之时，须设神台香案。师父们到受戒者家中启经、师表，即写赵帅、邓帅、马帅、关帅，并揉成纸团置于簸箕中簸动，将最先簸出的第一个纸团打开，看纸中写的是何帅，认定保护神就是何帅，度戒后其一生就要信奉它祭献它。除簸表外，还要搭神台、贴神台字、挂纸花和三元、三清、赵帅、邓帅、马帅、关帅等神像。

由此可见，关帅（关羽）在瑶族人民心中，因其道教神祇身份而受到信奉与崇拜；而在度戒这种重大仪式中，又是以保护神身份受到推崇与追随。

第六节　云南阿昌族关帝信仰的祭祀仪式

阿昌族历史悠久，亦源于古代的氐羌族群，是云南境内最早的土著民族之一。历史上，阿昌族有不同的称呼。汉文史籍中称其为"峨

---

① 金少萍：《富宁县团堡蓝靛瑶宗教调查》，载云南省编辑组编：《云南少数民族社会历史调查资料汇编（五）》，昆明：云南人民出版社，1991年，第112—113页。

昌""娥昌""峨昌"或"萼昌"。户撒地区阿昌族自称为"蒙撒""傣撒""蒙撒掸""衬撒"。梁河地区阿昌族则自称为"汉撒""阿昌""峨昌"。新中国成立后，根据本民族的意愿，统称为阿昌族。

据2000年第五次全国人口普查统计，阿昌族人口数为33936人。在全国的31个省、自治区、直辖市中均有分布，但主要集中在云南省，共有3万余人，占阿昌族总人口的98.77%，其他地区分布均不足百人。云南阿昌族主要居住在德宏州的陇川县户撒和梁河县九保、囊宋三个阿昌族乡。潞西县江东乡高埂田和盈江、瑞丽有部分居住。此外，在贵阳市，大理白族自治州云龙县的漕涧、旧州等地，保山地区腾冲县和龙陵县也有少量居住。

阿昌族在形成与发展历史中曾与多民族融合。宋元时期，内地商人进入云南阿昌族地区进行经营活动，传播了汉文化。明代随着军民屯田制度的开展，汉族人口大量移入，与阿昌族发生了融合，明军屯守军的后代在当地多转化为阿昌族及其他民族。明清以来阿昌族长期与汉、白、傣等民族交往密切，也多有融合。因此，受多元文化影响，阿昌族亦形成了多种宗教并存的状态。梁河、潞西、龙陵一带的阿昌族，受汉族的影响，信仰传统巫教，崇拜祖先与鬼神。陇川户撒一带的阿昌族因受傣族影响，主要信仰小乘佛教，一部分人也信仰道教。据考证，户撒是沐氏勋庄，在皇阁寺附近建有沐城，屯兵防戍。清朝又为吴三桂的私庄。由于长期驻有汉兵，道教也传入了户撒。在户撒当地，有座地形如金牛、山脉像银线穿珠的金凤山，山坡上有座皇阁寺，供奉着许多道教神祇。据说解放前夕，皇阁寺里有两个道士，叫闷二、闷三，都是阿昌族人。每年正月初九朝拜玉皇大帝，信奉南传佛教的阿昌族信徒也会去，用拜佛的一套朝拜玉皇大帝；道士则按道教一套大念《玉皇经》。经书还有《太上玄门早晚坛功课经》《觉世真经》《神仙通鉴》《签书》。寺中设有灵签；道士还会画符念咒，祈福禳灾。除了皇阁寺，还有关帝庙、城隍庙，家家户户供奉灶君、财神老爷。从而形成了巫教、南传佛教、道教在阿昌族中并存的局面。[①]

总之，阿昌族的宗教信仰主要为佛教，但亦不乏道教信仰的渗透。关帝信仰在阿昌族中虽未得以全面推广，但终究反映了深刻的历史文化。

第七节　云南壮族关帝信仰的祭祀仪式

壮族是岭南地区历史悠久的土著民族。先秦时期史籍所记载的居住在岭南百越部族中的"西瓯""骆越"等，是壮族的先民。壮族先民在中国古代曾先后称为僚、俚、溪峒、乌浒等。宋代始称"僚""撞""僮""仲"，明清又称为僮人、良人、土人等。新中国成立前写作"撞"，后改"撞"为"僮"，1965年经国务院正式批准，把僮族的"僮"改为"壮"。

壮族主要聚居在我国的南方，范围东起广东省连山壮族瑶族自治县，西至云南省文山壮族苗族自治州，北达贵州省黔东南苗族侗族自治州从江县，南抵北部湾。据2000年第五次全国人口普查，壮族人口约1600多万，是全国少数民族中人口最多的民族。其主要分布于广西壮族自治区、云南省文山壮族苗族自治州以及云南省昭通、曲靖、红

---

① 刘扬武：《阿昌族宗教信仰调查》，载云南省编辑组编：《云南民族民俗和宗教调查》，昆明：云南民族出版社，1985年，第233页。

河、大理等州县，还有少数分布在广东省连山壮族瑶族自治县、贵州省黔东南苗族侗族自治州和湖南省江华瑶族自治县。

壮族在秦汉以前发展独立，秦汉以后直接处于中央王朝的统治之下，并且随着中央王朝统治力量的逐步深入与汉族移民人口的不断增多，其社会政治、经济、文化的发展深受中央政府统治政策和汉族社会文化的影响。

壮族信奉巫教，主要表现为自然崇拜和祖先崇拜。唐、宋以后，随着佛教、道教先后传入，不少人皈依佛道，建立了寺庙。壮族崇拜的神灵多而杂，有自然神、社会神、守护神等等，崇拜仪式也因诸神功能的不同而存在差异。如元阳壮族崇奉的神灵有天神、地神、寨神、灶君、财神、关圣、岳飞等，其于每年农历二月初二、六月初二和十月初二都要赶庙会，所祭神灵为关圣、岳飞、农神等。[1]由此可见，关羽亦与其他神祇一道共存于壮族的信仰体系中。

---

① 云南省元阳县志编纂委员会编纂：《元阳县志》，贵阳：贵州民族出版社，1990年，第661页。

第四章　云南民间文化与关帝信仰

　　文化是一个地区的历史积淀，也是一种文明的内涵标志。文化的产生、发展，离不开社会的繁衍与进步，因此，一个地区的历史文化风貌，总会在该地的思想建设、文明程度、内部渊源与外部交流等方面有诸多体现。云南作为一个有着悠久历史文明、多民族共生的西南大省，其文化源远流长，内涵丰富。而作为精神信仰之重要体现的关帝信仰，在云南文化中亦有深刻反映。本章拟对这部分内容进行全面分析，重点探讨云南民间文化与关帝信仰的关系，从而深入阐述云南关帝信仰的文化内涵与地域特征。

第一节　云南关索戏与关帝信仰

　　关索戏是流传在云南玉溪澄江县的一个古老而稀有的特殊剧种。该戏历来只在澄江县流行，而今也只能在阳宗镇小屯村看到表演，其他地区已难觅踪迹。关索戏以关索命名，顾名思义，即是反映以关索为中心，以三国蜀汉故事为背景的地方剧种。

一　关索戏性质与关帝信仰

关索戏至今仍保留着戴面具表演的原始习俗，且以逐鬼除疫、祈求吉祥为主要职能，这与我国古代南方在腊月举行的傩祭基本一致，因此，它通常也被认为是傩祭的一种表现形式。

傩祭源于原始社会图腾崇拜的巫舞，这种舞蹈的表演者会佩戴形象狰狞的面具，一手持戈、一手持盾，边舞边发出"傩、傩……"的呼喊，而后奔向各个角落，搜寻不祥之物，以驱除疫鬼、祈求保佑。这原本是一种人与兽角斗的表演形式，后却演变成一种固定的禳鬼驱疫的祭祀舞，直至发展成为中原地区的驱傩仪式。

作为原始巫术的表现形式，傩祭产生较早，在殷墟甲骨文卜辞中便有记载。而且在殷商时代，就已产生了"国傩"与"大傩"的活动。后来随着社会的发展，宫廷里专门设置了主持傩祭活动的官员——方相氏，傩祭便成为一种家喻户晓的社会活动，且历朝历代经久不衰。《周礼·春官·占梦》："遂令始难驱疫。"郑玄注："令，令方相氏也。难，谓执兵以有难却也。方相氏掌蒙熊皮，黄金四目，玄衣朱裳，执戈扬盾，帅百隶为之驱疫厉鬼也。故书'难'或为'傩'。杜子春'难'读为'难问'之'难'，其字当作'傩'。《月令》：'季春之月，命国傩，九门磔禳，以毕春气。仲秋之月，天子乃傩，以达秋气。季冬之月，命有司大傩，旁磔，出土牛，以送寒气。'"[①]宋高

---

① 郑玄注，贾公彦疏，黄侃经文句读：《周礼注疏》，上海：上海古籍出版社，1990年，第381页。

承《事物纪原》卷八《舟车帷幄部四十·驱傩》："按：周礼有大傩，汉仪有侲子。要之，虽原始于黄帝，而大抵周之旧制也。周官岁终命方相氏率百隶索室驱疫以逐之，则驱傩之始也。"[①]明彭大翼《山堂肆考》卷十四《时令·驱傩》："《东汉后纪》：'岁除大傩，选中黄门子弟，十岁以上十二岁以下，百二十人为侲子，皆赤帻皂衣，执靴而行。'又《礼乐志》：'傩，逐鬼疫也。阴阳之气不节，疠鬼从而为祸，故天子使方相氏黄金为四目，熊皮为帽，口作傩傩之声，以驱鬼疫，一年三度为之。'故《礼·月令》：'季春命国傩，季秋天子乃傩，季冬命有司大傩，旁磔以送寒气。'薛综注：'侲之为言善也，善男幼子也，《西京赋》侲子善童。'"[②]明黄佐《泰泉乡礼》卷五："凡鬼有所归乃不为厉。每社内立厉坛一所，以祭无祀鬼神。每岁三祭，皆先一日告于社，约正主祭，遵制，以里长佥名于祝。春用清明，秋用七月十五日，冬用十月一日，俱行傩礼。或十月不傩而移于腊月，谓之大傩。"[③]

云南关于傩祭的记载，最早见于元代云南省郎中文璋甫《火节》中记载的乡傩："云披红日恰衔山，列炬参差竞往还。万朵莲花开海市，一天星斗下人间。只疑灯火烧元夜，谁料乡傩到百蛮。此日吾皇调玉烛，更于何处觅神奸。"[④]元代李京在《云南志略·诸夷风俗》也曾谈到："六月二十四日，通夕以高竿缚火炬照天，小儿各持松明火，

① 高承：《事物纪原》，北京：中华书局，1985年，第310页。
② 永瑢、纪昀等纂修：《景印文渊阁四库全书·子部》，台北：台湾商务印书馆，1986年，第228页。
③ 钱茀：《傩俗史》，南宁：广西民族出版社，2000年，第59页。
④ 方国瑜主编，徐文德、木芹纂录校订：《云南史料丛刊》（第二卷），昆明：云南大学出版社，1998年，第685页。

相烧为戏，谓之驱攘。"①这虽是关于云南火把节盛况的两段简要描述，但从中可以看出，驱傩祭仪早在元代已出现于云南，并已传播到云南少数民族地区。

清代盛行傩祭，云南不少地方对此都有记载。道光举人尹艺著《和顺乡社火歌》一诗，诗中写道："神祠社鼓轰如雷，骏马怒驰飞尘灰，黄金四目得古意，天将逐疫争先催。……此风习久竟愈炽，举国如狂近于戏。"②光绪《鹤庆州志》卷五："自正月初旬至二月止，各乡迎神赛会，亦有演戏剧者，谓之春台。"③清乾隆四十六年（1781）檀萃编撰的《华竹新编》载："立春前一日，令坐明轿，率属官下至斗食。令史盛服，迎春于东郊，部民行户，各献春台，师生、执事、人役、端公、师婆、蕃汉毕集。祭告毕，众官师生分行坐行春酒，眷官献春歌，端公对舞春棒，师婆击羊皮鼓和歌，蕃民联臂踏歌，吹芦笙和之。……民间又记'土地祠在县署仪门左。前有歌台，六月二日为神诞，作乐以娱神'。"④道光《普洱府志》卷九《风俗》："清明日插柳于门，老幼偕往祭墓。择日行古傩礼，延僧道设醮，扎龙船，装方相以逐疫。"⑤

而澄江及其附近地区，亦有关于傩祭活动的记载。康熙二十年（1681）澄江知府刘骊在他的《澄江春社行》一诗中写道："社鼓村

　　①　方国瑜主编，徐文德、木芹纂录校订：《云南史料丛刊》（第三卷），昆明：云南大学出版社，1998年，第128页。

　　②　云南省地方志编纂委员会总纂，云南省文化厅编撰：《云南省志·文化艺术志》，昆明：云南人民出版社，2002年，第338页。

　　③　王宝仪修，杨金和等纂：《鹤庆州志》，清光绪二十年（1894）刻本。

　　④　云南省地方志编纂委员会总纂，云南省文化厅编撰：《云南省志·文化艺术志》，昆明：云南人民出版社，2002年，第338页。

　　⑤　李熙龄续纂修：《普洱府志》，清咸丰元年（1851）刻本。

曲趋庙寺，闻说纷纷迎佛至，当场傀儡明月中，南北角技又西东。"①
澄江县城外八公里处的双树村景德庵，立康熙二十三年（1684）石碑
一块，名《景德庵碑记》，碑文云："隆神维岳，会出乡傩，肇自里俗，
殊出奇观，原以此为祭天之山，就之祈祷，无不应验者，其年旧（久）
矣。"②距离阳宗镇八公里的草甸，也有一块康熙四十六年（1707）立
的《土主庙戏台碑记》，碑文载二月初八奉祀土主时，"各村之盛会
不一，见寄之歌唱，妆以傀儡，游人如蚁，士女如云，熙熙攘攘，诚
斯境之一会也"。③另有明清时期属澄江府管辖的玉溪兴傩的记载。清
乾隆《新兴州志》卷三《风俗》："正月……十三日，州城及普舍城
（今北城）建醮，祝国祈年，禳灾社会，十五日毕傩。"④光绪初年，
刘慰三所修《滇南志略》云："河阳县（今澄江），俗以二月八日为
迎神社会。先是正月内，城外各村设会，轮流迎请诸神，首先东门迎
诸神于会所，设醮三日，后四门轮递。迎请之期，用锦彩妆演马匹，
名曰神马，并台阁故事，备极美丽，夕则比户张灯，笙歌彩舞，以供
游人玩乐，相沿已久，俗传祈年丰稔，历有明验证云。傩虽古礼而近
于戏，亦此等类耳。"⑤

　　傩祭、傩舞与戏剧本是相对独立发展的艺术形式，但在长期发展
过程中，以驱邪为主要功能的傩舞，因受角抵、百戏、伎艺等的影响，

---

　　① 云南省地方志编纂委员会总纂，云南省文化厅编撰：《云南省志·文化艺术志》，
昆明：云南人民出版社，2002年，第338页。
　　② 云南省地方志编纂委员会总纂，云南省文化厅编撰：《云南省志·文化艺术志》，
昆明：云南人民出版社，2002年，第338页。
　　③ 云南省地方志编纂委员会总纂，云南省文化厅编撰：《云南省志·文化艺术志》，
昆明：云南人民出版社，2002年，第338页。
　　④ 任中宜纂，徐正themes续纂：《新兴州志》，清乾隆十五年（1750）增刻本。
　　⑤ 方国瑜主编，徐文德、木芹纂录校订：《云南史料丛刊》（第三卷），昆明：云南
大学出版社，2001年，第272页。

逐渐由宗教祭仪向表演艺术过渡。它不但娱神，也兼而娱人，其表现内容大大丰富，反映题材也更加广泛，最终吸收戏曲、声腔、杂技、说唱等民间艺术元素而发展为傩戏。

关索戏作为傩戏的一个类别，亦以驱邪镇灾、兴利除害为目的。1984年，据八十二岁的关索戏老艺人龚向庚回忆，他小时候听老辈人说，清朝顺治年间，澄江瘟疫流行，灾情也非常严重。于是，村民们商议玩玩花灯压一压，以祈求风调雨顺，五谷丰登。可是，耍龙、唱灯、舞狮、祀神，样样都试了，皆不奏效。后来，有一个外地的风水先生到小屯，说这地方是五虎撵羊，要玩关索。关索是五虎大将，只有他能压得住。村民们听了风水先生的话，商议由龚向庚的祖辈龚兆龙及李成龙主持，从路南请来张、李二位师傅教演关索戏，最终才镇住灾情。关索戏有史以来的演出场所皆在小屯村灵峰寺与各村广场，而据排练关索戏、供奉关索戏戏箱的灵峰寺碑文记载，该寺建于清康熙二十七年（1688），重修于清道光七年（1827），重修的碑记上刻有龚兆龙的名字，证明龚兆龙是道光年间人。再据道光《澄江府志》的记载，顺治时期，澄江有大西军孙可望、李定国所部的战事活动。道光五年（1825）至二十七年（1847），澄江的确灾情严重，仅地震等大灾就有十五次。咸丰、同治年间澄江又遭受清军与回民起义军战斗的摧残。这些灾难都在一定程度上为澄江关索戏的产生提供了背景。

澄江阳宗镇，明清时为河阳县治所，而小屯村原名先锋营。先锋营的得名亦源于关索。传说澄江曾是诸葛亮南征必经之地，而关索曾为前部先锋，跟随诸葛亮南征，并曾驻兵于此，故名。而这一带演唱的傩戏，也因此被冠以关索戏之名。一般而言，目前中国各地留存有傩戏的地区，大都为交通不方便、经济不发达、文化科技相对落后的偏僻山区和半山区，小屯村就是这类区域的代表，因此客观上具备流行并保留关索戏的条件。另外，因关索在这里享有极其崇高的威望，加上明军的大力渲染与政府的步步神化，澄江处处设庙以祀。一些高山险地多以关索岭命名，岭上多建关索庙。澄江府所辖河阳、江川、新兴、路南四州县，几乎都有关索庙。而当地百姓由于文化水平普遍不高，迷信心理普遍较重，再加上应对自然灾害时缺乏经验，故驱鬼逐疫的念头更为强烈与迫切。这就在主观上为关索崇拜与关索戏的盛行提供了先决条件。澄江的关索戏，向我们深刻展示了关索在百姓心目中的重要地位。在百姓看来，关索既是一位勇武之神，能消除人间所有灾难；又是一位正义之神，能压倒世间一切邪恶。百姓希望通过演关索戏来求得清吉平安、五谷丰登、风调雨顺、牛马兴旺。因此，关索戏从戏内到戏外，处处体现着对以关羽为依托的英雄人物的敬仰与崇拜。

二 关索身份与关帝信仰

澄江之所以有关索戏，并能让它直到今天仍焕发艺术魅力，固然有深刻的历史原因，但其中一个根本原因在于对关索的崇拜。关于关索其人的存在及身份，历史上许多学者都曾进行过研究，但时至今日仍然众说纷纭，莫衷一是。具体而言，争议的观点主要如下：

1. 认为关索即是关羽之子

《徐霞客游记》卷五下《黔游日记五》："由阁南越一亭，又西上者二里，遂陟岭脊，是为关索岭。索为关公子，随蜀丞相诸葛南征，开辟蛮道至此。"①

明谢肇淛《滇略》卷五《绩略》："遂以为庲降都督，随丞相亮征南，大破蛮兵，功最居多，封汉兴亭侯。时左将军关公子索，亦有战功，开山通道，常为前锋。"②

明胡宝《汉关将军庙碑记》："将军，汉前将军羽之子，忠勇有父风。建兴初，从丞相亮南征，遣戡略谙要害，恩信孚兹土，世祀之。国初通道，都督马公跻是岭，见有祠，奉木主书汉将军关索。"③

另外，持上述看法的还有彭而述《关岭汉将军碑记》、赵士麟《读书堂诗集》、谢庭薰《关索岭辨》、常恩《安顺府志》诸书。

2. 认为关索是历史人物，但与关羽无涉

清顾家相《五余读书廛随笔》卷上："按宋江三十六人，有病尉迟孙立、病关索杨雄。既与尉迟并称，则古来有此猛将可知。"④

清俞樾《茶香室丛钞》卷十七《小关索》："按：世俗以关索为汉前将军之子，实无其人。"又："《癸辛杂识》载龚圣与《宋江等三十六人赞》，其病关索杨雄赞云：'关索之雄，超之亦贤。则似古来真有关索其人也。'"⑤

清赵翼《瓯北诗钞》七言古二《关索插枪岩歌》："土人相呼关索岩，云是前汉将军子。曾从诸葛征南来，丈八铁枪插于此。我读蜀志典无征，髯公二子平与兴。此外不闻更谁某，毋乃荒诞未足凭。"⑥

① 徐弘祖：《徐霞客游记》，上海：上海古籍出版社，2016年，第333页。
② 方国瑜主编，徐文德、木芹纂录校订：《云南史料丛刊》（第六卷），昆明：云南大学出版社，2000年，第705页。
③ 黄加服、段志洪主编：《中国地方志集成·贵州府县志辑44　道光安平县志　光绪镇宁州志　民国镇宁县志》，成都：巴蜀书社，2006年，第328页。
④ 张志红：《关公》，北京：中国社会出版社，2008年，第40页。
⑤ 俞樾：《茶香室丛钞》（第一册），北京：中华书局，1995年，第379页。
⑥ 赵翼：《瓯北诗钞》，北京：商务印书馆，1935年，第128页。

3. 认为"索""锁"音同而相混

清俞樾《茶香室三钞》卷三《关锁》："《陕西通志》：'商南
县有廉康太子墓，世传太子三国时人，炎祚衰微，踞土僭号，为关锁
所平。'按：俗传关公有子名索者，其有无已不可考，此关索又不知
何人矣。又按：关锁、关索，实以声近而淆。吾湖武康县有严康屯兵
处，相传：康，邑人，奇丑而力，爪牙为刀，革肤为铁，惟喉三寸肉耳。
妻鲍三娘美而勇，时有花关索者，年少美容仪，鲍悦而私之，矢贯康
喉而殪。……按：严康即廉康，关索即关锁，实即一事。"①

4. 认为关索即关兴

清许缵曾《滇行纪程·关索岭考》："建兴二年五月，武侯渡泸水，
进征益州，从征自赵云、魏延外，如张翼、王平、句扶及云长少子关
兴，即关索，尤以骁勇前驱，多建奇功。"②

5. 认为"索"与"父""爷""帅"音近而误

清蒋廷锡等纂《大清一统志》卷三百零八《澄江府·关隘》："按
《蜀志》：关壮缪无子名索，惟次子兴，随丞相亮征南有功，所谓关
索者，即其人也。苗民称'父'为'索'，故有关索之一称。"③

清康熙《云南通志》卷十八《祠祀》："关索庙，在府百二十里
关索岭上，传记未详。或云，索，汉寿亭侯子，从武侯征南，凡凿山
通道多赖其力，其在寻甸者，称英烈侯；在江川者，称龙骧将军。按：
黔中安庄卫亦有关索岭，而碑记有忠顺之封。考其时保出于嘉靖朝中
人之请，三者将以何为是耶？《蜀志》赖开公与子平同被难于临沮，

---

① 俞樾：《茶香室三钞》，北京：中华书局，1995年，第38页。
② 许缵曾：《滇行纪程》，北京：中华书局，1985年，第7页。
③ 永瑢、纪昀等纂修：《景印文渊阁四库全书·史部》，台北：台湾商务印书馆，
1986年，第14页。

子与嗣无所谓索也。而说者曰，索，即兴也，盖彝人呼父为索，关索者，犹关父也。或又曰，关索者，关锁也，以其音之讹而传会之。二者皆无所据，姑并存之以备参稽云。"①

清田雯《黔书》卷上《关索岭》："尝试思之，古有'帅'与'率'通，'方伯连率'是也。意渡泸之役，（关）兴也实从，曾驻师于此，当时以'关帅'呼之，又或以纪功为迹，以'帅'为'率'，后遂讹为'索'，莫之考记焉。"②

清赵一清《三国志注补》："一清按：西南夷谓'爷'为'索'，关索寨即关爷寨，皆尊称也。辰州府城南二酉山下有伍夷滩，以伍胥得名，亦其类尔，非别有关索其人。壮缪子兴，为武侯所器异，官侍中监军，或从南征，寨以此名欤？"③

6. 认为关索即关隘之绳索

明王士性《黔志·贵州》："关索岭，贵州极高峨之山，上设重关挂索，以引行人，故名关索，俗人讹以为神名祀之。"④

清王士禛《池北偶谈》卷二四《谈异·关索》："前代凡遇高埠置关，关吏备索，以挽舁者，故以名耳。传讹之久，遂谓有是人，而实妄也。"⑤

清蒋廷锡《大清一统志》卷三百零八《澄江府·山川》："关索岭在河阳县西北十里，山阜高数百丈，险峻难渡，若关隘然牵绳而过。"⑥

---

① 范承勋等修，吴自肃等纂：《云南通志》，清康熙三十年（1691）刻本。
② 田雯：《黔书》，北京：中华书局，1985年，第34页。
③ 方国瑜主编，徐文德、木芹纂录校订：《云南史料丛刊》（第一卷），昆明：云南大学出版社，1998年，第111页。
④ 王士性：《黔志》，北京：中华书局，1985年，第3页。
⑤ 王士禛撰，靳斯仁点校：《池北偶谈》，北京：中华书局，1982年，第569页。
⑥ 永瑢、纪昀等纂修：《景印文渊阁四库全书·史部》，台北：台湾商务印书馆，1986年，第43页。

7. 认为关索因关三郎之故而讹为关羽第三子

清俞樾《茶香室丛钞》卷十五《关三郎》："《云溪友议》云：'荆州玉泉祠曰三郎神，即关三郎也。允敬家则仿佛似睹之。缁侣居者，外户不闭，财帛纵横，莫敢盗者。厨中或先尝食者，顷刻大掌痕出其面，历旬愈明。侮慢者，则长蛇毒兽随其后。所以惧神之灵，如履冰谷。'按：此乃关庙着灵异之始。《北梦琐言》：'唐咸通乱离后，坊巷讹言关三郎鬼兵入城，家家恐悚。罹其患者，令人热寒战栗，亦无大苦。宏农杨玼絜家自骆谷入洋源，行至秦岭，回望京师，乃曰：此处应免关三郎相随也。语未终，一时股栗。'按：此则关帝之神，在唐时已洋洋乎如在其上，如在其左右矣。"[1]

俞樾认为这两条材料中的"关三郎"即为关羽。在此基础上，有研究者认为，明清时期，民间把三国时期跟随诸葛亮南征的关羽次子关平尊为"关爷"，因为音近而呼为关索，又因"三郎"之故而讹为关羽第三子。于是关索这位南征英雄的名字也就广泛地流传开来了。

8. 认为关索为颛顼氏的三个儿子

有研究者认为，汉代所驱除的疫鬼，是古代神话中五帝之一的颛顼氏的三个儿子。颛顼，即屈原《离骚》所说的"帝高阳之苗裔兮"的高阳氏，传为黄帝之孙。据《史记·楚世家》及《秦本纪》记载，颛顼为秦、楚之先祖。"颛"音zhuān，与"关"音近，"顼"音xū，与"琐"形近，也音近。因此，由于年代久远，有可能"颛"从音而误写为"关"，"顼"从形而误写为"琐"，再由"关琐"变为"关锁"。另外，巫觋们把颛顼奉为"药王"而祭祀他，并求他约束他的三个疫鬼儿子，这与其五帝的身份是相称的。所以，关索戏实应为"颛

---

① 俞樾：《茶香室丛钞》（第一册），北京：中华书局，1995年，第331页。

项戏"。至于唐人流传的令人战栗的"关三郎",也许是"颛顼三郎"（作"颛顼的三个儿子"解）的急读。

事实上，揆诸历史，我们会发现民间以关索作为名号者大有人在，关索非为唯一。

清俞樾《茶香室丛钞》卷十二："宋范公《过庭录》曰：'忠宣守信阳时，汉上有巨贼曰罗堃，拥众直压郡界。忠宣集群僚谋守御计，皆懦怯无敢当者。有酒吏秦生请行，独以数十骑直对敌垒。贼副小关索者，领十余骑饮马河侧，秦射中关索心而死，贼众窜走。'"[①]

《金史·耶律余睹列传》："天会三年，大举伐宋，余睹为元帅右都监。宋兵四万救太原，余睹、屋里海逆击于汾河北，擒其帅郝仲连、张关索，统制马忠，杀万余人。"[②]

从现在掌握的史料来看，有关关索的记载最早见于宋元时期诸书，且以宋为盛，宋以前不见史志记载。据余嘉锡先生《宋江三十六人考实》载，宋时政府军官与草莽英雄以关索命名者，有龚开《宋江等三十六人赞》的杨雄，《过庭录》的小关索，《北盟会编》的赛关索李宝，《林泉野记》的袁关索，《金陀粹编》的贾关索，《金史·突合速传》的陕西军师张关索，《浪语集》的朱关索，《梦粱录》角抵人赛关索及女艺人赛关索，《武林旧事》的角抵人张关索、赛关索、严关索、小关索等。余嘉锡先生说："然则宋人之以关索为名号者，凡十余人，不惟有男而且有女矣。"[③]

史志里记载的人皆为军队武将或草莽英雄，且皆以勇武著称，这

① 俞樾：《茶香室丛钞》（第一册），北京：中华书局，1995年，第267页。
② 脱脱等：《金史》（二），北京：中华书局，2000年，第1906页。
③ 余嘉锡：《宋江三十六人考实》，杭州：浙江古籍出版社，2012年，第57页。

似乎说明，借关索之名谓表承名者的勇武，在宋代已非常流行。而究其根本原因，在于宋代理学盛行，关羽的地位空前提高，已被推上神学殿堂。而统治阶级此时也需要借助宗教神力来征服百姓，巩固自己的统治。于是，在这样的背景下，民间掀起了一场轰轰烈烈的造神运动。关索即因具备与关羽一致的勇武有力的标志特征而进入关羽的谱牒，并被军伍或江湖中人奉为神灵，备加追捧，随即融入百姓生活之中，步入民间文学之列。关索进入民间说唱文学，较早的有明成化年间的《花关索传》，该书讲述了花关索与鲍三娘厮杀后结亲及随父关羽征战的故事。关索进入小说，较早的有明万历年间的刻本《三国演义》。在这些作品中，关索虽然不似关羽这般光彩照人，但他英勇善战、坚毅刚卓的形象给世人留下了深刻的印象。因此，尽管后世对他的争议较大，但这并不影响他作为一个英雄代表存在，而且存在的意义较为重大。百姓对关索的敬仰和拥护，其实也从另一个侧面反映了对以关羽为领袖的英雄群体的敬仰和拥护。

三　关索戏的演出剧目、演出道具与关帝信仰

关索戏的剧目，据说有四十多个剧本，一百多出戏，但由于年久失传，加之剧本散佚，目前只有二十个本子，三十多出戏。关索戏的内容反映的都是三国"正史大传"，演的都是"三国戏"，是歌颂魏、蜀、吴三方之一的蜀国转战南北、兴盛荣耀的战斗故事，而且从封建正统意识出发，只演刘备、关羽的正面戏。现在常演的剧目有《桃园结义》《长坂坡》《收周仓》《战长沙》《夜战马超》《三请军师》《三娘公主战》《三战吕布》《花关索战山岳》《子龙取桂阳》《过五关》《张飞取武陵》等二十四出戏，其他均已失传。这些剧目以"战"为中心，

几乎每场都是战斗故事。表演时，虎旗飞扬、锣鼓齐鸣、炮声隆隆，意在凸显三国英雄刚直不阿、正义凛然、顶天立地的英雄性格与英雄本色，宣扬蜀国军队的神明武威。

关索戏出场人物均戴面具。面具造型大致可分为生、旦、净三类，因颂扬的主题为蜀汉鼎盛时期故事，故无丑角行当。脸谱的勾画浓墨重彩，因借鉴其他戏曲而更为夸张。一般是浓眉、大眼、虎口、钩鼻，意在凸显三国英雄的威风凛凛，震慑鬼蜮之气势，并为出巡时能伏魔降妖埋下伏笔。全部二十个面具中，除刘备与军师孔明外，其余的号称十八员大将，主要包括赫赫有名的关羽、张飞、赵云、马超、黄忠五虎上将和关索。在戏中，关索并非主角，只是一名实实在在的战将。既是人，又是神。

关索戏的服饰主要有几种类型：一为战袍式的戏装；二为模拟戏装的铠甲；三为开襟式短衣；四为旦角服饰；五为马童、小军服饰。虽然类型较多，但基本皆属于战服。不同角色，服饰款式颜色便不相同。如：关羽着绿色战袍，刘备着黄色龙袍，孔明着玄色战袍，张飞着黑色战袍，赵云着青色战袍，马超着白色战袍，黄忠着黄色战袍，百花公主着红色罩衫，鲍三娘着绿色衣衫。五虎上将背上插着四面靠旗，分黄、蓝、红、黑四色，靠旗上绘着龙纹图案等。

表演所用道具非常简单，共有八类四十七件，全是古代战争中常见的兵器，主要有：1. 旗帜类，飞虎旗、五色旗、令旗等；2. 刀类，关刀、提刀、腰刀、双刀等；3. 剑类；4. 铜类；5. 弓箭类；6. 枪类；7. 斧类；8. 爪类等。这些兵器以木制为主，兼有竹制的，均彩绘而成，外观好看，形象逼真，艺人表演起来轻便灵活。

艺人们登场表演时，头戴面具，身穿铠甲战袍，背挂靠旗，手执兵器，在紧锣密鼓声中上阵战斗，拼命厮杀，大有古战场惊天动地、气贯长虹之遗风，令人肃然起敬、荡气回肠。试想，在这精兵强将的誓死保卫下，何鬼不逃？何魔不伏？何疫不除？其驱傩目的与英雄崇拜倾向在此得到了全面体现。

四　关索戏的演出程序与关帝信仰

据杨应康《关索戏的祭祀活动与演出习俗》记载，关索戏每年农历正月初一至十六演出。演三年，停三年。据说演三年是为了消灾免难。但如果第四年接着演，用关索戏压邪就不灵验了。而如果停了三年不演，据当地群众说，箱子里的脸壳就会跳，所以不得不演。关索戏的演员为本村农民，扮演角色固定，实行世袭继承制。这不传外人的规矩，客观上制约了关索戏的流行与发展，另一方面也很好地保留了关索戏的原貌与古风。

在演出的整个过程中，关索戏有一套完整的成规仪式贯穿始终，多为祭祀与民俗活动，如每年演出前的祭药王、练武，正月初一开始演出时的出巡、踩村、踩街和踩家，每次演出时的第一个节目《点将》，当日演出结束后的辞神，正月十六全部演出结束后的装戏箱、送药王等。在这些仪式或活动中，村民们极度虔诚，讲求洁净，奉守约定，显示了对以关羽为中心的众英雄的无比仰慕与崇拜。

关索戏演出前还有祭祀"药王"的活动，这个活动在旧历腊月举行。照例由村中有名望的老者选一个吉日，先在一张两尺多长，一尺多宽的大红纸中间写上"敕封有感风火药王"几个大字，其中"风"或"火"字要倒写，据说若不倒写其中的一个字，就会风助火威，引起灾难。大字右边写字体较小的"声音童子"，左边写"鼓板仙师"，贴在村中灵峰寺回龙宝殿内的神位上。然后将二十个面具供在神位前的供桌上，桌下放一碗米（米上放点肉）、一碗水、一碗酒，寺门外燃起一堆柏枝火，天井内放一盆干净水。这些工作完成后，由参加演出的人员到村中捉一只活鸡，捉到后抱鸡者和参加捉鸡者要跳过柏枝火以驱邪。进寺后，立即用干净水洗鸡嘴、鸡脚，才把鸡抱进殿内，交给主事者，继后演员随主事者跪在神位前的草席上。抱鸡的主事者让鸡在三个碗上按顺序啄吃，如果鸡在三个碗内都啄吃，称领生，如果一个碗都不啄，称不领生，要重新捉一只鸡来领生。在鸡啄食时，由抱鸡者念领生词：

> 关索药王关索经，传与世人众生听。
> 刘备关羽张翼德，桃园结义万古名。
> 东奔西跑无基业，三请孔明作圣君。
> 四川成都兴王室，五虎大将保朝廷。
> 只因刘家天下满，忠臣谋士枉费心。
> 忠臣去世归天界，上帝封为三圣君。
> 十八大将封成神，保护人民得安宁。
> 哪处顶戴保哪处，善男信女要齐心。
> 若有不信冒犯者，当时灾星降来临。
> 善男信女齐敬信，保佑人畜得清平。

念完领生词后，主事者在神位前把鸡杀掉。把鸡血滴进酒碗里，拿一根鸡毛蘸酒在每个面具上抹上一点，抹完后让跪在神位前的演员轮流喝这碗鸡血酒，鸡则拿到锅里煮熟，供在神位前。

到了晚上，全体演员包括新吸收参演关索戏的村民，又跪拜于神位前，边跪边由主事者念："药王大将，今年我们大家诚心诚意替你家去玩玩，请你家保佑我们清吉平安，五谷丰登，六畜兴旺。"念完后，由一位演员用菜刀把鸡砍为四十多块，分给跪拜的每位演员吃。分鸡吃还有个规矩，关索吃鸡头，马超吃鸡脚，张飞吃鸡翅膀，鸡的其他部位就不再作规定，表示要忠心耿耿地为"药王"去玩。

全部祭祀活动结束后，第二天便开始排演节目（当地称练武），一直要排演到除夕日。除夕当日，全体演员要在寺里用大锅烧水洗澡净身，每个演员要接连洗三次，净身后就住在寺里，直至正月十六演出结束。在此期间，演员白天可回家吃饭，但不准住在家里，不准抱小孩，否则就视为不洁净。

大年初一，关索戏正式开始演出。这一天，参加演出者吃过早饭后，先在"药王"神位前举行穿戏装仪式。演员在大柜中领到所扮演角色的戏装后，两人成对跪拜于"药王"前叩头。跪拜有一定规矩，不能随便，即关羽与周仓，黄忠与肖龙，张飞与假张飞，赵云与马超，花关索与黄山岳，张邦与张迁，刘备与诸葛亮，小军与巩固，秦蛟与颜渊，鲍三娘与百花公主。另外还规定，着装及磕头时脚不得沾地，跪站都得在草席上进行，以示洁净。穿戴仪式结束后，全体演员集队在大殿内唱辞神词，才可出行。

出行队伍以两面飞虎旗为指引，后边是举四面令旗的小卒，接着是锣鼓队，随后才是戴面具的二十个主要演员。其顺序为：张飞、假张飞、关索、黄山岳、鲍三娘、百花公主、巩固、小军、张迁、张邦、赵云、马超、秦蛟、颜渊、肖龙、黄忠、周昌、关羽、孔明、刘备，不得错乱。

关索戏不仅在小屯村演出，还得到阳宗坝子各村寨演出。每到一个村寨，演出队伍先要绕完村中所有街道，称为"踩村"。遇到街天走过集市，则称为"踩街"。到了村寨，应住户之请，到家中演唱祈福，称为"踩家"。

"踩村"日程：正月初一这天必须先在本村——小屯村进行。从正月初二起才到阳宗坝子各村寨、集镇去踩。到外村"踩村"，还要选择吉日，一般以属龙、属虎的日子为最好。

"踩村"时在进村前，须先在村口鸣放土炮三响，以壮声威。队列前还有两人抬着一个火盆，盆内燃着柏枝叶。据说柏枝叶的薰烟可驱魔除邪。队列进村时，该村群众必须站立村口敲锣打鼓，鸣放鞭炮，以示欢迎。队伍进村后，村民们只能站在村道两旁，不能面对戴面具人物。村中家家户户门前都要薰一堆柏枝叶火，也是为了驱邪。同时，各家各户的大门都必须关好，据说是为了避免戏装上镜子的反光射入家内，邪气随之进入。

关索戏队伍绕完村中各街道后，就到村中的寺庙里举行祭祀，烧香跪拜。按照惯例村里还要准备像样的饭菜招待关索戏演员，吃饭也必须在庙里，吃饭时要脱掉面具和戏装，脱戏装前要先磕头。面具要摆放在神位前，摆好的面具不能用手去摸，据说摸了会眼睛疼、头疼。戏装不能沾地。按老规矩，"玩关索"要忌食有特殊气味的东西，如大蒜、韭菜之类。若不忌食，会出现灾难。因此，各村寨请关索戏班吃饭也不用韭、蒜等做菜。

正式演出前，演员先要在场中鱼贯式围圈绕场，绕场要绕成八卦，慢慢解开后，再行插绕，又变回鱼贯式，继后分成两列站定，饰演刘备和诸葛亮的站在两列中靠戏台一方，开始分封和使差点将。

分封主要是刘备封五虎将。关羽封为壮天虎，张飞封为飞天虎，赵云封为巡山虎，马超封为钻天虎，黄忠封为坐山虎。每封一员将时，被封者要从行列中走出来，屈膝跪于刘备和诸葛亮跟前，接受封赐后再回到队列中。

封完五虎将，便举行使差点将。使差点将时，刘备与使差要对答。使差的第一人为关羽。刘备先道一句："关云长大总兵听令。"关羽答曰："听令。"随后刘备下令云："打红旗，披红铠，红人红马，红下将军，领兵一支，带领十万兵马，镇守在南方丙丁火，不可迟误。"关羽接着回答："领旨。"这时，要敲锣打鼓，刘备和诸葛亮迈着方步，从队列的这一头，到队列的另一头中部站定，又使张飞的第二个差。像使第一个差一样，刘备道一句："张翼德大将军听令。"张飞答："听令。"然后刘备下令说："打黑旗，披黑铠，黑人黑马，黑下将军，领兵一支，带领十万兵马，镇守在东方甲乙木，不可迟误。"张飞答："领旨。"接着又敲锣打鼓，刘备和诸葛亮回到第一个差的位置。这样要一连使完五方的差，后三个差为子龙（赵云）大将军、马超大将军、黄忠老将军。刘备对赵云下令说："打青旗，披青铠，青人青马，青下将军，领兵一支，带领十万兵马，镇守在西方庚辛金。"对马超下令说："打白旗，披白铠，白人白马，白下将军，领兵一支，带领十万兵马，镇守在北方壬癸水。"对黄忠下令说："打黄旗，披黄铠，黄人黄马，黄下将军，领兵一支，带领十万兵马，镇守在中央戊己土。"

使完五方的差，严颜老将道："知地理，扒山虎，同巩固，摆对人马，奔下西蜀。"小军传旨："逢山开路，遇水搭桥，光裕分六字，擒着魏国一员将，官上加官，职上加职，光宗耀祖。杀猪宰羊，款待五虎上将。"随后严颜道："大小三军，放炮收兵回营安宿。"

封官、使差点将结束后，全体演员退到场边，开始演关索戏。凡到一个村子演出，开始都要封官、点将，方得演出。戏演完后，如要留下吃饭，须先卸妆，饭毕或休息过后，在离村之前，又把戏装穿戴起来，按原来的队列顺序，肃立在村子寺庙门口或场子上，先全体同唱"辞神词"，再由饰演张飞的演员放声朗诵几句，最后才离开。

全体演员所唱的辞神词是：

> 一报天和地，
> 二报日月照灵神，
> 三报国王并水土，
> 四报爹娘养育恩。

饰演张飞的演员的唱词是：

> 一振英雄三千秋，
> 传遍天下海和州。
> 九州四海扬名姓，
> 到处逍遥好风流。

正月十六，关索戏即告结束。结束这天要举行脱戏装与装箱、送"药王"的仪式活动。这些仪式皆在灵峰寺举行。

脱戏装要面对"药王"神位，而且与穿戏装时一样，只能在铺着的草席上进行，脱下的戏装临时放置在草席上，或挂在柱子间的绳子上。随后两两相对站在神位后，面对门口作揖、磕头表示谢天地。站起来后，两人相对作揖，表示互相祝福，再后转到"药王"神位前跪下磕头，表示谢"药王"。敬拜结束后，各人把自己穿的戏装折叠好，交给管戏箱的人。管戏箱的又把一套套戏装放进正殿左侧一只长约三米，宽一米多，内有隔房的大木箱中。戏装放进戏箱时须按规定位置摆放，不能乱摆。全部按顺序整理好后，再把面具放在戏装上。这些工作完成后，木箱要上锁。一般情况下，戏箱不准随便开启，须待来年演戏时再开。

这一天，演员回家吃过晚饭后，还要回到灵峰寺举行送"药王"仪式。仪式须在深夜全村人入睡后进行。先在"药王"神位前烧一堆纸银锭，用这堆烧着的纸银锭把村民送来的香点着。再由主事者指定一人，在寺门口及大殿的四个角落各插一支香，然后分发给每位演员，并跪拜在神位前，由一人把写有"敕封有感风火药王"的那张红纸牌位从墙上取下来，用手捧着。其余演员随即起立，每人手持分发的这炷香跟在后面，列队走到村子西北角的南潭泉口边，一同跪下，齐声念道："药王大将，我们诚心诚意为你老人家玩了，现在送你家回天上去，保佑我们一年清吉平安，五谷丰登，六畜兴旺。"同时鸣放鞭炮，把手中的香插在泉边，把红纸牌位烧了，队伍即从南潭返回村中。行走时，相互间不许讲话，不得有响声，也不准回头向后望。如若犯了一条，村民们认为"药王"就会回不到天上去，将给全村人带来灾难。演员们进村以后，就可各回自己的家。这一年的关索戏演出活动即告结束。①

总之，关索戏虽以关索命名，然而关索并非主角，他只是附于关羽谱牒的一位英雄人物。关索戏的主角应是以关羽为代表的五虎大将，他们在村民心目中已不是一般意义的人，而是具有深广社会意义的战神。澄江小屯村的关索戏无论从历史来源、表演内容抑或风俗习惯、祭祀仪式方面看，无不透露着对关羽等众英雄的敬畏与崇拜。

---

① 杨应康：《关索戏的祭祀活动与演出习俗》，载玉溪地区文化局、云南省民族艺术研究所编：《云南傩戏傩文化论集》，昆明：云南人民出版社，1994年，第209—215页。

第二节　云南地名文化与关帝信仰

滇、黔部分地区以关索作地名者颇多，如关索岭、关索庙、关索寨、关索关、关索城等，这些地方基本流布在诸葛亮南征的行军路线上，或在靠近行军路线的地区，而且大多位于地势险要之处，或军事重镇之所。特别是关索岭，地理位置极其险要。明孙玺《关索岭》诗云："万里云南路，三年始得归。野梅浑破萼，官柳半垂丝。岭峻盘空险，城尖垒石危。边江据形胜，天畔控诸夷。"[①]其高远险峻略见一斑。

云南以关索命名的区域较多，而且大部分集中在江川、马龙、寻甸等地，正如清王佑命《节修关索岭碑记》云："索岭之名，天下不俱有，独于滇黔。滇黔亦不俱有，永宁外马龙、寻甸、澄江、江川与新兴焉，其他后起者也何则。"[②]尽管现在许多以关索命名的地方已不复存在，然而，透过史书、方志等地方历史文献，我们仍能在其中找到踪迹。

---

①　任可澄等总纂：《续修安顺府志辑稿》，贵阳：贵州人民出版社，2012年，第151页。

②　任中宜纂，徐正恩续纂：《新兴州志》，清乾隆十五年（1750）增刻本。

一　地方历史文献中的关索地名

1. 关索岭

明景泰《重修云南图经志》卷二《澄江府》载：

> （新兴州）关索岭　去州北三十里，高可三十余丈，以其险峻必引之以索，而后龙度势若关隘然。
>
> （马龙州）杨磨山　俗呼曰关索岭，在州西七十里，险峻幽阻，盘延二十余里，官道经其下，间有寇凭之窃发，乃立哨堡守之。[1]

明隆庆《云南通志》卷三《地理》载：

> （罗雄州）杨磨山　在州西七十里五，又名关索岭，上有关。
>
> （路南州）关索岭　在州北三十里，高可三十余丈，险峻难渡，若关隘然。[2]

清雍正《马龙州志》卷三《地理》载：

---

[1]　郑颙修，陈文纂：《云南图经志书》，明景泰六年（1455）刻本。
[2]　李中溪纂修：《云南通志》，民国二十三年（1934）龙氏重印本。

　　杨磨山　即关索岭，州西南七十里，俗传武侯会盟处。崖岭千寻，通道一线，俯瞰群山，铁纵隐如龙虵，其上有武侯等祠。[①]

清乾隆《云南通志》卷三《山川》载：

　　（寻甸州）杨磨山　在城西南七十五里，又名关索岭，上有武侯祠。[②]

清乾隆《新兴州志》卷三《地理》载：

　　关索岭　在州北二十七里。丹梯曲折，古木乔松藤萝倒挂，州人祀关索其上，在大道侧。行人聚足而登，萧然象外，辄兴出尘之想。　[③]

清道光《重修澄江府志》卷五《山川》载：

　　（河阳县）关索岭　在城西北二十里，自玉印山西顿而南，山阜嵯峨，高数百丈，岛徽阳西北隘口有关索庙。
　　（江川县）关索岭　在县北二十五里，北瞰昆池，南临抚仙，一径盘纡，万峰罗列，上有关索庙。按：滇黔有关岭四，

---

① 许日藻修，杜兆鹏纂：《马龙州志》，清雍正元年（1723）刻本。
② 鄂尔泰修，靖道谟纂：《云南通志》，清乾隆元年（1736）刻本。
③ 任中宜纂，徐正恩续纂：《新兴州志》，清乾隆十五年（1750）增刻本。

此其一也，旧有土巡检防守。①

清光绪《永昌府志》卷六十《杂纪志·名胜》载：

> （保山县）关索岭　在城南六十里。相传武侯征南时，
> 关索随军至此，林木丛杂，岩谷参差。②

2. 关索庙

明嘉靖《寻甸府志》卷上《祀典》载：

> 关索庙　去府治六十里，大门三间，正庙三间，穿堂一
> 间，寝室三间。③

明天启《滇志》卷十六《祠祀志》载：

> （寻甸府）英烈侯庙　在府治东六十里关索岭，祀蜀汉
> 关将军次子从武侯南征至此。
> （鹤庆府）关索庙　在府西南半里，知府周集建。④

清道光《重修澄江府志》卷十二《祠祀》载：

> （河阳县）关索庙　在城西北二十里东关上。

---

① 李星沅修，李熙龄纂：《重修澄江府志》，清道光二十七年（1847）刻配补钞本。
② 刘毓珂等纂修：《永昌府志》，清光绪十一年（1885）刊本。
③ 王尚用修，陈梓等纂：《寻甸府志》，明嘉靖刻本。
④ 刘文征纂修：《滇志》，清钞本。

（新兴州）关索庙　一在州东南三里。一在州北二十七里。①

清道光《开化府志》卷一《建置》载：

关索庙　在城西南莲花滩旁，往来行人祈祷，络绎不绝。②

清光绪《鹤庆州志》卷十三《典祀》载：

关索庙　在州西门外，南向。副将王友功重修，改向西。③

清乾隆《云南通志》卷十五《祠祀》载：

（澄江府）关索庙　一在府城西北，一在江川县城北关岭，又名龙骧将军庙。一在新兴州城东南。一在州城北。

（鹤庆府）关索庙　在府城西南。④

民国《宜良县志》卷二《地理志·古迹》载：

关索庙　在城西四十里七孔坡顶，与大哨毗连。按：云南府志绘宜良舆图，有"大哨关索庙"五字，至今遗址尚存，土人呼为关松庙，盖字音之讹也。⑤

---

① 李星沅修，李熙龄纂：《重修澄江府志》，清道光二十七年（1847）刻配补钞本。
② 何怀道等修，万重赟等纂：《开化府志》，清道光九年（1829）刻本。
③ 王宝仪修，杨金和等纂：《鹤庆州志》，清光绪二十年（1894）刻本。
④ 鄂尔泰修，靖道谟纂：《云南通志》，清乾隆元年（1736）刻本。
⑤ 王槐荣修，许实纂：《宜良县志》，民国十年（1921）刊本。

3. 关索岭关哨

明嘉靖《寻甸府志》卷上《创设·哨戍》载：

> 关索岭哨　在府东南七十里，弘治八年立。[1]

明隆庆《云南通志》卷五《建设》载：

> （江川县）关索岭巡检司　流官巡检一人，土官巡检一人。
>
> （河阳县）关索岭巡检司　在县治北三十里。
>
> （江川县）关索岭关
>
> （寻甸府）关索岭哨[2]

明天启《滇志》卷五《建设志》载：

> 昆明县　关索岭哨
>
> 罗茨县　关索岭哨[3]

清康熙《云南通志》卷六《山川》载：

> 云南府　关索岭哨

---

① 王尚用修，陈梓等纂：《寻甸府志》，明嘉靖刻本。
② 李中溪纂修：《云南通志》，民国二十三年（1934）龙氏重印本。
③ 刘文征纂修：《滇志》，清钞本。

曲靖府　关索岭哨①

清乾隆《云南通志》卷六《关哨》载：

> （昆明县）关索岭哨　在城东八十里。
> （罗次县）关索岭哨　在城西南二十里，接禄丰界。
> （寻甸州）关索岭哨　在城东南六十里。②

清乾隆《新兴州志》卷四《建设》载：

> 关索驻驿　在州北关索岭，有关索庙。③

4. 关索寨

明天启《滇志》卷三《建设志》载：

> （永昌府）关索寨　在县东五里，下有洞，首尾相通，樵牧者尝闻洞中有戈戟声。④

《明一统志》卷八十七载：

> 关索寨　在永平县东北四里周回二里，俗传蜀汉将关索

① 范承勋等修，吴自肃等纂：《云南通志》，清康熙三十年（1691）刻本。
② 鄂尔泰修，靖道谟纂：《云南通志》，清乾隆元年（1736）刻本。
③ 任中宜纂，徐正恩续纂：《新兴州志》，清乾隆十五年（1750）增刻本。
④ 刘文征纂修：《滇志》，清钞本。

所筑。[①]

由文献记载可以看出，关索岭、关索庙、关索岭关、关索岭哨、关索寨皆在明代就有记载，故其产生应不会晚于明代。关索岭"险峻难渡，若关隘然"[②]以及"以其险峻，必引之以索"[③]，这似乎说明其得名与绳索有关。再由明嘉靖年间吕淮《关索岭碑记》"予尝观西蜀云贵地志，凡险道峻绝之处，咸以索岭为名，多有祠庙，阴为保障"[④]等诸多文献的记载可以看出，滇黔之地险峻之处，皆以索岭命名，关索庙的命名亦源于此。

二　关索庙的兴建

就云南关索庙的产生时间来看，史载已有千年历史。明天启《滇志》卷十六《祠祀志》载："（澄江府）关索庙，在府治西二十里关索岭上，传记未详。……迄今庙祀千余年而当时战功略焉。"[⑤]明代嘉靖年间，谪滇诗人杨升庵（杨慎）也曾写过一首题为《关索庙》的诗，诗云："关索危岭在何处？猿梯鸟道凌青霞。千年庙貌犹生气，三国英雄此世家。月捷西来武露布，天威南向阵云赊。行客下马一醑酒，候旗风偃寒吹笳。"[⑥]此诗在晋宁县化乐乡关岭村关将军庙内的诗

---

① 方国瑜主编，徐文德、木芹纂录校订：《云南史料丛刊》（第七卷），昆明：云南大学出版社，2001年，第212页。
② 李中溪纂修：《云南通志》，民国二十三年（1934）龙氏重印本。
③ 郑颙修，陈文等纂：《云南图经志书》，明景泰六年（1455）刻本。
④ 任中宜纂，徐正恩续纂：《新兴州志》，清乾隆十五年（1750）增刻本。
⑤ 刘文征纂修：《滇志》，清钞本。
⑥ 傅璇琮等主编：《中国诗学大辞典》，浙江：浙江教育出版社，1999年，第1114页。

碑上，为道光十六年（1836）补刻，至今仍存。又据明王廷表著，立于嘉靖三十一年（1552）的《江川关索岭庙碑》载："江川巡岭有将军关索庙，圮甚。"①千年古庙犹存，这与事实不符，且缺乏更多史料佐证，因而此说恐不确。据清王士禛《池北偶谈》卷二十四《关索》载："云贵间有关索岭，有祠庙极灵，云明初师征云南至此，见一古庙，庙中石炉插铁箭一钺，其上曰：'汉将关索至此，云南平。'遂建关索庙。今香火甚盛。"②《大清一统志》卷三百九十二："关索庙在镇宁州关索岭上。明胡宝《庙记》：'将军，汉前将军某之子，建兴初隶丞相亮南征，恩信孚兹土，世祀之。洪武初建祠。'"③明景泰《云南图经志书》卷二《澄江府》："江川县去府东南九十里云梅村有典史厅，与河阳、阳宗俱于洪武十五年建置，所属关索岭巡检司在县之北三十五里。"④明天启《滇志》卷三十《羁縻志》："江川县关索岭巡检司土官李实，本县星云里民。宣德元年设巡司于岭上，以地险，流官鲜能其职，邑中公举实因以为土官巡检。"⑤再联系贵州彭而述《关岭汉将军碑记》"是祠之建肇，前代通道都督马公置守御所，正统（明英宗年号）麓川之后，靖远王公（即王骥）拓之，又大司马松月伍公登诗告成，祠之起皆以边圉有警，行师克振"⑥的记载可推测，关索庙建于明代洪武至正统年间的可能性较大。

---

① 李星沅修，李熙龄纂：《重修澄江府志》，清道光二十七年（1847）刻配补钞本。
② 王士禛撰，靳斯仁点校：《池北偶谈》，北京：中华书局，1982年，第569页。
③ 永瑢、纪昀等纂修：《景印文渊阁四库全书·史部》，台北：台湾商务印书馆，1986年，第267页。
④ 郑颙修，陈文等纂：《云南图经志书》，明景泰六年（1455）刻本。
⑤ 刘文征纂修：《滇志》，清钞本。
⑥ 顾峰：《一支独特而稀有的傩戏——关索戏》，载玉溪地区文化局、云南省民族艺术研究所编：《云南傩戏傩文化论集》，昆明：云南人民出版社，1994年，第169页。

三　以关索命名的地名内涵

从以上部分文献的记载中，我们可以看到，以关索冠名的地方系因从诸葛亮出征的关羽之子关索而得名。云南相关地方的碑刻也同样显示了该内容。如明嘉靖年间吕淮《关索岭碑记》云："白云山在求治北，望之巍然。其起如鹜，其伏如鹭。其支而出也，如揖如附，重冈沓岭，盘亘数十里。抵西一支，巨石巉岩，险绝陡峻，是名关索岭。腰岭一道，为求要冲，旧有关庙屹立道左。正德间，求守蜀人何公子奇，历览境内山川，摘奇绝胜，拔奥区之特秀者，列为八景，兹其一焉。曰'索岭樵归'是也。予尝观西蜀云贵地志，凡险道峻绝之处，咸以索岭为名，多有祠庙，阴为保障。世传其神生而美少英烈，武勇绝人，为汉寿亭侯嗣子，能通阻碍，昔自川陕荆湘，滇云贵竹，濒江据险，颇著英灵。古今行旅之达，异域殊方，逾垒过关，皆赖神赐。宦游贵官，旅行商贾，武士将卒，动则谒庙致虔，以希福庇。故在在妥灵祀之，有不间于一隅之偏也。"①清王佑命《节修关索岭碑记》亦云："索者，蜀汉前将军关公之子也。诸葛丞相出征，由越巂斩闿雍，纵孟获，南人呼天威不敢复反。其时冒险前驱，凿山通道为虎臣者，索之力居多。人谓卓有父风。重其英灵，扼险据要而庙，食为不辍也。此索岭樵归，山叠翠，求首志之。"②

但是，与关索戏得名的争议相同，历史上许多文献对关索其人之

---

① 任中宜纂，徐正恩续纂：《新兴州志》，清乾隆十五年（1750）增刻本。
② 任中宜纂，徐正恩续纂：《新兴州志》，清乾隆十五年（1750）增刻本。

有无及关索地名与关索之间的相关性亦提出了疑议。明天启《滇志》卷十六《祠祀志》："（澄江府）关索庙，在府治西二十里关索岭上，传记未详。或云关汉寿侯长子从武侯南征，凡凿山通道多其力，其在寻甸者称英烈侯，在江川者称龙骧将军。按：《蜀志》称关公与子平同被难于临沮。子兴嗣。兴字安国，少有令问，丞相诸葛亮深器异之，弱冠为侍中、中监军，事数岁，卒南中。所祀岂即兴耶？今黔中安庄卫亦有关索岭，其西有晒甲岩，下有马跑泉，皆昔时遗迹。寻甸、新兴、澄江、江川所在皆称关索，夷语呼索，华言父也。迄今庙祀千余年而当时战功略焉。惜哉！文献之不足也。"[1]明李文凤《月山丛谈》："云南平夷过曲靖、晋宁，过江川，皆有关索岭，上各有庙，盖前代凡遇高埠置关，关吏备索以挽舁者，故以名耳。传讹之久，遂谓有是人，而实妄也。"[2]《大清一统志》卷三百九十二："按：汉关忠义有二子：曰平，曰兴。平及临沮之难，兴为汉侍中，有父风，丞相亮爱之，征讨必从。传志可考无名'索'者，岂'帅'音与方伯连'率'之'率'通？当时呼关'帅'讹为'索'耶？或曰蛮人呼索为父，或曰是岭以关索黔滇故名，存以备考。"[3]清田雯《黔书》卷二《关索岭》："关侯二子，长曰平，次曰兴。平及于临沮之难，兴弱冠为汉侍中，有父风，武侯甚爱之，征讨未尝不与。此传志之可考者，初无所谓索也，是岂记载之失耶？抑亦乌有之谈耶？纵或有之，不过一偏裨耳，何以遂庙食于此，千秋而勿替其功，亦必有足述者矣。尝试思之，古者'帅'与'率'通，方伯连率是也。意渡泸之役，兴也实从，

① 刘文征纂修：《滇志》，清钞本。
② 余嘉锡：《宋江三十六人考实》，杭州：浙江古籍出版社，2012年，第58页。
③ 永瑢、纪昀等纂修：《景印文渊阁四库全书·史部》，台北：台湾商务印书馆，1986年，第267页。

曾驻师于此，当时以关帅呼之，又或有纪功之绩，以帅为率，后遂讹率为索，莫之考正焉尔。若夫马跑泉之异，未必非神明其说以詟蛮髦事。既荒唐时无特识，安得不妄以成妄耶？"①

　　诚然，历史绵邈，古迹难寻，史料佚缺，要充分证实关索地名的得名源于关索确实有一定难度。然而，透过历史与现实，我们仍然可以发现一些线索。从关索的家庭背景看，关索是否为关羽之子存在争议，但他仅出现于当时备受推崇的关羽的谱牒中而未关联其他，应该有一定背景或源头。从关索的个人身份看，他作为大将随诸葛亮南征，具有一定的史实依据，他的军人身份毋庸置疑。从关索地名的地理位置看，其皆处于诸葛亮南征路线的险峻之地，也与军事相关联。从关索地名的实际用途看，关索岭关、关索岭哨皆为军事要地，而关索庙为蒙神保佑之祈福胜地，也与军事和宗教相关。根据这些线索，我们可以看出，无论关索是否真实存在，他都是以关羽谱牒的一位成员、诸葛亮军队的一名武将为依托的。在百姓心目中，他俨然成了无难不克、无坚不摧的战斗英雄，其身份地位也已经像关羽一样，由人而圣，由圣而神，受到社会广泛推崇。因此，地名冠以关索名号，反映的亦是百姓对以关羽为中心的众英雄的崇拜和爱戴。

---

① 田雯：《黔书》，北京：中华书局，1985年，第33—34页。

第三节　云南纸马文化与关帝信仰

　　纸马，又称甲马，是民间祭祀和禳灾祈福时用于张贴或焚烧的木刻版印纸质符码。清赵翼《陔余丛考·纸马》："后世刻板以五色纸印神佛像出售，焚之神前者，名曰纸马。或谓昔时画神于纸，皆画马其上，以为乘骑之用，故称纸马。"[1]清虞兆漋《天香楼偶得·马字寓用》："俗于纸上画神佛像，涂以红黄采色，而祭赛之，毕即焚化，谓之甲马。以此纸为神佛之所凭依，似乎马也。"[2]

　　纸马在全国各地分布广泛，但不同地区对纸马的称呼各不相同。江苏、浙江等地称"纸马"，北京一带称"百份"，河北等地称"神灵马"，中原一带称"纸马""甲马"，湖南、台湾地区等称"神马""金纸"，香港一带称"禄马""衣马"，广东一带称"贵人"。而云南的称呼则更多，昆明地区称"封门纸""天地纸""月神纸""财神纸""转运纸""墓龙纸"等，楚雄地区称"云马""叫魂马""倒甲马""顺甲马"等，大理地区称"甲马纸""纸符""纸火""利市纸""叫魂纸"等，巍山称"过关纸"等，昭通、曲靖一带称"求雨纸""飞行甲马纸""纸马"等，玉溪地区称"喜神纸"等，红河、个旧、建水一带称"纸马""关圣纸""喜神纸""利市纸""领魂纸"

---

　　[1] 赵翼撰，栾保群、吕宗力校点：《陔余丛考》，石家庄：河北人民出版社，1990年，第524页。

　　[2] 夏征农主编：《辞海·宗教分册》，北京：中华书局，1988年，第241页。

等，保山地区称"纸符""马子""喜神纸"等，腾冲称"高钱纸"等，德宏江东一带称"追魂甲马""喜神纸"等，丽江、迪庆一带称"纸符""凤马"等。

一　纸马的形成历史

纸马最早源于绘画，以绘画手段进行祭祀活动的记载较早出现于晋常璩的《华阳国志·南中志》："诸葛亮乃为夷作图谱。先画天地、日月、君长、城府；次画神龙，龙生夷，及牛、马、羊；后画部主吏，乘马幡盖，巡行安恤；又画夷牵牛负酒、赍金宝诣之之象，以赐夷，夷甚重之。"①唐代亦有手绘纸马的记载。唐李冗《独异志》："闲居之际，忽有一人朱衣玄冠而至。干问曰：'何得及此？'对曰：'我鬼使也，闻君善图良马，愿赐一匹。'干立画焚之。数日因出，有人揖而谢曰：'蒙君惠骏足，免为山川跋涉之劳，亦有以酬效。'明日，有人送素缣百疋，不知其来，干收而用之。"②

关于用"甲马""纸马"施行"神行法"的记载，唐代文献已有涉及。敦煌写卷伯三八一〇载："用甲马两个，上用硃砂写'白云上升'四字，飞符二道，祭六甲坛下。"③唐谷神子《博异志·王昌龄》："见舟人言，乃命使赍酒脯、纸马献于大王。"④到了宋代，纸马的记载渐渐增多，不仅有"桃符"等驱邪纸马，更有"门神""钟馗""财马""回头马"等纸马神。而在这一时期，文献中已有纸马铺记载。

---

① 常璩：《华阳国志》，长春：时代文艺出版社，2009年，第51页。
② 李冗：《独异志》，北京：中华书局，1983年，第19页。
③ 刘晓明：《中国符咒文化研究》，北京：中央编译出版社，2014年，第107页。
④ 谷神子、薛用弱：《博异志·集异记》，北京：中华书局，1980年，第6页。

宋孟元老《东京梦华录》卷七《清明节》："士庶阗塞诸门，纸马铺皆于当街用纸衮叠成楼阁之状。"①宋吴自牧《梦粱录》卷六《十二月》："元夕，岁旦在迩，席铺百货，画门神、桃符、迎春牌儿，纸马铺印钟馗、财马、回头马等，馈与主顾。"②明清时期，"纸马"与"甲马"记录更为丰富与具体。《西游记》第四八回："（陈澄等）祝罢，烧了纸马，各回本宅不题。"③《水浒传》第三八回："原来这戴院长……把两个甲马拴在两只腿上，作起神行法来，一日能行五百里。"④《儒林外史》第二十八回："小的送这三牲纸马，到坟上烧纸去。"⑤《儿女英雄传》第二十三回："一进二门，当院里早预备下香烛，吉祥纸马。"⑥清袁枚《续新齐谐·天后》："有甲马三：一画冕旒秉圭，一画常服，一画披发跣足仗剑而立。每遇危急，焚冕旒者，辄应。"⑦

　　纸马是在原始宗教的基础上，伴随着巫教的出现而产生和发展的。原始社会时期，在生产力极其低下的情况下，人们无法理解变幻莫测的自然现象以及扑朔迷离的社会现象，于是就幻想想出了一些具有至上法力且能主宰世界的"鬼"或"神"。在对这些神灵无比崇拜的利益驱使下，人们势必要举行各种各样的祭祀活动来供奉神灵，避祸禳灾，寻求灵魂的慰藉。然而，这些理想化的神灵并无具体形象可言。因此，人们需要赋予抽象的"鬼""神"以具体的形象，使它成为可资参拜

①　孟元老撰，李士彪注：《东京梦华录》，济南：山东友谊出版社，2001年，第67页。
②　吴自牧撰，符均、张社国校注：《梦粱录》，西安：三秦出版社，2004年，第87页。
③　吴承恩：《西游记》，长春：吉林出版集团有限责任公司，2012年，第478页。
④　施耐庵：《水浒传》，长春：吉林出版集团有限责任公司，2012年，第421页。
⑤　吴敬梓：《儒林外史》，北京：华夏出版社，2013年，第190页。
⑥　文康：《儿女英雄传》，北京：华夏出版社，2013年，第309页。
⑦　袁枚：《子不语全集》，石家庄：河北人民出版社，1987年，第454页。

祭祀的对象。在此情形下，大量作为神的化身或象征的偶像便应运而生。"纸马"就是这种"鬼""神"偶像的生动体现之一。人们通过焚烧、张贴与供奉仪式，可以把自己的愿望、诉求表达出来，从而借助神的依托，寻求心理上的归属感与满足感。因此，纸马在民间祭祀活动中成为了沟通人与神的桥梁。

二 云南纸马的产生

纸马是在巫术基础上，通过木刻雕版印刷而成的一种宗教纸质用品。纸马的产生离不开三个条件：一是巫术，二是造纸术，三是雕版印刷术。云南很早就具备这三个文化基础，因此，纸马文化的产生发展具有悠久的历史。

云南地处偏远，巫术较为发达，这在前文已有论及，此不赘述。

云南纸张的产生也较早。早在三国及两晋时期，便有纸张使用记录。《三国志·吕凯传》："都护李严与阎书六纸，解喻利害，阎但答一纸。"[1]《太平御览》卷四十四《地部九·云南山》引晋《九州要记》："云南郡山，山有祠，处石室称黄石公，祀之必用纸一百张，笔一双，墨一丸，室内有启，必知吉凶，但不见其形。"[2]现代出土文物中，源于大理三塔的《护国司南抄》《保安八年写经》成书于公元1052年，是目前云南发现的时代最早的历史典籍纸张。1956年，在大理凤仪北汤天法藏寺发现南诏、大理国以来的佛教经书3000余册，其中有南诏、大理国时期的唐宋珍本，也有元明时期的经卷。这批珍

---

① 陈寿：《三国志》（下），北京：中华书局，2011年，第872页。
② 李昉等：《太平御览》，北京：中华书局，1960年，第212页。

贵的文物，绝大多数为手工抄写的写本经卷，部分为雕版印刷品。雕版印刷品的时代仅限于元代和明代。据专家考证和鉴定，这些珍贵的纸张很可能是大理本地所产，而且极有可能是鹤庆白绵纸。"《护国司南抄》写经纸的出现，倒是证明晚唐时代云南已经生产绵纸，而且纸质优良。大长和国时，赵和奉使北上，因川陕变乱，道路不通，遂在大渡河南起舍一间，留下'信物十五笼''上大唐皇帝舅奏疏一封''杂笺诗一卷''彩笺一轴'，'其纸厚硬如皮'。这些物品，是带去向唐王朝进贡的，表明它们是云南的土特产。'彩笺'是绵纸的加工纸。这可作为《护国司南抄》写经纸是云南出产的佐证。"[①]

关于中国雕版印刷史的发展，明胡应麟在他的《少室山房笔丛》曾有所论及："雕本（印刷）肇自隋时，行于唐世，扩于五代，精于宋人。"[②]我国现存可以确认的最早的雕版印刷品，是唐咸通九年（868）所制的《金刚经》，该书在清光绪二十六年（1900）被发现藏于敦煌莫高窟第十七窟藏经洞，后被英国人斯坦因携至英国，现收藏于大英图书馆。而关于云南印刷技术的产生时间，李晓岑先生认为，云南印刷业的开端，上限可早到大理国晚期，下限则处于元代初期，即宋末元初。元初云南已有印刷业是可以肯定的，而大理国晚期则仍处于讨论阶段。[③]

纵观造纸术、印刷术的历史，我们不难发现，中国最早的印刷品实质上是为佛教服务的。纸马的产生并无明确记录，但联系纸马的产生条件、云南宗教历史、云南纸张及印刷品的形成历史，我们也有理

---

①　张锡禄：《大理白族佛教密宗》，昆明：云南民族出版社，1999年，第498页。
②　胡应麟：《少室山房笔丛》，北京：中华书局，1958年，第60页。
③　李晓岑：《云南印刷业的开端问题》，载纳张元主编：《大理民族文化研究论丛》第3辑，北京：民族出版社，2009年，第628页。

由相信，在原始巫术盛行、纸张文化历史久远的背景下形成的云南纸马，在外来佛教的层层渗透之下，面对方便、快捷、实用的印刷技术，绝不会无动于衷，游离其外。因此，可以初步断定，云南纸马的产生应该也在大理国时期至宋元期间，而且大理国时期的可能性较大。

三　云南纸马与关帝信仰

云南纸马种类繁多，题材丰富。从宗教及民间信仰角度，可把纸马分为六类：一为图腾类纸马，二为祖先崇拜类纸马，三为生殖崇拜类纸马，四为自然崇拜类纸马，五为本主信仰类纸马，六为儒释道类纸马。云南纸马用途广泛，人们生老病死、驱鬼辟邪、招财祈福、化解争端、祭拜神灵、求子求学、婚嫁建房、追查盗贼等都要用到。但是，由于人们的社会经历、生活习惯、价值取向、人生目标不同，对各种神祇的理解就会不同。因此，不同区域、不同人群，甚至同一区域不同个体的人对纸马的含义、用途的理解及使用习俗也会有所不同。

关帝作为国家极力推崇的神祇，在纸马文化中有重要体现。民国五年（1916），日本文学家狩野直喜在三月号《艺文》上发表了《两宋之版画》一文，展示了我国被盗走的一幅《四美图》木版年画和另一幅《义勇武安王位》木刻纸马神像。两图分别发表在《支那古版画图录》和《国华》画刊上。《义勇武安王位》呈长方形立幅，是一幅三国时关公的图像。画中关公戴软巾，穿锦绣袍服，登云头高靴，侧身握拳，坐于靠背交椅上，神色庄严，令人肃然起敬。其侧，周仓披甲捧印，前后又有四武士擎刀、执旗侍立，旗上楷书一"关"字，背景补以苍松翠石，晴空朵云，边框刻有回纹图案，上题"义勇武安王位"六字，下有"平水徐家印"贴近边框小字一行。人物神貌高古，衣装甲胄笔法有力，构图疏密多样而又统一，不类后世所画。关平立前，周仓在后，关公捻须居中而坐，当是宋金时期绘刻之珍品。该图在1908年被盗往俄国圣彼得堡。①这是我们目前能看到的最早的关帝纸马。

关帝信仰在云南有深厚的历史，在纸马中同样也有深刻的反映。关帝在云南纸马中属于儒释道及民间宗教共同崇拜的神祇，集多种形象及功能于一身而进入祭祀行列。作为关羽的化身，大黑天神在白族中备受崇拜。云南汉族也会定期到关帝庙敬拜，并供奉、焚烧纸马。湖南省桑植县三屋迪白族与大理白族同宗同源，亦把关羽奉为本主来崇拜，会期定于正月初三。

在所有神祇中，财神因掌控财源而受到民众最热烈的追捧。不论何种民族，也不论其处于何种区域、何种场合、何种年代，都对其顶礼膜拜。云南民间供奉的财神分为文财神与武财神两类，文财神一说为殷纣王的叔父比干，一说为春秋时越国的范蠡，主要供奉在寺庙或家庭，供民众求财祈福。武财神一说为赵公明，一说为关羽，主要供奉在寺庙或存在安全隐患的公共场合，以求捍卫守护。当然，不同族群、不同地区的人祭祀习俗不一。大理市北才村白族将财神作为本村本主供奉。昆明地区人们求财，往往到盘龙寺敬香，焚烧财神纸。呈贡汉族则在除夕夜张贴财神纸马来封财门。

众所周知，伽蓝神是佛教的护法神，是关羽的化身。在云南，伽蓝神的庙宇遍及各地，特别在大理地区，伽蓝作为白族本主受到特别

---

① 中国美术全集编辑委员会编：《中国美术全集·绘画编22·民间年画》，北京：人民美术出版社，1985年，第13—14页。

供奉，大部分本主庙也都塑有伽蓝雕像。民间有句俗语："在寺为伽蓝，在庙为土主。"而大黑天神作为喇嘛教的护法神，本与伽蓝无关，但传入大理后，在民众的主导意识支配下，在许多情况下已与伽蓝合二为一了。民众遍建本主庙宇，将其供奉为土主，而且庙宇数量大大超过了伽蓝本主庙，其在民众心目中的重要性可见一斑。本主具有固定的祭祀仪式，民众平常都会定期朝拜诸神本主。祭祀本主可以清祭也可食祭。清祭只需到本主庙敬香，烧香、烛、纸钱、纸马即可。食祭除准备香烛纸钱外，还要备上活鸡、活鱼、鲜肉、猪头、鸡蛋、鸭蛋等。到了本主庙，要先献生物，再献熟物，然后点香燃烛，供奉纸马，最后把香、烛、纸钱、纸马一同焚烧。

总之，纸马作为民间信仰的产物，在云南各族群中皆有体现，而在所有纸马中，白族纸马无疑最为有名，类型最为丰富。就分布地区而言，大理、保山地区纸马最多，使用最广泛，这显然与古滇国悠久厚重的历史有关。关帝纸马的出现，无疑是关帝信仰的重要体现。

图37　云南关公纸马　　　　　图38　云南关圣纸马

图39　伽蓝土主大黑天神纸马

图40　云南大黑天神纸马一

图41　云南大黑天神纸马二

图42　云南大黑天神纸马三

第五章 云南地方历史文献中体现的关帝信仰

云南近代的一些少数民族古籍、宗教文献、文学作品、地方志及民族志资料中，记录了许多与关帝有关的史料，包括楹联、碑刻等。这些史料或多或少都涉及关帝的地位形象及关帝信仰的历史背景，许多史料还记载了关帝显圣的神话故事与民间传说。本章旨在于全面收集整理这些史料的基础上，剖析云南关帝信仰产生流传的背景、内容与类型，梳理各族群关帝神话传说与关帝信仰形成的关系，从而深入阐述其文化内涵与地域特征。

第一节 云南关帝庙宇楹联中体现的关帝信仰

云南关帝庙遍及全省各地，而丰富多彩的楹联文化也体现了关羽在百姓心目中的地位与形象，因此，对云南关帝庙楹联进行深入阐释与全面解读，可以帮助我们更好地了解云南的关帝信仰特点与云南人民的关帝信仰理念。总体而言，云南关帝庙楹联大致有以下内容：

一 颂其功勋，扬其地位，赞其影响

度一切众生于梦幻后

存千秋大义在天壤间（昆明关帝庙）

佛教有"众生好度人难度"之语，意指人心巧伪，难以济度，而除人以外的动物却本性率真，易于救度。此联上联以佛家教条为据，警醒世人应消除一切虚空妄想，脚踏实地，这样方可得以度化点拨。下联强调关羽的"千秋大义"存于天地之间，能使"众生"深受启迪，幡然悔悟，借以表明关羽的优秀品格对世人有极强的影响与教化作用。

作孝作忠今古圣神常在

允文允武山川风气全开（昆明西山公园关公石窟）

此联歌颂关羽忠孝仁义、文武双全，有如圣贤、神明般光彩照人、魅力无限，说明其精神能够永存于天地之间，影响世人、风化世人、改造世人，强调关羽的优秀品格对世人有极强的潜移默化作用。

三教同心，忠恕慈悲感应

上善若水，澄潜混沌浑沧（大理紫云山关帝庙）

　　此联上联指出儒家的"忠恕"、佛教的"慈悲"、道教的"感应"在关羽身上皆有集中体现，表明其对社会的影响较广泛。下联以"水"为喻，称颂关羽的高尚品德对世人产生的巨大影响。

　　　　大义镇乾坤，对巍巍洛吉山峰，昭示我千秋气节
　　　　精忠贯日月，看滚滚澜沧江水，流不尽万古馨香（维西白济汛武庙）

　　此联上联称赞关羽正义凛然，威震天下，能成为后人效仿的楷模；下联颂扬其忠心耿耿，光芒四射，能成为后世学习的榜样。

　　　　贤彰圣显中华风骨辉中外
　　　　武壮文雄民族精神灿古今（大理武庙）

　　此联上联称颂关羽贤圣皆具，恪忠尽孝，影响中外；下联盛赞关羽文韬武略，名垂青史，辉耀古今。两联皆突出了关羽精神对古今中外产生的深远影响。

　　　　道古说今成败兴亡凭借鉴
　　　　扬清激浊忠奸善恶任思量（安宁草铺镇关圣宫）

　　此联上下两联的"凭借鉴"与"任思量"之语看似平淡，然而正是这样的表达更能发人深省、引人深思。关羽的报国之功与正义之举不是历史可以抹杀和淡忘的，也不是个人可以歪曲的，它早已深深植根于古今人民心中，成为一代又一代人立身处世的典范。

功力超群百战英雄操胜算

德威扬世千秋忠义启来人（安宁义兴街关圣宫）

此联上联颂扬关羽久经沙场，所向披靡，战功卓著；下联盛赞关羽德高望重，显世扬名，其威武之风与忠义之魂引领了一代又一代的后来人。

大义参天浩气满

精忠贯日神威昭（会泽江南会馆）

此两联颂扬关羽的纯正忠贞、正义凛然不仅能够感天动地，而且能够振兴国风，光耀社会。

义勇风高身坐当朝佛祖

忠心日丽永存汉室纲常（会泽武庙）

此联上联称赞关羽英勇仁义、高风亮节，无与伦比；下联颂扬其忠心耿耿、光芒四射，能够承担维护社会纲常之责。

浩气振乾坤，一片丹心存宇宙

纲常盼日月，三分鼎足冠寰区（会泽武庙）

此联上联歌颂关羽的浩然正气能振兴国家、扭转世风，而其赤胆忠心能广泛深远地影响后世；下联颂扬其践行的纲常之举可与日月同辉，而其所成就的鼎足三分之功，又能雄冠古今，青史留名。

有冯有翼，有教有德

乃文乃武，乃圣乃神（宜良汤池关圣宫）

上联称颂关羽辅佐汉室，推行教化，广布德泽，可谓德高望重；下联赞颂其文武兼备，光耀后世，无愧"神人""圣人"称号。

允文允武，英雄几见称夫子

至大至刚，豪杰如斯乃圣人（陆良三岔河沙沟村关圣庙）

此联上联颂扬关羽文武兼备，既具英雄的雄才大略，更兼孔夫子的满腹经纶；下联称赞其浩气长存，无愧豪杰之名，可与圣人同辉。

敷圣德心安宇宙

显神威气震乾坤（宜良狗街王家营关帝庙）

此联上联赞扬关羽心系社稷，能以圣德教化社会，使社会安定祥和；下联称赞关羽心存大义，能以神威战胜邪恶，使世风清爽明朗。

美髯赤颜，威武英姿昭日月

丹心义胆，凛冽圣貌镇山川（巍宝山关圣殿）

美髯赤颜，威武英姿昭日月

丹心义胆，凛烈圣貌震乾坤（大理大仓东山关圣宫）

这两联的上联从关羽的美髯赤颜入手，赞扬其威武庄严的飒爽英姿可与日月同辉；下联以关羽的丹心义胆入题，赞颂其忠厚仁义的高洁形象可与山川同寿。

　　　　千秋义勇无双士
　　　　汉代衣冠第一人（大理大仓永建关圣宫）

　　此联上下两联以"无双""第一"盛赞关羽，突出其义勇之可嘉，忠孝之可鉴，意在说明关羽当成为千秋万代人们效法的最高榜样。

　　　　叱咤风云天下英雄皆束手
　　　　忠诚蜀汉古今义士尽归心（大理武庙）

　　此联上联赞颂关羽征战沙场，威武可嘉，令天下英雄折服；下联称颂关羽忠心佐汉，情义可鉴，令古今义士感动。两联皆彰显了关羽的忠贞勇武对社会形成的巨大影响。

　　　　精忠炳日月，焕焕乎千秋不灭
　　　　仪表贯云霞，巍巍然万古长存（维西中路佳禾武庙）

　　此联高度赞美了关羽的精忠大义与威武神明能与日月争光，千秋永放异彩。

　　　　浩气丹心万古忠诚昭日月
　　　　佑民福国千秋俎豆永山河（大理武庙）

此联上联盛赞关羽忠诚无限，浩气长存，英名似日月般闪亮；下联称颂关羽尽忠报国，仁爱百姓，情操似天地般永恒。

> 宫焕金身曾历刀兵百战
> 茶留春色昌延福祉一方（安宁义兴街关圣宫）

此联上下两联借宫与茶抒情，上联褒扬关羽驰骋战场、力挫群雄的威武形象；下联盛赞关羽保家卫国、造福百姓的伟大功业。

> 忠义天心，春秋尊隆俎豆
> 神武正气，寰宇恪荐馨香（会泽江南会馆）

此联上联说明关羽谨遵《春秋》大义，行事有方，护国有功，因而能享受国家之祀。下联表明关羽行侠仗义、正气凛然，故能受到社会的推崇与爱戴。

> 文武兼资震华夏
> 始终昭义报曹刘（安宁义兴街关圣宫）

此联上联盛赞关羽文武兼备，名高天下；下联称颂关羽忠诚可嘉，仁义可鉴。两联皆突出了关羽的文武之才与忠义之心。

> 功盖三分心存一统
> 流芳百世泽惠群黎（安宁义兴街关圣宫）

此联上联颂扬关羽志在辅佐汉室与魏、吴三分天下，并鼎力助蜀汉为正统，彰显了其尽忠报国的丰功伟绩；下联盛赞关羽德高望重，造福百姓，凸显了其佑民福国的美名威仪。

> 一双凤眼勘破世间虚假
> 两道蚕眉锁住国泰民安（弥勒新街子关圣宫）

此联上下两联借关羽恰似丹凤的眼与形如卧蚕的眉入题，上联彰显其具有慧眼识虚假之才略，下联突出其保家卫国的雄心。比喻形象、生动传神。

> 扶正统以彰信义名高三国
> 完大节而笃忠贞威震九州（泸西武庙）

此联上下两联皆歌颂关羽辅佐汉室的丰功伟绩，彰显其忠诚孝悌之心、讲信修睦之举、大仁大义之道，总结了关羽能够名垂青史、名扬天下的深刻原因。

二　述其事迹，彰其本色，显其忠义

> 异姓胜同胞，笑他人同胞异姓
> 三分归一统，恨当年一统三分（石屏关帝庙）

此联用对比手法，通过对刘备、关羽、张飞虽然"异姓"却情同手足的桃园结义行为与魏国的曹丕、曹植本为同胞兄弟却互相残杀的鲜明对比，歌颂了以关羽为代表的众英雄的仁义与侠义。

> 威镇荆寰，目空吴魏，慷慨唯期扶承汉鼎
> 情怀兄弟，义重君臣，始终不负桃园结义（会泽武庙）

此联上联借关羽征战吴魏、力扶汉室之事，讴歌其上报国家的忠义；下联借关羽桃园结义、共盟守约之举，讴歌其真诚待人的情义。

> 一战下七军，老瞒褫魄，吴鼠消魂，大英雄与乾坤并寿
> 千秋隆九献，见像披诚，闻名起敬，真杰士同日月争辉
> （宜良关帝庙）

此联上联赞颂关羽作战勇猛，所向披靡，始终以保家卫国为己任，因而能流芳百世；下联赞美其忠心耿耿，大义凛然，始终以尽忠报国为要务，因而能与日月争辉。

> 辞曹归汉，毫不拖泥带水
> 挂印封金，犹如弃瓦抛砖（宜良马街窑上村关帝庙）

此联上联借关羽辞曹归汉之事，赞美了其忠勇刚毅的浩然之气；下联借关羽挂印封金之举，讴歌了其重义轻利的高洁之守。

> 秉烛岂避嫌，斯夜一心在汉室
> 华容非报德，此时两眼已无曹（石屏武庙关圣殿）

　　此联上联以关羽秉烛夜读一事为据，称赞其心系社稷、情系苍生、忠心扶汉、大公无私的优秀本质；下联以华容一事为例，颂扬其深明大义、廉洁自律、诚心奉主、重情重义的高贵品质。

> 匹马斩颜良，河北英雄丧胆
> 单刀会鲁肃，江东父老寒心（宜良小山后关帝庙）

> 匹马斩颜良，河北英雄丧胆
> 单刀会鲁肃，江南将士寒心（巍宝山关圣殿）

　　此两联皆通过《三国演义》故事，凸显了关羽的胆识过人、英勇无敌，盛赞其具备英雄之举与豪杰之气。

> 汉室孤宗，愧倒古今来二心臣子
> 桃园大义，唤醒天地间同胞弟兄（牟定南山寺关公殿）

　　此联上联以汉室孤宗入题，暗暗抨击世间二心之臣子，高度赞美了关羽精忠报国的大仁大义；下联以桃园结义为例，间接批评社会薄情之小人，极力褒奖了关羽真诚待人的深情厚义。

> 烛夜看麟经，一片孤胆昭日月
> 丹心扶汉鼎，千秋大义肃乾坤（文山县关帝庙）

　　此联上联借关羽秉烛夜读一事，赞美其志虑忠纯、正直无私的高洁品质；下联借关羽一心扶汉之举，赞颂其忠正耿直、深明大义的可贵精神。

> 审去就以立功名，虽西蜀偏安，炎汉还归正统
> 论英雄不再成败，纵荆襄无恙，天下已定三分（维西叶
> 枝武庙）

此联上联借蜀汉虽然偏安却归正统一事，彰显了关羽精忠报国的丰功伟绩；下联借三分天下之史，赞美了关羽光复汉室的千秋大业。

> 孟取义孔成仁公志其乃同载，仰百世之师后邹鲁仍称夫子
> 岳刺背张嚼齿侯节则犹过也，进千秋止祝迈唐宋独协帝天
> （巍宝山关圣殿）

此联上联借孔子、孟子取义成仁之举，赞美关羽大仁大义，可与孔、孟齐名，无愧"夫子"称号；下联借岳母刺字、张巡嚼齿之事，称颂关羽精忠报国，与岳、张相比有过之而无不及，当享"协天大帝"之殊荣。

> 金锁铜台安在哉，看一瓣余烟，犹存汉鼎
> 俎豆燃箕无论矣，问千秋同气，谁是机国（会泽武庙）

此联上联以金锁铜台为据，颂扬了关羽光复汉室的不凡功绩；下联以俎豆燃箕为典，盛赞了关羽大仁大义的可贵精神。

> 汉室多少英雄，任他几称帝，几称王，屈指算来，不过

纷争一事

　　桃园二三君子，惟公半为兄，半为弟，尽心做去，自然
事业千秋（华宁甸尾关帝庙）

　　此联上下两联通过对汉室纷争与桃园结义之对比，说明关羽之所
以能成为全国敬仰的典范、千古传诵的英雄，关键在于其身上凝聚了
赤胆忠心的大义与宽厚爱人的仁义。

　　不爱酒，不爱钱，不爱妇人，是个老头陀，只因眉宇间
带两字英雄，耽搁了五百年入山正果
　　又要忠，又要孝，又要风流，好场大冤孽，若非胞胎内
藏三分痴蠢，险些坐十八滩顺水行船（会泽武庙）

　　此联用嬉笑谐谑的手法，杂合"头陀""正果"等佛家术语，借
关羽秉烛户外、挂印封金、寻兄送嫂等事件的回顾，以关羽看似木讷
之举，反衬其高风亮节。作为万世瞩目的"真英雄"，关羽的品德让
人称赞，节操令人钦敬，英名传扬四方。

　　兄玄德弟翼德德兄德弟
　　友子龙师卧龙龙友龙师（大理大仓东山关圣宫）

　　此联上下两联借玄德翼德与子龙卧龙的名号，运用谐音双关手法
彰显了关羽对待兄弟、朋友与恩师的大仁大义与重情重义，可谓含义
隽永、匠心独具。

尊帝封王开臣子忠孝之路

削吴伐魏辟春秋道义之门（大理大仓东山关圣宫）

此联上联盛赞关羽因恪守忠孝之道而受到世人景仰，并屡获加封；下联颂扬关羽谨遵《春秋》精义而屡建奇功，不负英雄美名。两联均强调了忠孝仁义之道是立身之基、立国之本，当成为世人行事修身的准则。

南征北战赤兔青龙总相随

生前死后主公皇叔皆封侯（安宁草铺镇关圣宫）

此联上联称赞关羽征战南北，英勇威武，令人肃然起敬；下联颂扬关羽战功显赫，福祉家族，让人为之折服。

魏占天时吴占地利非人才所能挽也

孔曰成仁孟曰取义唯君侯是以当之（宜良小街关圣宫）

此联上联评述虽然魏国与吴国占据天时地利的优越条件，但终究难敌蜀国，这其实是高度赞扬关羽匡扶汉室的雄才大略与卓越之功；下联盛赞关羽不仅完美地继承了孔子与孟子的仁义之道，而且身体力行，谨遵教义精髓，将其发挥到了极致。

允文允武心存汉室三分鼎

乃圣乃神志在春秋一部书（腾冲关帝庙）

此联上联称颂关羽能文善武，以匡扶汉室、光复大业为己任，高度肯定了其精忠报国的雄心壮志；下联赞美关羽明春秋之精义，修春秋之大志，终修得神人之明，圣人之智，这又极力褒奖了其忠信仁义的高尚节操。

> 具英风雄才之胆义勇参天
> 存灭魏吞吴之心忠贞辅汉（腾冲关帝庙）

此联上联歌颂关羽英明勇武、胆识过人、重仁重义，具雄才大略，似天一般高远明亮；下联赞扬关羽一心除异、忠贞佐汉、深明大义，存报国之心，其心可见，其情可感。

> 心存汉室挂印封金震天地忠烈垂千古
> 志在春秋秉烛待旦惊鬼神节义传万年（腾冲关帝庙）

此联上联以挂印封金为据，对关羽忠贞扶汉、诚心事君、重义轻利的高尚节操进行了颂扬；下联以秉烛待旦为例，对关羽保持操守、光明磊落、孝悌仁爱的高贵品质进行了褒奖。两联均肯定了关羽的崇高地位及关羽精神的深刻影响。

> 赤面秉赤心，骑赤兔追风，驰骋时忽忘赤帝
> 青灯观青史，仗青龙偃月，隐微处见得青天（临沧关帝庙）

赤面秉赤心，骑赤兔追风，驰驱时忽忘赤帝

青灯观青史，仗青龙偃月，隐微处不愧青天（巍宝山
关圣殿）

此联以关羽的外貌、坐骑、兵器为切入点，对其文武兼备的形象
及忠贞不贰的高尚品德进行了赞颂。上联赞"赤面"的关羽，怀有一
颗忠贞的"赤心"，骑着赤兔追风骏马，为光复振兴汉室而竭忠尽力。
下联赞关羽在灯下苦读《春秋》，以修身励志为己任，并依仗手中青
龙偃月刀屡立战功，不负众望，无愧青天。

是忠义两言，真是毕生性命
爱春秋一部，用尽万世纲常（会泽江南会馆）

此联上联表明忠义是关羽的行事之本，下联揭示《春秋》是关羽
的立身之基，上下两联赞美关羽以《春秋》大义来修身行义，实为国
家之栋梁，社会之楷模。

青灯观青史，着眼在春秋二字
赤面表赤心，满腔存汉鼎三分（会泽陕西会馆）

上联赞颂关羽以儒家经典《春秋》为品德操守，使得"青史"留
名。下联颂扬"赤面"的关羽更有一颗报国"赤心"，能竭尽全力护
卫汉室江山。

维汉大纲常，读春秋昭明万古
西天称玉帝，发慈悲庇护群黎（维西县关圣殿）

此联上联称颂关羽谨奉社稷纲常，践行《春秋》精义的精神，下联赞美其荣登帝位，护佑苍生的义举。

　　千载丹心昭日月

　　一生英气秉春秋（宜良小街关圣宫）

此联上下两联说明关羽之所以能留名千载，光昭日月，关键在于他一生能秉承《春秋》法则，谨遵社会纲常。

　　志在春秋功在汉

　　忠同日月义同天（巍山关圣殿）

　　志在春秋忠在汉

　　心同日月义同天（会泽武庙）

此联上联赞美关羽恪守《春秋》之道，忠心耿耿，为匡扶汉室正统而屡建奇功。下联高度赞颂关羽的忠义之心可与日月争辉。

第二节　云南关帝庙碑刻中体现的关帝信仰

云南的关帝庙分布较广，无论是在通都大邑，还是偏僻乡村，皆有庙宇或神祠分布，且在明清时期尤为兴盛。许多地方在建庙、修庙、迁庙过程中，均有相应碑刻或艺文记录。通过对这些记录的梳理，我们不难发现，几乎每一篇碑刻或艺文都倡导和歌颂了关帝的高贵品质——忠、义、勇、武。

清光绪《续修嵩明州志》卷七《艺文》载《杨林关王庙碑记》：

> 窃尝考诸传记而有感焉。当汉之末，公能识昭烈于潜龙之际，与张车骑同以兄事之。昭烈在徐州，又以兄事其牧陶谦。谦妻乃苍梧太守甘公之女。谦既丧，众请昭烈为牧，东海别驾麋竺以妹妻之，生子曰禅。后曹操袭徐，昭烈奔袁绍。绍以公归许。甘、麋二嫂举营随之行，公尊之如母，奉之如严君，为作前后营，自居前营，以甘、麋居后营，使侍婢奉起居。而公昼理戎事，夜则以阅《左传》为辞，明烛达旦，倦即假寐而坐，吏卒更番侍立，往还凡百有余日，礼不敢废。其操守之洁，人鲜能之。公在许，曹使张辽（辽）揣其去留，公不隐实，以直告之。其磊落如此。他若战胜死节，载诸简册，人所易知者，尤彰彰然。[①]

清光绪《罗次县志》卷四《艺文志》载《初建关帝庙碑文》：

> 汉寿亭侯关公，忠义冠铄古今，荣耀简册，足振人心、励士气，寰海无不祠而祀之……侯体忠质义，如星日丽天，人无不仰，如江河行地，灵无不在。[②]

---

① 胡绪昌修，王沂渊纂：《续修嵩明州志》，清光绪十三年（1887）刊本。
② 胡毓麒修，杨钟璧等纂：《罗次县志》，清光绪十三年（1887）刻本。

清光绪《续修嵩明州志》卷八《艺文》载《重修杨林关夫子庙碑记》:

　　夫以帝之神明若此，天下古今之尊崇又若此，其在当时亦犹是人耳，人能事君忠，交友信，见利思义，见危授命，则人人之心皆有圣帝行。见兵戈偃息，海岳清平，在一邑则一邑安，在天下则天下治正，不徒勒石纪事为矣。[①]

光绪《姚州志》卷八《艺文志》载《重修关圣宫碑记》:

　　乾坤正气也，参正气者，斯为正神。盖生前赫赫，身担社稷，志救苍生，不顾难以全忠，不徇私而背义，为宇宙干城，为千秋金镜，简编纪载，享祀不衰。如汉寿亭侯关帝，为汉而生，为汉而殁，忠肝义胆，若日月之昭昭于天，如江河之浩浩于地。瞻庙貌，虽烈士亦为震心；想遗风，即懦夫亦为立志。其圣德之维持世教，何如也? [②]

清乾隆《赵州志》卷四《艺文》载《新建关夫子庙碑记》:

　　盖其忠孝节义，足以廉顽立懦，而其圣神文武又有以祚国福民，古所云：一人而师百世，一事而动千秋者，夫子有焉。……他如夫子生平大节炳耀史册，脍炙人口，可无庸赘，独异其精神之弥沦天下，贯彻人心者，如地中水随处皆在，

---

①　胡绪昌修，王沂渊纂:《续修嵩明州志》，清光绪十三年（1887）刊本。
②　陆宗郑修，甘雨纂:《姚州志》，清光绪十一年（1885）刻本。

惟视乎人之诚以格之，斯有以默夺捡邪潜，扶正气为不爽耳。①

在纷纭起伏的中国历史上，名将鸾翔凤集，不可胜数。精忠报国者有之，富国强兵者有之，护国佑民者有之，功勋盖世者有之，加官晋爵者有之，唯独关羽生前平凡，死后却屡受历代王朝加封。历代王朝不仅对关羽进行各种登峰造极的加封，而且在全国各地遍筑辉煌庙宇，精塑关羽神像，力图使关羽神灵声威天下。饶有意味的是，与统治者相对立的起义军，如李自成、洪秀全以及义和团等，无一不是把关羽作为重要神祇顶礼膜拜。不仅如此，全世界有三十多个国家和地区均设有拜祭关羽的社团组织，而且祠庙的香火异常兴盛，经久不衰。这种超越国籍、超越民族、超越时代、超越文化、超越阶层的文化价值趋同现象真可谓前无古人后无来者。关羽之所以能成为世界瞩目的重要神灵，关键在于其忠、义、勇、武的特质和世人对其超自然神力的坚信与敬畏。

明天启《滇志》卷之二十一载《重修永昌武安王庙记》：

> 汉武安关王之祠，天下多有。其在滇永昌，祀之谨甚，而颜以今号，则乡先生户侍张公志淳考正焉。或曰："王之翊汉，车辙马迹，未逮黔南也，九隆之人，胡为望而俎豆之？又胡为更数千祀而神故王耶？"我知之矣。宇宙间一正气也，正气之萃于人，生而将相，殁必为神。中古以来，岂乏英雄？惟棘情事机之会，或所事不正，虽各随世以就功名，逖稽往牒，其身殁而名存，世为天下笑者何限？王肇迹汉末，海内

① 程近仁修，赵淳等纂：《赵州志》，清乾隆元年（1736）刻本。

鼎沸，曹氏托名辅汉，海内文雅谋略之士争入其纲，独王挟义抗节，间关羁旅，得先主孔明为依归，逶迤百折，栖迟于孙、曹之间，艰危其身，至死匪悔，王之心，固必剪贼为期，使汉之为汉，跻于高、文、武、光，岂以割据为偏安哉？传称王雅好左氏《春秋》，夫《春秋》大义，尊天王，外戎狄，讨乱贼，固王之精忠所深契乎？彼其萃天地之正气，信有不待生而存，不随死而亡者，矧隆昌乃卧龙七纵之地，同功一体，道协志侔，其宣威炳灵，庇民护国，与霄壤以共敝者，理固然耳。①

清光绪《鹤庆州志》卷之三十一《艺文》载《关庙记》：

汉之前将军汉寿亭侯当炎火衰时，从先主奔走吴魏间，离而复合，而其志益坚，气益壮。迨鼎足既成，先主都蜀乃留守荆州，时威震东北，浩然有一统之志，卒未就而捐躯殉祸。褐议者悲之，谓君相俱有责焉，然其忠义已塞两间矣。盖忠义者，乾坤之正气，人道之纲维，可以薄云天，可以扶日月，能尽是者谓之圣，谓之神，而一时之功业皆为陈迹，可置而弗道。不然，古今勤业懋著而捐躯报主者，未可指数，而终鲜祀之者。即祀之，亦及之当世而止，兹独历唐及宋、及元、及明以及我朝，其间无地无专祀，而且进以王，进以帝，申锡无已者抑又何耶？今天子揆文奋武，勅天下诸庙祀而修明之，

---

① 刘文征纂修：《滇志》，清钞本。

甚盛典也。①

清光绪《罗次县志》卷四《艺文》载《续修武庙碑记》：

> 惟神有功德于社稷生民者，庙而祀之，此圣天子崇德报
> 功之典礼也。然或一代封之，久遂无闻，一时显赫，继则膜
> 焉。溯我关帝，侯汉晋、王宋，帝历代已极尊崇。迨经国朝，
> 尤昭灵贶。今圣天子尊崇愈隆，庙貌典礼，媲美大成，称曰
> "夫子"，中上遐迩，莫不庙祀，猗欤胜矣！而夫子之护国
> 佑民，亦无不有求必应。②

清康熙《黑盐井志》卷六《艺文》载《新建黑盐井汉前将军庙记》：

> 古之舍生取义，殁为神明者多矣，而汉前将军关公为最
> 著。公庙祀遍天下，山陬海澨罔不庀饬。③

清乾隆《晋宁州志》卷二十七《艺文》载《晋宁州重建关帝庙碑记》：

> 盖帝之在汉，去今若甚远，而其翊中国，而匡王室者，
> 亘千载如一日，是国家徼福于帝，而帝之有功于我明，赫赫
> 在人耳目，宜其立庙而崇事之者，无间远近南北也。④

---

① 王宝仪修，杨金和等纂：《鹤庆州志》，清光绪二十年（1894）刻本。
② 胡毓麒修，杨钟壁等纂：《罗次县志》，清光绪十三年（1887）刻本。
③ 沈懋价修，杨璇纂：《黑盐井志》，清康熙四十九年（1710）刊刻钞本。
④ 毛鳌、朱阳纂修：《晋宁州志》，清乾隆二十七年（1763）刻本。

民国《昭通志稿》卷四《官师志》载《武圣宫香火赀序》：

> 汉寿亭侯关公，去今二千余岁，天下之人莫不尊之敬之，盖其至性之感人者深也。迹其生平事实，早已家喻户晓，皆不具论，惟是圣人没而微言绝，秦火煽而异端兴，汉高帝以马上得天下，当时君臣□合，半在草野，焉知四百年之绪所赖以永存者，犹是圣人笔削之遗意。①

关羽忠、义、勇、武的特质符合封建社会统治阶级与普通百姓特有的伦理仁政观与道德礼教观。于统治阶级而言，忠、义、勇、武迎合了帝王统治利益的需要，是推行其政治教化的有力工具。而单纯的伦理教化对于普通民众而言，显得过于深奥与抽象。为了有效进行教育与推广，给意识形态附以适当的物质载体，就成了统治阶级的必然手段。对历史人物进行加封、祭祀，使之神化，继而成为人们顶礼膜拜的神圣对象，即是其中一种重要措施。这一措施起源较早，历朝历代都会采用。《礼记·祭法》曰："夫圣王之制祭祀也，法施于民则祀之，以死勤事则祀之，以劳定国则祀之，能御大灾则祀之，能捍大患则祀之。非是族也，不在祀典。"关羽自宋代获得敕封，历经元、明、清加封而地位愈尊，影响愈大，最终达到与人间帝王平起平坐，并与儒家祖师同班等辈的程度，甚至大有超越之势。加封手段的实施，使得关帝信仰广为流传、深入民心，各地修建祠庙的活动如火如荼，祭祀活动长盛不衰。这在碑刻中亦有记载。

清光绪《续修嵩明州志》卷七《艺文》载《杨林关王庙碑记》：

---

① 符廷铨修，杨履乾纂：《昭通志稿》，民国十三年（1924）铅印本。

宋元之君，世有追封之典，天下后世为将帅之臣祠而享之，固其宜矣。……汉前将军寿亭侯之神，生有功于社稷，享庙食于成都，礼也。后八百年，河东有盐池之妖，宋真宗诏二十五代天师干曜致神往戮其丑，复遣王钦若享祠以谢神，贶新其庙额曰"义勇"，追封武安王。又三百年，元文宗加谥"显灵英济"四字，由是天下皆有行祠圣庙。洪武壬戌平定云南，凡将帅之臣、介胄之士，咸慕公之神灵，冀以助扬威武，所在军卫，必建祠以祀之。①

民国《马关县志》卷四《艺文志》载《关帝庙碑记》：

盖闻敬天地事圣神，古今钦遵，恭惟神武。敕封灵佑关圣大帝忠心贯日，主万世之纲常不坠，义气薄云垂，亘古之规矩恒新，圣天子崇其祀典，享以太牢，臣士民仰瞻神威，朔望九叩。②

清道光《赵州志》卷五《艺文》载《弥渡江西吉安府会馆碑记》：

关圣帝君忠肝义胆，日照月明，塞乾坤，亘古今，历代屡锡王爵。我朝特封三代，春秋祀以太牢，山陬海澨随在有庙。③

清乾隆《蒙自县志》卷六《艺文》载《重建汉关夫子庙碑记》：

---

① 胡绪昌修，王沂渊纂：《续修嵩明州志》，清光绪十三年（1887）刊本。
② 张自明修，王富臣等纂：《马关县志》，民国二十一年（1932）石印本。
③ 陈钊镗修，李其馨等纂：《赵州志》，民国三年（1914）重印本。

入庙而拜，办香而祝，若固然无疑者，又岂非正气之充塞两间，独萃于公之一身者乎？而近世以公之神灵在天宜称为帝，夫奸雄僭窃，公平生所深疾而不与戴天者，天无二日，民无二王，幽明一理，公之至诚不息，岂必假此而后重乎？①

清光绪《姚州志》卷八《艺文志》载《重修关圣宫碑记》：

我朝崇德报功，兰宫桂殿，彩绚云衢，端拱垂旒，威生辇毂。是以大小臣工，靡不拜首瞻仰，可见在天之灵，炳燿于今日者也。以至九州内外，僻壤遐方，无人不尊，无人不亲，凡雁难困抑，往来休咎之征，叩无不答，云中显相，大可想矣。②

清雍正《马龙州志》卷十《艺文》载《迁建汉寿亭侯庙碑记》：

苟有抱负非常，扶义而行，正气磅礴，独立于千古之上，揭日月而亘山岳者，必有无穷之报，则汉寿亭侯关公其人已。公生于汉之季，去今千数百年，假令志节未彰，斯亦已以矣。有于庙祀之隆平，乃公以旷代之雄，树过人之绩，历千百年后有赫厥声，有濯厥灵，凡诸寸地尺天之内无不作丹举祀，虽以龙瘠隘之乡，亦必肖像而专祀之。③

民国《大理县志稿》卷二十七《艺文部》载《重建关庙记》：

① 李焜纂修：《蒙自县志》，清乾隆五十六年（1791）钞本。
② 陆宗郑修，甘雨纂：《姚州志》，清光绪十一年（1885）刻本。
③ 许日藻修，杜兆鹏纂：《马龙州志》，清雍正元年（1723）刻本。

然而忠义炳烈，上贯日月，故虽殁而精爽犹足，以威敌
后之用兵者，未有不于侯而乞灵焉。宋天禧中诏封武安王，
所在立庙，故边城咸得祀侯。[①]

封建统治阶级对关羽的层层加封，使得关羽形象日渐高大，地位
日渐尊贵。在儒、道教义的逐步浸润以及佛、道神话的逐渐渗透之下，
关羽形象也渐渐被光环笼罩，终被推上神坛。而民众在万物有灵、因
果报应、轮回转世等思想观念的影响下，自然会赋予关羽形象超自然
法力，最终尊奉其为神灵。

清雍正《呈贡县志》卷三《艺文》载《新建关帝庙记》：

丙辰秋，贼据罗藏山，掠归化，惴惴不免。余乃请兵于
督抚，公曹兵、宪公朱追捕之，大有斩获。佥谓：昔兵捕贼，
为贼所败，至今莫敢议捕，今一战而克，非人力，神殆助之。
庙貌粗备，余力亦疲，意止矣。偶征梦若告以舆卫之尚阙，
又增马廊于前。需钟鼓香鼎供案，次第具举，庙事始竣。[②]

清乾隆《晋宁州志》卷二十七《艺文》载《晋宁州重建关帝庙碑记》：

自世庙来，国家多故，尝北拘胡而南珪越矣。龙朔之野，
鲸浸之堀，每一接兵，帝往往瞥见，曾穹中紫髯长刀、云旗赤
骥，若以观乎其形，而聆乎其声，阴助而默佑之，敌人胆落

---

① 张培爵等修，周宗麟等纂：《大理县志稿》，民国五年（1916）铅字重印本。
② 朱若功修，戴天赐等纂：《呈贡县志》，清雍正三年（1725）刻本。

魄褫，奔溃四北，禽戢兽遁，而不能一当乎。迄今海波不扬，胡人不敢南下，而牧马者莫不诵帝之烈。[1]

清乾隆《白盐井志》卷四《艺文志》载《鼎建石羊关帝祠记》：

是岁，河水溁溁，北流溃溃，向之奔泻不注者，今环川皆潴也，井灶其有起色乎。读父老私相庆曰："非大帝有灵庇明公，功德曷克臻此？"往习仅在西山古刹，殊非人臣北面之义。殿成奉龙亭于其中，更严其帐御，亦以肃朝常也。[2]

清道光《普洱府志》卷十九《艺文》载《灵源宫关圣殿碑记》：

曩者产盐之地既建，龙神祠敬答鸿庥。继则攘剔榛莽，疏沦泉石，复建灵源宫于出水之源。昭岁祀也，乃士民等尤有勤，求福国佑民之心。曾迎关圣像供奉龙神祠中，其亦览《山西通志》所载解州圣里有盐田焉。为蚩尤作业，水忽尽淡。祝威灵驱遣，卤乃如故。因闻而兴起者乎？然未有专殿，何伸虔恪？今士民等议于灵源宫右，拓地高爽，捐赀庀材，择吉兴工，新建圣殿三楹。东西翼以两厢，前构配厅，以壮观览。[3]

因为坚信关帝有灵，民间对关羽的崇奉异常兴盛。在百姓心目中，关羽是一位无所不能、有求必应之神，因此，无论遇到什么困难，无

---

① 毛毅、朱阳纂修：《晋宁州志》，清乾隆二十七年（1763）刻本。
② 郭存庄纂修：《白盐井志》，清乾隆二十三年（1758）刻本。
③ 李熙龄续纂修：《普洱府志》，清咸丰元年（1851）刻本。

论有什么样的诉求，百姓都诚心向关羽祈祷，希望得到各种保佑。

清乾隆《晋宁州志》卷二十七《艺文》载《晋宁州重建关帝庙碑记》：

> 顷者莽菌跣扈，觊窥中土，滇西告急，方修师以张天讨，不谓俨然临乎壁垒，若翌若相，一鼓而殄之，执馘献俘，边陲宁靖，此帝之大庇于滇，滇人宁自外而不思所以感报耶？况雨旸祈以时，盗贼祈以弭，疾疫灾害祈以殄息，有功而祠，莫帝为大，胡谓其弗享也？然兹役也，益叹帝之神，不可识测云。①

清乾隆《赵州志》卷四《艺文》载《新建关夫子庙碑记》：

> 州治旧有夫子庙在署之左偏，地势隘陋，不足安神灵，而肃瞻仰，夫庙制宏壮则人倍生其敬，而神亦愈著其灵，矧民之于神也，水旱必祈，灾疠必祷，尤不可以苟亵。②

清道光《普洱府志》卷十九《艺文》载《灵源宫关圣殿碑记》：

> （关圣殿）落成之日，别塑像，装严毕具，仍迎前请圣像于殿座，春秋享祀，时祭聿修以符，众志之诚以崇祈报之典，由是仰赖神威之永镇与龙德之普施，福被遐陬，庥蒙商边，氓之饮和食德者绵延悠久，美利不穷，是则守土者所虔祝默祷于弗替者也。③

---

① 毛瓒、朱阳纂修：《晋宁州志》，清乾隆二十七年（1763）刻本。
② 程近仁修，赵淳等纂：《赵州志》，清乾隆元年（1736）刻本。
③ 李熙龄续纂修：《普洱府志》，清咸丰元年（1851）刻本。

在这样的文化背景与心理导向下，信仰关帝得到的福佑与不信仰关帝受到的惩罚主导了百姓的思想，从而使他们执着地认为，只有诚心崇拜才能行事顺畅，否则必将招致报应。因此，地位不同、身份不一、民族各异的人们无不对关羽充满了敬畏与崇敬。这样一来，庙宇修建之广，信仰百姓之多，信奉心理之诚就是自然而然的了。

清光绪《罗次县志》卷四《艺文志》载《初建关帝庙碑文》：

> 况庙貌赫然，戟门巍峙，凡缙绅编氓，揖而跽者，过而趋者，伏腊而蒸尝者，不俨然畏，慨然感，遶遶然易险诐而忠义，则雕题凿齿，行将尽膏道德，其于庠序教人，宁无少补，岂与侈土木、崇淫祀者可同日语哉？①

清雍正《白盐井志》卷八《艺文志》载《重建关圣庙记》：

> 故至今智愚贤不肖，莫不心知有帝。而中州之通都大邑、雄镇名区以及僻坏穷乡，皆隆庙貌焉。滇处极边，武侯南征时帝已殂落，未尝至滇也，而滇人之奉帝者亦与中州无异。②

清乾隆《东川府志》卷二十《艺文》载《新建关帝庙碑记》：

> 帝君之为灵昭昭也，亘河岳，绵日星，庙食遍天下，虽妇人小子皆知其为灵也。大哉神乎！生为万人之敌，死为千

---

① 胡毓麒修，杨钟璧等纂：《罗次县志》，清光绪十三年（1887）刻本。
② 刘邦瑞纂修：《白盐井志》，清雍正八年（1730）刻本。

载之英，浩浩落落，千古不磨者，万世难竝。①

清道光《普洱府志》卷十九《艺文》载《重修关帝庙碑记》：

> 圣帝君赫声濯灵，垂千百年，威若雷霆，恩如雨露，今此下民有感必应，非若佛道诸神于虚无想象中以求之者。是以上自天子，下至庶人，近而中华，远而蛮貊，无论智愚贤不肖，咸加敬礼而祠祷之，所谓凡有血气者莫不尊亲也。②

清光绪《腾越厅志稿》卷十七《艺文志》载《重修腾越州神勇关帝庙碑记》：

> 关帝庙以神勇称者，乾隆二十五年，从山东按察使司沈廷芳奏请，易名壮缪谥为神勇也，盖自京师通邑大都，以至边徼绝域，莫不有庙。而闻帝之名者，虽妇人小子，武夫悍卒，皆肃然起敬。③

清乾隆《赵州志》卷四《艺文》载《新建关夫子庙碑记》：

> 朝廷设官守土安祀明神，凡有功德于民及忠孝节义，足以风世而立教者，类歆庙食载在祀典。然神以地殊，独汉关夫子庙祀遍天下，几与孔庙等，名色巨卿以逮武夫悍卒、妇

---

① 方桂修，胡蔚纂：《东川府志》，清乾隆二十六年（1761）刻本。
② 李熙龄续纂修：《普洱府志》，清咸丰元年（1851）刻本。
③ 陈宗海修，赵端礼纂：《腾越厅志稿》，清光绪十三年（1887）刊本。

人小子，无不过庙敛手瞻仪肃拜。①

清乾隆《蒙自县志》卷六《艺文》《重建汉关夫子庙碑记》：

> 而闾巷常谈辄以公之骁勇善战与夫秉烛不乱诸小节为公
> 重，岂能知公之万一乎湜，每俯仰古今，尝叹孔子而后，祠
> 宇遍天下，即荒徼绝域，妇人孺子皆知公之姓字。②

总之，云南关帝庙宇众多，碑刻及艺文丰富，相关内容展示了云南地区关帝信仰的源流、背景、百姓信仰关帝的盛况及关羽在人民心目中的形象地位。对这部分内容进行搜集、整理及解读，可以帮助我们了解云南关帝信仰的历史与传播途径，加深对云南关帝信仰文化内涵的理解。

第三节　云南神话故事中体现的关帝信仰

关羽在儒释道三教的共同推动下，屡经朝廷册封而荣登帝位，并迅速上升为神。伴随着他的上升与神化，众多关帝显圣神话故事由此产生，并获得广泛流布与全面发展。云南自关帝信仰从中原传入后，亦把关羽作为神中之神来供奉与敬仰，建庙与祭祀活动兴盛不衰。在

---

① 程近仁修，赵淳等纂：《赵州志》，清乾隆元年（1736）刻本。
② 李焜纂修：《蒙自县志》，清乾隆五十六年（1791）钞本。

这一过程中，关帝显圣故事亦喷涌而出。

与全国各地的关帝显圣故事一样，云南的关帝显圣故事主要宣扬关羽的忠、勇、仁、义，内容集中反映云南军队或百姓与敌方或贼寇进行斗争的过程中，在生死存亡的紧要关头，关羽突然显现，救军队或百姓于水火之中，使敌方或贼寇闻风丧胆、溃败逃散的主题。在这些故事中，关羽提刀挺立、百战百胜，表现的是作为战斗之神的勇猛无敌；关羽救苦救难、惩恶扬善，表现的是作为正义之神的公正无私。

明隆庆《云南通志》卷十七《杂志》载：

　　神威退贼　宾川州北力角三营正德间遇贼，村人皆逃，惟卜御、连环二人持棒御贼对敌。良久，人谓其必死。既面贼，自奔退，二人无恙。自是贼不复至。贼曰："彼时见关王绿袍赤马，挥刀下来，是以逃也。"①

明隆庆《云南通志》卷十七《杂志》载：

　　（临安府）擒贼应梦　嘉靖甲子，临安卫指挥吴子忠守备金沧、洱海二道。时嶍峨、新化、南安等处强贼老哈、阿益等肆行劫掠。巡抚吕光洵命忠掳之。忠祷于武安王祠。是夜，梦武安王授以方略。及觉，如其指授擒获，无有爽者。②

清光绪《东川府续志》卷三《异闻》载：

---

① 李中溪纂修：《云南通志》，民国二十三年（1934）龙氏重印本。
② 李中溪纂修：《云南通志》，民国二十三年（1934）龙氏重印本。

咸丰三年三月二十八日之变　晚饭后回，匪由西城外纵火烧杀。时西南风大作，烟焰滚滚入城，百姓呼号救护，声震天地。至夜半，楼橹将燃，正在危急之际，忽见火光中有一大神握大刀立女墙上，以刀往外频指。顷刻，风反火退，城内得以保全。后卟语云是关帝显圣，贼平。阖郡士民宰牲酬谢。咸丰七年九月，有白蝶自北而来，飞蔽天日，经旬不散。未数日，遂有土匪烧杀夷人之事。①

清康熙《嵩明州志》卷二《古迹》载：

关帝雷雨　明天启二年，东酋围州。刺史王育德百计守御，虔祷于神。贼见帝君周行城上，贼目等惊怖。是日，雷殛死二贼，城得全。王公为匾，识其事。②

清康熙《永昌府志》卷二十六《杂纪》载：

神灵　万历间缅酋犯姚关焚施甸，距永昌将二舍，忽云中隐隐见关圣提刀驰骑，后拥旌旄戈甲无数，贼仰观惧怖，遂遁去。岳军自芒市谋寇，腾越距州地五十里，忽仰见关圣挺立云表，如拒敌状，遂惊溃，不敢入境。崇祯间，郡人王盘勾夷人作乱，攻永昌，推宫陈荀业御之。至暮，忽自退去，后擒其人，问之，云见关圣率众当城，故惊走耳。③

---

① 冯誉骢续修：《东川府续志》，清光绪二十三年（1897）刻本。
② 王暟修，任洵纂：《嵩明州志》，清康熙五十九年（1720）刻本。
③ 罗纶修，李文渊纂：《永昌府志》，清康熙刻本。

民国《新纂云南通志》卷二百六十五《附录》载：

> 建水县城西五十里曰榴村，村外有关帝庙。咸丰七年，贼骤至村，人尽匿庙中。贼将入掠，见烟雾中兵马无数，嘶喊之声远闻数里，贼遂惊散。[①]

民国《维西县志》卷四《轶事》载：

> 关圣灵迹遍华夏。我邑虽边，而圆龙山所供奉之关圣其灵爽浮。诸父老传闻及近时所昭著者有二。一前清嘉庆壬戌之役，邑之康普区人恒乍崩叛，沿江人闻风响应，匪众兵单，防御不及，沿江一带失守。匪数千直扑维城。绿营官兵大半出防，城空无人抵御，匪行至腊普湾塘，见茫茫云雾中立一红脸长须大汉，一手揽须，一手执刀，一足立圆龙山顶，一足跨青龙山头，匪惊骇而退，城池得以保全，间阎不致涂炭，实幸关圣人护也。一则民国六年，兰崔才保为兰坪县石登村县佐，詹盛金办理禁烟。太辣变乱，分道窜鹤、丽、剑、维西。正月大股匪三千余由西山入。寇一股由树苗路北箭道而来，一股由南城脚而进，虽我邑抵御得力，将匪击退。事平后而据失败之人说，初来扑城击，退败时，见满山林有无数红号衣。关宇（羽）兵来，击以致败走之说果尔，则关圣之灵爽凭式于我维者较他处犹为最也。乙巳年阿墩蛮匪叛乱，驻防军失利，蛮人声气汹汹，有席卷之势。金沙、澜沧两江居民

---

① 龙云、周钟岳纂修：《新纂云南通志》，民国三十八年（1949）铅印本。

逃避一空，丽江守副营务处李盛卿行营驻圆龙山顶关圣庙内。李守迭具文电请兵不到，焦灼之至，欲退守则职守所关，欲抵御则兵力不及。筹维再四，祷求关圣，示以动不如静，因增筑圆龙炮台及防守方略，匪侦其有备，不敢进，得以保全。旬余，大兵到，分道剿办矣。①

民国《续修建水县志稿》卷之十《古迹》载：

　　石留马迹　在城西老李洞石关坡。嘉庆间窝泥酋长高罗衣马哈扎叛道经此地，忽见关帝乘马当道上，贼大骇，却走石上，留马迹无数，深寸许，今犹存。相传为帝君灵异云。②

民国《新纂云南通志》卷二百三十《武功传》载：

　　（昭通府）普国正，字定邦，号世臣，永善人，世袭土知府。同治末，有姚会首者以邪教煽惑乡民立管军掌教等名目，纠众千余，叛踞桧溪各地。国正奉命率乡兵数百与右营游击谭美往剿。相传姚会首有邪术，能以飞剑斩大将之首于军陈中，每战必使两人舁关帝磁像立于阵前，官军为之气夺。国正奋然曰："彼邪不胜正，何畏之？有明日吾不阵斩彼伧者，誓不生还。"次日进战，果大破之。斩会首，并将关帝像夺获，乱平。叙功保奖花翎，年七十二卒，子承忠袭职。③

①　李炳臣修，李翰湘纂：《维西县志》，民国二十一年（1932）修钞本。
②　丁国梁修，梁家荣纂：《续修建水县志稿》，民国九年（1920）铅印本。
③　龙云、周钟岳纂修：《新纂云南通志》，民国三十八年（1949）铅印本。

云南关帝显圣故事中另一类题材留存较多，讲述的基本都是各地水灾发生时，周围建筑皆被冲毁，而独独关帝庙宇、神像、经书得以保留，并安然无恙的故事。在这些故事中，关羽排除万难、牢不可摧，表现的是其作为忠勇之神与护卫之神的忠贞刚毅。这些故事从侧面反映了关羽在云南人民心目中至高无上、神圣不可侵犯的地位，同时也从深层次上反映了封建伦理观念的根深蒂固，以及统治阶级借之构建集权统治的强烈意图。

清雍正《白盐井志》卷八《艺文志》载《重建关圣庙记》：

> 白井小邑耳，帝庙前建于北关外，其神最灵。崇正三年水灾时，帝像漂至金沙江，屡次显神，江边彝人莫不敬畏，越数百里送回，仍归本庙。[①]

民国《盐丰县志》卷十一《艺文》载《关帝灵验记》：

> 白井为滇西产盐所，地界两山之间，中央一河，万氏灶户错处两岸，盖楚郡一大都会也。河之上流高且阔，下游卑而湿，昔人建关帝庙于河北山脚下，庙外梁木桥一座，以通往来。桥身视墙基约高三四尺，识堪舆者以为锁镇风水云。道光丙午年六月二十五日夜，雷雨大作，河水骤涨，波涛汹涌，掀天而起，势不可遏。两岸居民呼号骇奔，无不惊惶，意必尽为波臣矣。忽见半空中有红光一片欸然，自北而来，坠于河干，水势为之顿息。比及天明查看，房屋淹坏者不可胜纪，

---

① 刘邦瑞纂修：《白盐井志》，清雍正八年（1730）刻本。

而人丁所伤甚少。沿河一带津梁尽被冲没，独庙外木桥无恙也。由是人皆惊异。视水痕从桥上经过，己而庙东一带围墙逼近河岸，毫无损坏，墙脚下沟洞数孔，河水亦未浸入院内。始悟夜来红光殆即神灵所默佑也。更可异者，旧时白井善士刊刻《觉世真经引证果报》一部，板存五马桥匠工高发杨家。是夜水涨，人皆逃遁。次日回视，左右房产尽委泥沙，独匠工藏板茅屋尚存，冥冥中似有呵护之者。噫，异矣！帝君之灵固彪炳于宇宙矣，兹乃于荒陬僻壤之间，疾风骤雨之际，遏河伯之肆虐，回狂澜于既倒，使烟火万家不至沦胥以亡，地鲜为沼之叹，民无其鱼之嗟，其功德之及人为何如？且也庙貌依然，经板如故，济人觉世之深心不更昭然若揭也哉？[①]

清道光《赵州志》卷五《艺文》载：

弥渡僻处滇隅，豫章人士建祠崇祀，阅今数百余年。设像之初，圣帝化一壮士，伟貌长须，示匠人云："像已肖矣，但鼻孔微窄。"昌以无名指试之，匠乃滂开鼻孔。言毕，忽不见，始知为圣帝显灵。壬辰地震，弥市城垣颓坏，圣庙亦溃，独中殿柱头橡梁架如井字，围绕圣像须眉，毫无卸损。后连遇水患，庙之左右冲塌，而圣庙无虞。明末沙酋猖獗，延蔓至弥，圣帝显像，单刀金铠，贼势即退。是日，圣脐珠光满殿，面□如雨，弥之人民遂得安堵，嗣是有祷必应，崇祀益虔。[②]

---

① 郭燮熙纂修：《盐丰县志》，民国十三年（1924）铅印本。
② 陈钊镗修，李其馨等纂：《赵州志》，民国三年（1914）重印本。

清乾隆《白盐井志》卷四《艺文志》载《鼎建石羊关帝祠记》：

> 先是，庚午之变，民胥溺过半，问诸水滨，无一复者，独帝行像入水不溺，走数百里，越半载余，仍得迎归乡井，此其事亦奇矣。虽然无足奇也，帝固有灵，匪人弗依，飘然而往，惓然而来，史罶氏所谓"神依人行，理有固然"者。①

清康熙《黑盐井志》卷八《艺文》载《新建黑盐井汉前将军庙记》：

> 辛未八月望七夜，井水灾，山崩填塞，东西岸相接，水阻不流，岩倾桥坏。庙在岩下，舍宇湮没，独公像坐崩土上，在河中，南向。既明，井人见之，来往相传，以为神异，襄香匍匐者竟日。盖以庙视山，则山之崩者不啻千万倍，以庙视桥，则桥之圮处不啻什百倍，今庙与桥俱不可复识，而庙貌独存，此谓无神焉不可。②

民国《新纂云南通志》卷二百六十五《附录》载：

> 咸同之乱，新平罗呂关帝庙被贼焚尽，而神像犹存。村人起草屋覆之。一日，神像失去，若人之由坐而起去者，遍寻之，竟杳然。③

---

①　郭存庄纂修：《白盐井志》，清乾隆二十三年（1758）刻本。
②　沈懋价修，杨璿纂：《黑盐井志》，清康熙四十九年（1710）刊刻钞本。
③　龙云、周钟岳纂修：《新纂云南通志》，民国三十八年（1949）铅印本。

云南民间关帝显灵的故事还有很多，皆充满了神话色彩，能让人在惊异之余更增敬畏之心，因而能虔心侍奉。显灵故事大致有以下几类：

1. 或以神显

民国《新纂云南通志》卷二百六十五《附录》载：

> 道光元年，车里刀太康以缅子至思茅，将为乱。知府王定柱单骑逆于大青树。谕退之前一夕，农人有夜宿田间者，见数百人出六顺土署中，一骑马者似官衔枚疾驰，异而尾其后，见入玉屏山关帝庙。往探，则庙门实扃。骇甚，匿田中伏窥。有顷，则俱出。更有骑赤马者率众向南去，意是关帝与龙神显灵也。①

民国《景东县志稿》卷一《天文志》载：

> 祥瑞灾异　文宗咸丰七年丁巳，李生王瓜，天雨血，大水漂没房屋民人无数。关庙内周仓所执大刀突出手一二寸，处处皆然。而泥像完整如故。细验肩臂，并无断折痕。②

2. 或以字显

清光绪《永昌府志》卷六十二《杂纪志》载：

---

① 龙云、周钟岳纂修：《新纂云南通志》，民国三十八年（1949）铅印本。
② 周汝钊修，侯应中纂：《景东县志稿》，民国十二年（1923）石印本。

　　乩笔　太何山右旧建白衣阁，前殿中龛祀关帝像，左祀药王，右祀财神。咸丰间，有请乩者。关帝降坛，题一联云："纵吕蒙白衣渡江，大丈夫何尝畏死？任曹操黄金铺地，真豪杰原不贪财。"①

清咸丰《邓川州志》卷末《杂异》载：

　　谢雷表　明崇祯元年，雷击死府皂赵会成于邓境之三道桥，硃批其背曰"刁讼害人邑绅艾某"。闻之，作《谢雷表》，付道士王锡命于九皇会斋坛焚之，已踰五年矣。一日，诸生乩科名于吕真人，关帝降鸾云："艾某《谢雷表》已达上帝矣。"②

3. 或以梦显

清光绪《云南县志》卷六《祠祀志》载：

　　关圣庙　在云南驿。先是殿宇残缺，道光二十三年，总督桂良将西巡，梦示异。比至驿晋谒，宛然梦景，惊异久之。其后两梦如之，遂嘱知府关炳、知县董宗超捐金督工重修，桂良撰碑。咸丰七年毁。③

---

① 刘毓珂纂修：《永昌府志》，清光绪十一年（1885）刊本。
② 钮方图修，侯允钦纂：《邓川州志》，清咸丰四年（1854）刊本。
③ 项联晋修，黄炳堃纂：《云南县志》，清光绪十六年（1890）刻本。

4. 或以物显

清雍正《阿迷州志》卷二十三《灾祥》载：

> 旧关圣庙钟　钟在庙中坠地，久为土所壅，至康熙六十年八月，忽自鸣三日。州人诧异，复作新架悬之。①

清道光《普洱府志》卷二十《杂记》载：

> 通关哨有关帝铜像，腹脐有孔，内有蜂，无敢窥者。窥之，则蜂从孔出螫人。嘉庆二十五年，普洱官兵出师临安，蜂随之去。师旋，蜂亦回。土人相传为雍正间元江民避土寇，舁神像入普，至通关，重不可举，遂立祠祀焉。②

5. 或以化身显

清光绪《腾越厅志稿》卷二十《杂记志》载：

> 刘綖将军　綖少豪纵，与叶羽便师曾铣，尽得其艺术。躯貌雄伟，眉宇若神。用镔铁刀，重百二十觔，马上轮转如飞，时称为刘大刀。每装束，临阵神采忽变，如俗画关帝像。矢石至马前五尺许自坠地，不得近，盖得金钟罩术也。綖以父显故，早立勋绩，而羽便犹如故。迨綖入辽，铣书荐之于綖，未至，綖已死，世传其死时犹著刑天干戚之异云。③

---

① 王民皞纂修：《阿迷州志》，清康熙钞本。
② 李熙龄续纂修：《普洱府志》，清咸丰元年（1851）刻本。
③ 陈宗海修，赵端礼纂：《腾越厅志稿》，清光绪十三年（1887）刊本。

　　在云南关帝显圣故事中，关羽不仅是福泽一方的武将，更是一位体贴入微的善人，他能将恩德与光芒洒向每一个急需帮助的个体。尤其是对于一些品质纯良、忠诚孝悌之人，他显得更加慷慨与仁慈，往往能在人危难之际鼎力相助，助人冲破险阻，脱离苦海。这些故事中的关羽身兼多职，反映了普通百姓对关羽的期待与认可，也反映了云南关帝信仰世俗化、人性化的一面。

　　清光绪《鹤庆州志》卷二十四《人物志》载：

　　　　李光炜　字合充，贡生，处己端方，手录程朱语录以自课，尤喜劝善诸书，谓其可化下愚之人，故多镂板广布。幼时以事他出，闻父疾，奔回。途中有武安王庙，即入叩祷，请减己年，以益父寿。空中闻神语曰：“尔父无忧尔，年九十。”父疾果愈。光炜年至九十三始卒。[1]

　　清康熙《云南府志》卷二十五《杂志》载：

　　　　左氏春秋　孙清慤公继鲁幼有疾，梦汉寿亭侯授以《左氏春秋》。觉而疾愈，读之遂成诵。[2]

　　这些故事中，关羽能驱疾除疫、增福增寿，展现的是其医治之神与福报之神的形象。

　　清光绪《鹤庆州志》卷三十二《杂俎》载：

---

①　王宝仪修，杨金和等纂：《鹤庆州志》，清光绪二十年（1894）刻本。
②　张毓碧修，谢俨纂：《云南府志》，清康熙刊本。

又传侍御计偕梦汉寿亭侯赐以律一矢，云得此七矢则中矣。已而梦神人赐笔者数夕。及试前则满七矣。遂得第，比为县令。卧病中，恍惚见侯引诣上帝，赐昙八十，盛酒者四十四，余无所贮，后得年止四十四。①

清道光《开化府志》卷一《人物》载：

张学文，字行先，号澄波，住北桥外莱园领。嘉庆已巳岁贡。其为人清贫自守，外和中介，历数十年，人莫能干以私当。童年时，拾金不昧，乡族重之。及长，读书钟林，常梦关帝教以作人之法，持身逾谨。顷之就试，冠弟子员，甚为学宪王赏识，寻食饩年。四十开贡，六十卒，识者方之岁寒松柏云。②

清乾隆《蒙自县志》卷五《杂录》载：

禄有政事关圣最谨。乡试时见神执刀立闹前，刀上书《诚意》章首节。及入闹，果是题，遂获售，因题"神功默相额"于关圣庙，以酬神贶。③

在这些故事中，关羽巧设玄机，亲临教化，展现的是文教之神与福报之神的形象。

---

① 王宝仪修，杨金和等纂：《鹤庆州志》，清光绪二十年（1894）刻本。
② 何怀道等修，万重赟等纂：《开化府志》，清道光九年（1829）刻本。
③ 李焜纂修：《蒙自县志》，清乾隆五十六年（1791）钞本。

清乾隆《腾越州志》卷十一《杂记》载：

> 俞保，山西解州人。万历初年保戍腾越。妻王氏颇知书，日将粒米作信香，旦夕祷关帝。诵诗曰："信香一粒米，客路万重山。一香一点泪，流恨入萧关。"终岁米给如许。俞保在伍，一夜闻关帝呼曰："汝妇虔诚，汝欲归否？"保伏地乞归。呼令揪马驰行，猎猎风声，已落乎山中。天晓，乃知为解州城外。抵家扣门，王氏惊疑。保道所以，方出抱哭，随诣庙谢。明日赴州言状，移文腾越，查之保离伍仅一日，而伍簿复有"关圣勾免"四字，保军遂得免。①

清康熙《楚雄府志》卷七《人物志》载：

> （定远县）明孟继祥，秉性醇谨，嘉靖中客贩广东，资折难归。生平虔奉关圣，弗懈。家中闻继祥死，设灵于堂，欲逼嫁其妻。其妻坚誓靡他。至岁腊，族人阴受人聘，约次日来娶，氏未之知也。是夜，继祥在广，念值岁除，流落悲咽，忽昏夜中见关圣呼继祥，谕曰："吾悯汝生平信义，汝欲归，可瞑目攀刀。"继祥拜跪如谕。耳中但闻飒飒风声。将旦，命祥释手，祥开目视之，即定远南狮子山塔下城郭在望。踉跄抵家，其妻及邻里诧为鬼，已而知其生还，夫妻悲喜交集，方知是日即遣嫁其妻之日也。祥礼关圣愈诚，舍家为庙，终

---

① 屠述濂纂修：《腾越州志》，清光绪二十三年（1897）重刊本。

身奉祀。①

这些故事中，关羽体恤民情，救危济困，促亲团聚，极具亲和力，展现的是其保护之神与福报之神的形象。

总之，云南关帝显圣故事中，关羽身兼多种神职而成为万能之神。云南百姓逢事必求，对其充满敬畏和景仰，而关羽"有求必应"，这也是云南关帝信仰长盛不衰的一个重要原因。

第四节　云南民间善书《洞冥宝记》中体现的关帝信仰

民国九年（1920）至十四年（1925），云南洱源鸾堂代表惟一子以扶乩方式写成一部鸾书《洞冥宝记》。这部书借鉴传为汉人郭宪所撰的《洞冥记》，通过对幽冥世界荒诞离奇的神仙故事的记叙，凸显了下层地狱的惨痛不堪与上层天宫的美妙绝伦，抨击了当时礼崩乐坏的社会流弊，特别是借地狱审判与轮回制裁制度，告诫世人应改过从善，回归以五伦八德为核心的伦理社会与理想生活。

《洞冥宝记》全书一改过去民间善书劝恶从善的宣讲方式，采用民众喜闻乐见的章回小说体形式，围绕关帝展开故事情节。书的开篇即交代了故事发生的背景："清朝末年，人心已坏，种下祸根，孔教不遵，崇尚新学，纲纪渐废，习染欧风，以至五伦不讲，八德全亏，

---

① 张嘉颖修，李镜、刘联声纂：《楚雄府志》，清康熙五十五年（1716）刻本。

将文明礼教之中华，胥沦为禽兽黑暗之世界。天柱折也，地维倾也。"① 在这样的情况下，天庭愤怒。"上皇驾坐凌霄，下望黑气腾腾，布满世界，不禁拍案大怒，曰：'何下界之人，恶孽如此其甚哉？是不能不降之大罚也。'当时即晓谕诸天仙佛圣众，并敕冥王造具恶籍，速呈玉案，随敕各部神将天使天丁，分布刀兵、水火、雷霆、瘟疫、豺狼、蝗虫、旱涝、饥馑等灾，务令收尽恶人，以充劫数。歼除之后，驱入冥府，永堕地狱，历千万劫，不复人身。着速照旨施行等谕。"②"关帝、文帝、吕帝、颜帝、大士，是为五圣，见旨已倒下，难以挽回，而又不忍下民受此惨劫，复联班长跪，泣涕叩恳，声随泪下，湿透襟袍。上皇仍不允，五圣因救民心切，叩头泣血，一连跪恳七昼七宵，哀动至尊。至尊乃言曰：'卿等诚恳哀求，为民请命，朕岂无慈悲之心，但下界之人，造孽已深，无解免理，卿等有何良策？能使世人改恶从善，消此黑气，以慰朕怀。'"③于是，五圣为救下界苍生，临危受命，"领了玉旨，降下凡来，互相维持世界，拯患救灾。凡有设坛之区，靡不降像示乩，藉警狂悖。观音大士，或化作乞丐以劝人，或装作僧道而训俗，寻声救苦，慈悲广大，世人无从得知"。④但尽管五圣竭心尽力，人间仍然灾难不断。"推原其故，总因人心大坏，道德堕落，国无统纪，溃乱泯棼，平权是尚，自由为高，以致酿成种种惨劫。"⑤于是，五圣帝君"因势利导，方方阐教，处处开坛，假神道以设教，藉木笔以劝人，降出不少的圣谕格言"。⑥但是，"无奈有等腐

---

① 惟一子：《洞冥宝记》，民间善书，第44页。
② 惟一子：《洞冥宝记》，民间善书，第43—44页。
③ 惟一子：《洞冥宝记》，民间善书，第45页。
④ 惟一子：《洞冥宝记》，民间善书，第49页。
⑤ 惟一子：《洞冥宝记》，民间善书，第49—50页。
⑥ 惟一子：《洞冥宝记》，民间善书，第50页。

儒，视为老生常谈，疑信参半，甚且毁谤加之，更有等顽梗之庸夫愚妇，不信因果报应，天堂地狱，善升、恶降之理；善书虽多，而宣讲者如故，作恶者仍如故，故五圣常怏怏抱歉，愁闷于怀"。^①此段背景的介绍，意在阐明三纲五常、五伦八德是社会生存之理，世人立身之本，警示世人只有从善如流，克己复礼，方能安身立命，否则必将面临重重灾难。这也彰显了因果报应与轮回转世的说教，为关帝仁心济世的出场做了铺垫。

关帝为解救苍生，殚精竭虑。一筹莫展之余，终于想到要出一部善书来警醒世人、改变社会。于是即刻上奏，希望上皇准允，诏诸天仙佛圣，开会共同商议此事。会上，关帝向众仙说明了出书的内容与原因。圣帝曰："世界之人，如中鸩毒，非得灵丹妙药，不能起死回生。吾关之意，欲特传一种奇书，名曰：《洞冥记》，要将地府各狱苦情，天宫各种妙景，一一传出，使世界之人，知天堂之乐趣，踊跃为善。地狱之苦恼，不敢为恶，庶可以挽回世道人心。惟此书煞有关系，书中要将天堂、地狱之情状，和盘托出，泄漏许多天机，游冥生所到各宫、各殿、各狱，尚望善为引导，毋生阻力，书成之日，即有功于世界矣。"^②此语一出，众仙称颂。于是，关帝下达指令，明确出书的地点与承担者。圣帝曰："如今下界善坛虽多，灵根不昧，诚信笃实者，仅有滇省洱源东、南两乡，豫、绍、婉三坛诸子，可任此事。吾关明夕临凡，当以此书责成绍坛之赵、尹二子，杨、杨四子，段、段二子，而以豫、婉二坛之杨、张二子补助之。不过一年内外，而书成矣。"^③关帝开会之后，次日卯刻，即降临绍善坛中，飞鸾示谕。诸生听闻谕

①　惟一子：《洞冥宝记》，民间善书，第50页。
②　惟一子：《洞冥宝记》，民间善书，第56页。
③　惟一子：《洞冥宝记》，民间善书，第56页。

言，均唯唯承命。关帝返驾回宫，诸生即开始游冥之举。"下历黄泉，
上穷碧落，举凡人间善恶；地府惨状，天宫妙景，靡不凿凿言之。"①
在此章节的描写中，关帝已从众仙中脱颖而出，承担起出书与拯救下
界的重任，这显示出他上报国家的大义、下安黎庶的仁义与救国扶危
的侠义，也为其日后荣登帝位奠定了基础。而云南洱源这一地点的选
择，则反映出洱源善坛较多，人文环境较好，具备传播教化与重整社
风的条件。这大概也是洱源至今仍能成为云南著名佛道圣地的原因。

诸生游冥之后，《洞冥宝记》成书。于是，"上皇玉旨，命蓬莱
各仙真，并各坛真官善书者，限十日内钞（抄）录《洞冥记》一百部，
准于十五日进呈，不得违误等因。各仙真均遵旨分任恭缮，于望日早
早投呈去讫。关圣帝亦于此十日内，派各功曹执事，在协天界内翊汉
宫之附近，以五色绫罗绸锦，搭了无数彩棚，并制为宫殿、客厅、形
式，仍命庖正预备盛筵千余席，以待万仙祝贺"。②万仙祝贺会上，"上
皇"又对《冥记》进行了分配。"圣帝命左右侍驾官提壶，向各座劝
饮，众仙欢畅。正在觥筹交错间，忽见内侍臣由第九重出来，捧出《洞
冥记》百部，传出上皇口诏，说道：'此书百部，命关卿执行，照为
分给三十六天，各天给一部，地府十王、东岳、地藏、酆都给十三部，
中国二十四行省，省城隍处，各给一部，世界五大洲，共二十四国，
除中国已给外，各国给一部。美国分南北，多给一部。亦二十四部，
有内外蒙古，回部，西藏，各给一部，共足百部。至于西池、金阙、
三教圣人，五圣行宫，应呈六部，则命钟太传、王右军、王大令各抄
录二部，以备观览。俟绍坛刊板成帙后，则又焚呈若干部，临时酌定

---

① 惟一子：《洞冥宝记》，民间善书，第39页。
② 惟一子：《洞冥宝记》，民间善书，第715页。

可也。'"①关帝遵旨，将书分发。后内侍又宣读老母懿旨，关帝接着建言："各位起来。从今以后，须要速速进化国人，注重人道，停造枪砲（炮），停止战争，方有最好之结果。若不听老母之言，犹是野心勃发，谋夺人国，谋灭人种，请试看三年之内，天必降罚。应主火山爆烈，地震陆沉之灾，不可不防也。且万国之不和好者，由于不讲道德，不同宗教，故发生战事，往往激烈。现老母已经降旨，令尔各教主，限以三年之内，以中国各善书，并此部《洞冥记》，速速进化国人。三年之后，定开一万国统一宗教道德大会，以孔教为标准，将来中外统一，共享太平之福，岂不美哉？"②从这段文字中，我们可以看出，关帝志向不仅在于重建人伦、拯救众生，而且在于统一世界、共享太平，这反映出民国时期，在中西文化发生碰撞时，崇尚关帝的民众在无力调和中西矛盾的情况下，希冀将西方宗教纳入以儒家思想为主导的宗教系统，构建儒、释、道、耶、回五教合一的世界宗教体系，从而使关帝成为世界宗教之主的美好愿望。

关帝的这番话得到各教主认可，于是"十分高兴，复命太子平，并翊汉宫各将官，重行把盏称觞，酒炙纷陈，殽核丰盛，各客厅内外，复奏钧天雅乐，宾悦主欢，诚极一时之盛"。③但正当大家酒酣耳热，极尽欢畅之际，忽传来圣母、上皇口诏，"原来是上皇为苍穹圣主，已历七千余年。今三会收圆，三会龙华，三次封神，将要到期，事故繁冗。上皇耄期倦勤，向老母上表辞位，老母准旨，下议万仙，宜择贤良，登庸受禅。三教圣人，推举关帝，众仙额手称庆，共同赞成，

① 惟一子：《洞冥宝记》，民间善书，第718页。
② 惟一子：《洞冥宝记》，民间善书，第723页。
③ 惟一子：《洞冥宝记》，民间善书，第723页。

议定二年后中元之上元甲子元旦，作为登极之期"。[1]其后，关帝果于拟定日期受禅登极。其时"各坛善信，公推豫善一十八坛办理，择定地点于东乡玉屏山下二圣宫中。是月朔日，各执事人等到宫集合，协力赞襄，筹备一切。于除夕前一日，诸事方才就绪。宫中障围锦幔，遍贴贺联，门外高搭彩棚，杂陈百戏。时届申刻，诸子环立沙案，迎迓仙真。镫烛辉煌，香烟缥缈"。[2]关帝登极典礼非常隆重，"忽听见两廊大奏仙乐，赞礼郎官趋跄而前，站列左右，高声唱礼，众仙真佛子排班，齐立丹墀之下。真君与抱一亦随班行礼，九叩毕。大家俯伏，抱一暗暗偷窥，见金阙上面设一宝座，圣帝衮冕黄袍，端拱其上，宝座之后，又设一高座，较圣帝座位高约三四尺许。有一大圣，亦冕旒垂裳稳稳坐定。抱一知是上皇与圣帝同受朝贺"。[3]关帝登极是全书的高潮，也是民众追随关帝、崇敬关帝的深刻反映。从另一个层面看，这也体现出民众的崇拜观在国家与宗教等多种因素的影响下，已从以玉皇大帝为核心的崇拜体系中分离出来，并发生了转移。

《洞冥宝记》出版后，在海内外宗教界非常流行，印刷发行量极为惊人。关帝受禅为玉皇大帝的传说随之传播开来，并为各地鸾堂所接受，关帝玉皇概念亦深入人心。

---

① 惟一子：《洞冥宝记》，民间善书，第723页。
② 惟一子：《洞冥宝记》，民间善书，第727页。
③ 惟一子：《洞冥宝记》，民间善书，第729页。

第五节　云南民间善书《返性图辑要宝录》中
体现的关帝信仰

《关圣大帝返性图辑要宝录》由云南公善堂这个民间宗教结社扶鸾著造，内容为众多神仙圣人劝诫世人弃恶扬善的箴言汇集。该书成于太平天国起事期间，是关帝"首主鸾台降著"，初刻于云南，同光年间再刻于广东、山西、北京等地，书凡十卷，后来广东重刊时有所删辑。

在宝录的开篇，洗心觉民即陈述了宝录的成书缘起："咸丰初年，天下多故，云南迤西人士特设公善堂，宣讲圣谕，冀挽人心而维风俗。上感神圣，降示返性图十卷，流传至粤，业已重刊广布矣。……此书乃关圣帝君一番苦心，纂成十卷，本不应删，因世人好简厌繁，故奉文武二帝商订示乩，命子代宣鸾化。此书非同别籍有关世道人心，有人传十卷者，求无不应，供诸神前，可以免灾救疫，与《文昌大洞经》《关帝明圣经》一体奉行，可得报应之速。……此书乃关圣一片苦心，救世超凡，会请天地人三界神圣，以及儒道释三教，均有降论。当以颜子序居先，次释迦佛序，其余仍照原图先后编次。而圣像以关圣居篇之首，其余亦当以原书编次。此书辑为二卷，上卷以乾字弁之，下卷以坤字名之，此书题签，即以'返性图辑要宝录'名之，宜楷书之，毋错。此书一行，吾当使金甲神到处广传，随时护法。能传一卷者，录功一次。积至百功，可以有求必应。助资付梓者，十金以上，可以免灾，可以得福。现在疫气已兴，付梓助资之家，疫鬼不到，逢凶化吉，遇难免危，即现报也，等因奉此，爰遵成命，敬选切要，编为乾坤二册，付诸梓人，以公同好。伏冀家置一编，朝夕观摩，遇事修省，同登善域。倘有诚笃之士欲观全璧，原帙十卷俱在，祈尽读之，尤愿端人正士，或举行乡约，宣讲圣论，劝化里闾，以免过失。或重刊梓本，广行印送，流布无穷，庶不负关圣帝君一片救世苦心，且无烦疫鬼降临，俾斯世共登仁寿之宇，而大同之风可再见于今日矣，岂不懿欤？岂不懿欤？编订藏事，爰志其缘起于此。"从这段陈述可以看出，宝录系关圣帝君会请天地人三界神圣以及儒道释三教人士扶鸾降谕而成，旨在端正民心，扭转世风，拯救苍生，所以希望能在世间广布流传。

宝录共分为乾、坤两册，皆以部分神仙序言开篇，再续以部分神仙图像，然后一一罗列众神仙圣人降谕。在整本书中，关圣帝君共降临八次，几乎每一次出场都在重申广泛传诵宝录的重要性和必要性。

在一次降临中，关圣帝君痛陈了世人的种种罪恶："昨夜亥时，接天下司命善恶籍，稽察究竟。为善者未见实善，作恶者纯是大恶，家庭之内子之事亲，有抗傲成性，而不听父母之教育者。有甘旨自奉，而不顾父母之饮食者。有轮流供养，妻儿饱暖，而不问父母之饥寒冻馁者。有因财物而忤逆横生，因离乡而将身失养者。种种不孝之行真天律之所不能赦也。至于弟兄之间，或为钱财细故，而手足参商。或听妇人谗言，而操戈同室。而且处富贵则视若仇雠，多由财产。处贫穷则视若陌路，杳无天良。若夫贫富异势，贵贱攸分，贫者每生嫉妒之心，富贵者又多欺凌之习，互相戈矛，彼此鱼肉，种种不友不恭之行，尤为鬼神之所不容也。其有处世一途，存心则奸盗邪淫，十有八九，待人则虚诬诈伪，何止万千。不忠不信，无礼无廉，更为祸患之所必加者也。呜呼！扰扰尘寰之内，欲求孝思不匮，友恭不忝，接物公平，立心正大者，抑何寥寥之寡偶哉？嗟嗟下民如是作恶，上皇阅之，必勒令吾缴旨，吾旨一缴，天下之重黎百姓，其安然无恙者鲜矣。吾十数载之苦心，其付诸东流也必矣。吾至此将何以复上皇哉？于怵惕难安之余，故越时临坛，指示生等勤勤修身立德，速速汇齐图书，行之于世，再看斯民如何，若仍然不改，吾亦无奈斯民何也，言之不觉泪下，众生负吾也，众生负吾也。"在这里，关圣帝君虽对世人的种种恶行感到痛心，但仍希望待图书成形后传之于世，可以引发世人觉醒，继而拯救苍生，其忧国忧民、体恤百姓的博大情怀昭然可见。

还有一次降临，关圣帝君又重申了降著的方式、背景和目的："吾奉上帝命，飞鸾开化，设尽良方，邀儒教之贤哲，集释道之仙真，泄上天之元机，明地府之果报，详伦常之实理，剖人道之大端，指世路之非为，施膏肓之药石，降此一书，而名曰返性，诚欲使当世之人，返忤逆之性为孝顺之性，返浇漓之性为忠厚之性，返奸诈之性为诚朴之性，返血气之性为童稚之性，理欲天人，告诫详确，孝悌忠信，剖析详明，赤子而不负吾心也，又何患世道之不可挽，升平之不可复见也哉？"总之，尽管世风日下，人心险恶，关圣帝君还是希望宝录这部集大成之作能警醒世人，唤起世人的本真善性，从而构建起一个弊绝风清的理想社会。

在另外一次降临中，关圣帝君陈述了自己在三曹的至高地位和无上权力，警示世人应悬崖勒马，不可一意孤行："吾位居天曹，为上皇首相，掌三天门下之事，凡吉凶祸福，无不由吾简校，神仙真宰，悉皆受吾统辖，此在天之位也。至于人间，颁朝廷之祀典，享国家之太牢，公侯将相，士庶绅耆，见吾无不跪拜，此人曹之位也。若夫幽都鬼国，十殿三途，所设地狱轮回，千刑万罚，皆归吾之权衡。而为予夺，此阴曹之位也。吾之位三曹，其重若此，吾今日之旦昼奔走又若此，岂吾之不自惜哉？实为今时人民片善不修，无恶不作，日积月累，以至皇天震怒，灾害递临。吾不忍生民之遭涂炭也，因同二帝飞鸾开化，以挽人心，以清世道。今复于此地，降《返性图》一书，邀遍三教，费尽苦心，实欲救世救民，上辅国祚，下佑群黎，共乐光天化日而已，岂有他哉？且《返性图》书，皆天理人情之正，圣功王道之微，未有奇怪之语，杨墨之学，世人睹此书者，当体贴奉行，勿存异志，勿掉轻心，自然无求不应，无感不通。若见而弗见，闻而弗闻，一派欲心，毫无体念，勿论《返性图》，即将古来经传，概行知识，有何益哉？是直衣冠禽兽而已。吾屡见世人轻亵善书，阴中受罚者，不可胜纪，故立前车之鉴，以为后车之防，是亦不忍之心，所由迫也。不然，吾权衡三曹，岂区区发言者哉？尔世人其体吾之心，遵吾之训，勿以吾言而等诸弁髦，付之东流，庶不负吾飞鸾开化之苦心，降《返性图》书之本志也。呜呼！汉寿亭侯之心，至此尽矣。"关圣帝君虽然掌管着三曹的生杀大权，但因为不忍看到世间生灵涂炭的场面，所以不会轻易动用职权，反而不辞辛劳上下奔走，诚邀各路神仙传理授道，救百姓于水火之中，其仁爱之志真可谓感天动地。

宝录中各路神仙的降著，从本质上说，都是劝世人弃恶从善，但从具体内容看，侧重点又有不同，其分类如下：

1. 劝说类。如：

宗圣曾子降　劝孝文

大贤闵子降　劝弟文

先儒文信国公降　劝忠文

先贤卜子降　劝信文

述圣子思子降　劝礼文

亚圣孟子降　劝义文

先贤朱子降　劝廉文

先贤仲子降　劝耻文

飞天魔王降　儆世文

温天君降　醒世文

马天君降　戒鸦片文

关将军降　为官宜体恤罪囚文

2. 宣讲类。如：

文昌帝君降　科场选士敕令　又选士文

王天君降　书差积福文

桂宫金甲神降　惜字文

桂宫地哑降　谨言文

桂宫天聋降　听言文

土神张公降　治家有法文

寻声赴感太乙救苦天尊降　修身铭

马天君降　火灾文

斗口大魁降　助士文

文昌帝君降　敬祖宗文

观音大士降　勉孀妇守节尽孝教子文

何祖元君降　谕孝歌

孚佑帝君降　弟兄歌

关将军降　宣讲行善真伪祸福文

云南总城隍降　阴法无私文

威雄土主感应大黑天神降　冥法先施忤逆奸淫文

释迦佛祖降　开辟即有因果文

文昌帝君降　欲贵子须积德文

九天卫房圣母降　因善恶定子孙文

雷府辛天君降　养女不教贻后悔文

王天君降　杀子莫如溺爱毒文

桂宫杨仙降　新婚明心志文

月老仙翁降　婚姻文

雷府辛天君降　逆子忤媳快回头文

赵将军降　修斋须修德文

九天司命灶君降　敬造文

王将军降　宣讲救劫文

面然鬼王降　捻恶永堕铁围城文

汉赵将军降　年老宜养德文

3. 戒除类。如：

雷府赵天君降　亲殁不孝丧德非为文

马天君降示　又不知足文

雷府殷天君降　又谋骗义债文

雷府温天君降　过恶扬善歌　又舍亲远离妻妾不孝文

斗口王天君降　又妒夫娶妾殄绝宗嗣文

雷府邓天君降　又残虐贫妻文

雷府辛天君降　怨夫贫贱文

雷府张天君降　戒自满文

雷府周天君降　戒妇女近三姑六婆文

雷府田天君降谕　又听后妻言薄待子女文

周将军降　戒产妇未及月近日光井灶文

赵将军降　又重利盘佃文

王将军降　残苛奴仆及时不配文

周将军降　贫贱绝支富贵连谱文

王将军降　又轻事孀母薄从弟妹文

廖将军降　又轻事鳏父文

赵将军降　戒妇女绣字迹神像文

马天君降　为官勿听书吏言文

桂宫吕大仙降　治家戒奢华文

4. 报应类。如：

酆都大帝降　僧道失教恶报文

酆都殿前录善司降　船户店家图财害命恶报文

酆都殿前录恶司降　娼优流毒误陷良女恶报文

东岳大帝降　善恶报应文

总管东方善恶司降　穿窬盗贼失身丧节恶报文

总管南方善恶司降　寡妇处女尼僧失节恶报文

总管西方善恶司降　轻薄继母恶报文

总管北方善恶司降　继母残苛恶报文

一殿秦广王降　不忠恶报文　又尊卑乱伦恶报文

二殿楚江王降　不孝不弟恶报文　又奸淫处女恶报文

三殿宋帝王降　六淫恶报文　又奸淫孀妇恶报文

四殿伍官王降　不守妇道、不孝翁姑、不和妯娌恶报文　又士人狎优恶报文

五殿阎罗天子降　邪教惑世恶报文　又士人宿娼恶报文

六殿卞成王降　刻薄贪财恶报文　又父母衰而薄、妻子少而厚恶报文

七殿泰山王降　男不和室、女不敬夫恶报文　又轻事鳏父寡母恶报文

八殿都市王降　刀笔淫词离书揭帖恶报文　又富吝贫贪不孝恶报文

九殿平等王降　杀生恶报文　又妯娌不和、唆夫不孝不弟恶报文

十殿转轮王降　奸淫尼僧恶报文

临安府城隍降　离乡贸易、关旅肆淫恶报文

江西总城隍降　打胎溺女恶报文

江苏总城隍降　献媚工谗、暗刀杀人恶报文

安徽总城隍降　惑意风水、久淹亲枢恶报文

湖南总城隍降　教训生徒不务德行恶报文

湖北总城隍降　为士窃名、不修道德恶报文

山东总城隍降　谤圣毁贤、妄驳正教恶报文

山西总城隍降　庸医误人、堪舆轻葬恶报文

河南总城隍降　窝赌剥财、害人身命恶报文

陕西总城隍降　大称小斗、轻出重入恶报文

甘肃总城隍降　明瞒暗骗、用巧使奸恶报文

浙江总城隍降　吏役假威、瞒官害民恶报文

福建总城隍降　党恶行凶、欺凌乡里恶报文

广东总城隍降　轻贱五谷恶报文

广西总城隍降　逞权恃势、刻苦贫穷恶报文

四川总城隍降　吹食鸦片烟恶报文

贵州总城隍降　艳妆恶报文

　　宝录涉及个人修养与社会风气方方面面的内容，分类较为琐细，能体现出清代中后期整个社会的现实状况，亦能让世人深悟救劫的重要意义。书中虽然有一些说教流于封建性、主观性与局限性，但就整体而言，其基调仍为倡导正义、主张行善，流行开来定能让世人了解关羽、敬畏关羽、崇拜关羽，从而警醒自我、摒除恶习、多行义举，努力构建一个风清气正的理想社会。

第六章　云南关帝信仰与儒释道三教的关系

关羽是忠、义、勇、武的集合，更是仁、礼、智、信的汇聚，凝聚在关羽身上的报国以忠、处世以仁、待人以义、重诺以信、尊君以礼、作战以勇的精神，不仅蕴含着中国传统文化的道德精华，同时也渗透着正宗儒学的《春秋》精义，更涵盖着佛道二教的教化精髓。因此，关羽能够跨越时空，从一个有血有肉的勇士武将化身为无所不能的神中之神，成为民众钦仰的神灵与帝王推崇的大帝。关羽的神格集儒释道三教于一身，对云南边疆民族地区的宗教信仰产生了深远影响。本章旨在通过对佛教、道教、儒教与关帝信仰关系的梳理，探讨云南关帝信仰中的儒释道三教合一的思想，揭示儒释道三教对边疆民族地区的渗透与影响。

第一节　云南关帝信仰与佛教的关系

关羽与佛教的关系，学界讨论较多。目前比较集中的看法是认为其最初源于玉泉寺的关帝显圣传说，后经佛教僧人传播附会而成。玉泉寺在玉泉山东麓，始建于东汉建安三年（198），当时佛教传入中国已有二百年历史。建安二十一年（216），关羽因战事失利，逃到离玉泉山不远的临沮被杀，死后其遗骸被葬于该寺附近成陵。时至唐代，佛教内部派系林立，外部又与儒道争尚，为了增加本教、本宗的神秘感和感召力，僧徒们就编造了一些奇异的故事来扩大影响，以期取信于人。于是，作为天台宗祖庭的玉泉寺便出现了种种关公显圣的传说。今天能够看到的佛教与关羽相关的最早文献资料，是贞元十八年（802）董侹撰写的《重修玉泉关庙记》。碑文记载："玉泉寺在覆船山，东去当阳县三十里，叠嶂回拥，飞泉迤逦。信途人之净界，域中之绝景也。寺西北三百步，有蜀将军都督荆州事关公遗庙存焉。将军姓关名羽，字云长，河东解梁人。公族功绩，详于国史。先是陈光大中智颛禅师者至自天台，宴坐乔木之下，夜分忽与神遇，云愿舍此地为僧坊，请师出山以观其用。指期之夕，万壑震动，风号雷虢，前劈巨岭，下湮澄潭，良材丛木，周匝其上，轮奂之用，则无乏焉。惟将军当三国之时，负万人之敌，孟德欲避其锐，孔明谓之绝伦。其于徇义感恩，生死一致，斩良擒禁，此其效也。呜呼，生为英贤，殁为神明，精灵所托，此山之下，邦之兴废，岁之丰荒，于是乎哉！"[1] 北宋元丰年间，玉泉山关庙再次维修，博通三教的张商英为此作记，使关羽进一步神化，不仅将其推上"永护佛法"的护法神位置，更附会出智颛授以五戒之说的故事。南宋时天台僧释志磐著成《佛祖统纪》一书，其中《智者传》在叙述关羽担任佛教护法神时，又在张商英庙记的基础上增加了新的内容。说关羽最初只愿"建寺化供，护持佛法"，后来听智颛说法数日，大有感悟，就主动要求受戒。并说："弟子今日闻出世间法，愿洗心易念求受戒，永为菩提之本。"[2] 智颛乃授以五戒。

---

[1] 泉州市区民间信仰研究会编：《关岳文化与民间信仰研究》，厦门：厦门大学出版社，2008年，第94页。

[2] 释志磐：《佛祖统纪校注》，上海：上海古籍出版社，2012年，第179页。

关羽自此被奉为护法伽蓝神。

佛教自汉代传入云南后，就广为当地百姓所接受。发展至唐代，呈现出兴盛之势。尤其是在大理，由于帝王的信奉与推崇，佛教异常发达。明李浩《三迤随笔·佛道传点苍考》："蒙氏之初，天竺僧东渡三江而至叶榆，至此佛教兴。前者入南中最早者为迦叶，本释门大弟子，显化于鸡足华首门，讲法于妙香国故地圣应峰麓清溪侧。后观音显化，伏女魔罗刹于榆水北，泄水为阡陌，民收野稻而植于旱泽曰甸。民聚为群居，以氏族为部，择偶配居。至此始有佛说。道衍至南诏，佛道大兴，各演其说。天竺、吐蕃梵僧入南诏者二百余，中有高僧多为王用。建十八寺于十八溪侧，为梵僧使用。至晟丰佑王，王崇佛恶道。至此，国人以佛为教，道教渐衰。至段氏建国，王多以高僧为国师。国有五百余寺，遍及南中。国有七君主出家为僧。"①又《三迤随笔·大理国崇佛》："内史载：大理段氏本蒙氏武将，思平母与龙交而得。母崇佛，思平灭杨氏建大理国，大兴佛教。盖思平原为杨氏追杀，避于古寺观音大士法身后，杨氏遍寻不得，而感大士慈航普渡，救思平于危难。思平发愿，若得大位，必以全国供养三宝，遍建伽蓝，以佛为国教。思平立国曰大理，称文武皇帝。修崇圣三塔，建大石庵、华严寺、弘法寺、紫竹苑、法相寺、莲花庵、荡山寺八大伽蓝。并谕：'除三十七部，臣民皆信佛，户户供养观音。初一、十五，君臣万民素食，诸邑甸皆建小寺，烧香拜佛，国不朝政，户户净水香烟。诸寺大比丘，率众绕佛毕，法师坐禅床讲经。巳时众始归。除放牧者，臣民皆不劳作。'此制沿至后大理，皆如是。大理自文经皇帝出家始，

---

① 李浩：《三迤随笔·佛道传点苍考》，载大理州文联编：《大理古佚书钞》，昆明：云南人民出版社，2001年，第76页。

思英、素隆、素贞、思廉、寿辉、正明、正淳、正严（和誉）、正兴（易长）、智祥，段氏传国二十二代，而十帝王为僧。大理国制：'国王出家，诸朝官愿者可随帝出家。'无为寺、崇圣寺皆为国寺，国中传武、读书之地。……余入南中，见古寺之多而可冠天下。皆蒙段崇佛，至今初一、十五，家家吃斋念佛依旧，叶榆尤信观音。"①大理崇佛的盛况从唐代开始一直延续，发展到元代，大大小小的佛堂、祠堂、寺庙便多得数不胜数。而百姓也一直恪守佛规、诚心向佛。元郭松年《大理行记》："然而此邦之人，西去天竺为近，其俗多尚浮屠法，家无贫富皆有佛堂，人不以老壮，手不释数珠；一岁之间斋戒几半，绝不茹荤、饮酒，至斋毕乃已。"②

　　南诏、大理国佛教事业的兴盛带动了整个云南佛教事业的发展，而云南佛教在发展过程中，须与其他地区特别是中原地区进行交流与合作，以寻求共同繁荣之机。因此，当关羽以护法伽蓝身份进入佛教殿堂，并迅速由中原向全国扩展后，云南也很快承袭此俗，遍建伽蓝庙宇，开启了伽蓝信仰之风。

第二节　云南关帝信仰与道教的关系

　　关羽作为道教的重要神祇，与道教有着深厚的渊源。其能跻身道教神坛，除与民间关帝显圣故事有紧密联系之外，更与信奉道教的封

---

　　① 李浩：《三迤随笔·大理国崇佛》，载大理州文联编：《大理古佚书钞》，昆明：云南人民出版社，2001年，第125—126页。
　　② 郭松年：《大理行记》，北京：中华书局，1985年，第3页。

建统治者的备加推崇密切相关。清代学者俞樾曾在《茶香室丛钞》之《北梦琐言》中，记录了关公在唐咸通乱离后率鬼兵入城之事，以及宋郭彖《睽车志》所载关公寄书之事。这是现在能看到的较早的关帝显圣故事。然而，在这一时期，关帝仅被看作一般鬼神，并未引起道教界重视。而《宋会要辑稿》和《续资治通鉴长编》，则保留了宋徽宗加封关羽的最原始、最可信的记录：崇宁元年（1102）十二月追封关羽为忠惠公。大观二年（1108）封为武安王。宣和五年（1123）正月准礼部奏请，加封为义勇武安王。另据《咸淳临安志》卷七十三记载，南宋临安西溪法华山的关庙被称为"清元真君义勇武安王庙"。"清元真君"是道教封号，虽无从知晓其由来，但据此足见关羽在宋代已受到道教追捧。而真正将关羽请上道教神坛，并使其屡获加封的动力，则源于元代民间的一些戏剧或小说故事。如元无名氏《关云长大破蚩尤》一剧，讲述赵宋始祖轩辕降临后，轩辕仇敌蚩尤因此作祟，用枯竭解州盐池来要挟宋朝廷。于是，王钦若奏请皇上召龙虎山张天师降妖，天师又举荐关羽出征。关羽在得到朝廷"重修庙宇，再盖祠堂"，并赐封"崇宁真君"的允诺后，率五岳四渎名山大川阴兵平定了蚩尤之乱。元代文学家胡琦曾著《解池斩妖考辨》，把盐池斩妖写成了一段神话故事。元朝末年第四十二代龙虎山天师张正常著《汉天师世家》，将戏剧、神话与真实历史相结合，又附会出另一段神话。说的是张天师指挥关羽及所率阴兵平定了解州盐池的妖孽后，一起拜见宋徽宗。宋徽宗掷崇宁钱以封关羽，世人因此祀其为崇宁真君。道教史书如徐道所撰《历代神仙通鉴》以及《三教搜神大全》都大同小异地记载了关羽解州平妖的故事，并一致称宋徽宗封关羽为"崇宁真君"。关羽由此顺理成章走上了道教的祭坛。为了巩固关羽在道教中的神圣地位，明清时期，道教徒又以关圣为名，编制了多种道教经书，主要有《忠义经》《觉世经》《明圣经》《三圣经》和《关帝笺》五种。可以说，解州平妖凸显了关羽镇邪除妖的英雄形象，也突出了道教利用关羽的价值取向。虚幻的戏剧故事与实用的道教渲染一旦结合，就会毫无悬念地把关羽佑国护民的壮举和法力无边的神异推向社会各领域、各阶层，随之掀起的就是整个道教界对关羽的崇拜和敬仰。

相传道教在东汉末年传入云南，在经历了魏晋南北朝时期的平稳发展后，至南诏、大理国时期呈现兴盛之势。当然，与当时云南佛教的繁荣昌盛相比，道教的发展则显得逊色得多。明李浩《三迤随笔·汉代叶榆传汉学》："南诏诸清平官皆通汉语，写汉字。时除兴儒学外，道教传叶榆已百余年。玷苍百里有八道观，中以玉皇阁、凌霄宫、斗姆宫、老君殿为胜境。道士二百余，分住诸宫，皆通汉文。东山有玄元观，为孟优讲释《道德经》地。内有讲经坛，今址犹存。"[①]数千年来，道教在云南经历了一个盛衰相替的过程。南诏时期，由于帝王尚佛，道教相对冷清。而到了元代，帝王崇道，道教就非常活跃。明李浩《三迤随笔·佛道传点苍考》："至段氏灭，元虽异族而崇道。延祐初，叶榆东至云南品甸，南至魏宝，西至博南，新建道观五十余。孙不二、张三丰、赵飞全先后至点苍。一代宗师陈玄亮演道立说，以五音传道，谈演九玄三洞元始教化。士大夫争习之，至此新学萌源，名曰谈经。其哲儒道一体，以儒宣道，流于叶榆、梓潼二地。与此同时，江南、中原佛道之佛宗道派，多往南中传法立宗。有沙门禅宗、密宗、天台宗、净土宗。道教有正乙、龙门、华山、武当、纯阳、全真。周围百里内有道观、草堂百余，道士五百余，多为中原江南籍。

---

① 李浩：《三迤随笔·汉代叶榆传汉学》，载大理州文联编：《大理古佚书钞》，昆明：云南人民出版社，2001年，第23页。

有自幼入道者，亦有在家出事、绿林草莽，避祸或躲命者。"①《三迤随笔·蒙古人崇道》："元仁宗崇道，遍谕天下，崇敬三清。叶榆自汉魏晋以来不化之地，而孔明崇道，孟优修道，有古道观于古底洞。南诏虽崇佛，诏初与唐亲善，道家多往南中传道论玄。叶榆有白云观，建于圣峰麓。龙尾城西南有风伯祠。至天宝战起，佛寺建遍苍洱诸峰，道渐衰。后蒙氏渐强。韦皋入滇，四道长入滇讲道德、黄庭诸经。龙翔道长、杜学士分授以职。至丰祐、世隆，蒙氏入蜀多有俘获。中有道人八十余，皆派往诸道观遣用。但佛兴而道弱，南中存道观二十余，道人不足两百。至大理国，仅存道观六，即点苍玉皇阁、龙尾城灵鹫观、永昌朝元阁、鄯阐太清阁、蒙舍斗姆阁、白崖天星阁，道人仅存六十余。盖大理国人皆崇佛。元灭后理，至成宗大德而道兴。龙门、全真诸道学纷入南中、三迤诸地。至延祐，三迤诸地遍布道观、阁堂二百余。叶榆境有观十八、阁十四，多为全真、龙门、天师、正乙诸派学。玉皇阁有道人四十余，多来自陇西、巴蜀等地。多以修身养性、炼气，教以老庄、纯阳诸学。至元末，武当、玄素等入南中，居点苍斜阳，授以阴阳周易。以内丹之说，外气巧运循环始复而授人。而邑人陈玄子，又立三洞玄说。"②元代，道教兴盛，道观林立。而关羽自以降魔除妖形象被道教吸纳为神祇之后，在民间又多了一重身份——武圣。在科举考试的大背景之下，梓潼帝君以文圣、文帝身份掌管天下文人，关圣帝君亦以武圣、武帝身份掌管天下武官。明李浩《三迤随笔·明初三洞典籍》："大理蒙氏无科举之制，段氏曾办官学。元

---

　　① 李浩：《三迤随笔·佛道传点苍考》，载大理州文联编：《大理古佚书钞》，昆明：云南人民出版社，2001年，第76—77页。
　　② 李浩：《三迤随笔·蒙古人崇道》，载大理州文联编：《大理古佚书钞》，昆明：云南人民出版社，2001年，第171—172页。

朝开科取士于中庆拓东。至延祐年，封赐梓潼帝君司掌天下文人，关圣帝君司掌天下武官，并于叶榆建官学，供养梓潼大帝君。"①于是，天下大兴文圣武圣崇拜之风，文昌宫、关圣宫、武圣宫等道教宫观如雨后春笋般蓬然兴起，文昌、关帝信仰亦随之被推向高潮。

关圣宫、武圣宫的修建足以显示云南道教与关帝信仰的关系，因已列表于前，此不赘述。

第三节　云南关帝信仰与儒教的关系

先秦时代，孔子创立了儒家学说。这一学说在发展过程中逐渐得到社会各阶层的一致认可。而到了西汉，汉武帝"罢黜百家，独尊儒术"的政治定位，使得儒学成为中国的核心价值体系和社会伦理道德的建构依据。几千年来，儒学在中国文化中一直处于核心地位，儒家理念已经渗透到不同阶层、不同群体的每一个体之中，儒学被尊为国学，儒教被视为国教，孔子亦被誉为"圣人""文圣"而受到万世景仰。历史上，能与孔子比肩之人只有比孔子晚生七百多年的关羽，关羽"俨然为封建国家的保护神，享受到皇家的高级祭祀，就连'万世师表'的文圣人孔老夫子也不得不退避三舍。……儒教尊关羽为'文衡圣帝'，将其奉为文人士子的守护神……于是关羽便成为儒、释、道共同尊崇的超级偶像，出现了关庙冠天下，'南极岭表，北极塞垣，

李浩：《三迤随笔·明初三洞典籍》，载大理州文联编：《大理古佚书钞》，昆明：云南人民出版社，2001年，第180页。

凡妇女儿童，无不震其威灵者，香火之盛，将与天地同不朽'（赵翼《陔余丛考·关壮缪》卷三十五）的盛大的关帝崇拜景观"。①

儒学"无论是'五经'系统还是'四书'系统，都信奉'仁义''礼乐''孝悌''诚信''中庸'这些基本价值，都重视道德教化和心性修养……都维护君臣、父子、夫妇等社会的基本伦理纲常，都相信道德的力量，相信教化的功能，相信文化历史传统的作用，都认为人与人之间应该也能够建立起一种交往的道德原则，相信国与国之间也应有某种必须遵循的道德标准等等"。②中国传统社会是一个以儒家思想为主导，以三纲五常为道德伦理核心的规范组织。而关帝忠、孝、仁、义的本质与儒家教义有着高度的契合，因此，关帝信仰自产生以来备受儒家推崇。

历史上的关羽是一员英勇无敌的武将，但其实更是一名博览群书的文才，他文武兼资，不单具有武夫之勇，更兼有文豪之智。史书、演义、小说、戏文、画像、年画、雕塑等描绘的关羽，除了随身必备的兵器（青龙偃月刀）和坐骑（赤兔马）外，还手捧一样历朝历代知名武将所罕见的儒家典籍——《春秋》。《三国志》裴松之注曾谓"（关）羽好《（春秋）左氏传》，讽诵略皆上口"。③

关于《春秋》与儒家的关系，历史多有记载。如：《史记·孔子世家》："孔子在位听讼，文辞有可与人共者，弗独有也。至于为《春秋》，笔则笔，削则削，子夏之徒不能赞一辞。弟子受《春秋》，孔子曰：'后世知丘者以《春秋》，而罪丘者亦以《春秋》。'"④这就

---

① 鲁愚等编：《关帝文献汇编》（第一卷），北京：国际文化出版社，1995年。
② 徐洪兴：《唐宋间儒学的转型及其提供的思考》，《中华文化论坛》，2005年第1期，第86—87页。
③ 胡小伟：《关公崇拜溯源》（上册），太原：北岳文艺出版社，2009年，第150页。
④ 司马迁：《史记》，北京：线装书局，2006年，第237页。

决定了《春秋》编著的体例和行文中，含有浓烈的善恶褒贬之道德评价，甚至可以作为经世治国之大法。[1]"应该可以这样说：《春秋》是关羽有别于历朝历代其他武将的鲜明符号，正是《春秋》这一特有的'儒'标识，令关羽从众多熊虎之帅、之将中脱颖而出，由自觉学儒到被编入正史、被正统儒学发现和承认，最后被视为护儒之神。关羽由此从一员儒将晋升为一员儒神。"[2]

《春秋》的确是关羽儒教身份的一个标志。云南关庙中的关羽塑像无一不手捧《春秋》，而各地关庙碑刻对此亦有或多或少的记载。

明天启《滇志》卷二十一《艺文志》载：

> 传称王雅好左氏《春秋》，夫《春秋》大谊，尊天王，外戎狄，讨乱贼，固王之精忠所深契乎？彼其萃天地之正气，信有不待生而存，不随死而亡者，矧隆昌乃卧龙七纵之地，同功一体，道协志侔，其宣威炳灵，庇民护国，与霄壤以共敝者，理固然耳。[3]

清雍正《白盐井志》卷八《艺文志》载《重建关圣庙记》：

> 予观汉末三分，人才称盛，然事吴事魏，大节已亏。蜀虽偏安，其人才非吴、魏可比，如诸葛武侯鞠躬尽瘁者，允为三代后一人也。而关帝之文武圣神为尤著。帝明《春秋》大义，

---

① 胡小伟：《关公崇拜溯源》（上册），太原：北岳文艺出版社，2009年，第149页。
② 吴晓峰：《关公信仰与儒学的关系探究》，《哈尔滨学院学报》，2012年第9期，第102页。
③ 刘文征纂修：《滇志》，清钞本。

辅昭烈于孤穷，不以富贵利害动其心，死生成败夺其志，暗室屋漏易其操，义勇忠诚，凛凛正气，其有得于刚大之德者乎。①

清光绪《续修嵩明州志》卷八《艺文》载《重修杨林关夫子庙碑记》：

> 当炎祚鼎沸之日，同翼德张君识昭烈于群雄之中，讨吴伐魏，卒能复高光大统于桓灵，既坠之余，统而观之，桃园兄弟，与汉室君臣，始终一心也；褂（挂）印封金与秉烛达旦，显征一心也；战胜攻取与杀身成仁，生死一心也。是皆《春秋》之志也。天下后世，颂关夫子亶其然欤。②

云南的儒学根基较深，尤其在大理，儒学教育自古以来皆很兴盛，而且较早便在白族中兴起。明李浩《三迤随笔·汉代叶榆传汉学》："叶榆河蛮世家，起于土著，自与汉通，始知汉礼，始通中原，送学子就学于司马相如。孟氏归蜀，蜀派学官讲学于白崖。历白国，皆有学子。蒙氏兴，与唐交往，派王室学子留学西京，习唐仪，全用唐制。南诏诸清平官皆通汉语，写汉字。时除兴儒学外，道教传叶榆已百余年。……汉人入叶榆，东西两千里，南北八百里。当年开疆拓土，以战得地，而土人三十八部始知有汉，得礼而知廉耻，得书文、竹简而知天下事。中以白子为最。国初平滇，叶榆、龙尾二地，土著民家多通汉话，知书者三百余，中有博学能诗善文八十余众，入仕者三十余

---

① 刘邦瑞纂修：《白盐井志》，清雍正八年（1730）刻本。
② 胡绪昌修，王沂渊纂：《续修嵩明州志》，清光绪十三年（1887）刊本。

人，载于官册。"①至南诏、大理国时期，儒学教育更加兴盛。明李浩《三迤随笔·南诏入学 大理国沿之》："南诏建官学于叶榆。入学士子中学成有望者，分批入学成都。学成返，配于诸布燮、久赞、陀酋及诸节度手下用事。往来公文录事书札，汉文记事，至大理国沿袭不变。唐宋以来，诗词风于天下。南诏亦如中原，以孔孟之学治世，礼乐治国。……段氏每十年，派氏族及诸臣僚子弟，至成都拜师求学。大理盛产金、银、良马，以重金入学，多得良师教授。国王更以重金，聘中原、江南、西川学识渊深、贤名远播者入滇讲学，并建太学监于叶榆城，为皇室子弟学所。自诏初兴学，历数百载，至段氏衰败。大理诸儒多有诗词传世，著文者多为史官。知音善乐者，有谱传世二百余曲，多为宫廷乐官之作，世称官乐。蒙段两朝之治学与唐宋无异，皆以四书五经为仕者必知之书。"②当然，儒学的兴盛，也得益于南诏帝王的高度重视。明李浩《三迤随笔·段素英兴儒》："至昭明皇帝段素英立位，段氏开科取士，大兴儒学，以重金聘蜀地名儒，入滇课学于大理、鄯阐二地。至此，学风渐兴。大理国诸望族世家子，有五十余人能文能诗。文精者，多奖以文房诸物。"③

儒学发展到一定阶段，随之产生的便是对孔孟的崇拜与孔庙的兴建，这在云南文献中亦有体现。明李浩《三迤随笔·大理祭孔考源》梳理了大理祭孔的历史："叶榆开拓于东汉，无孔孟之学。蜀相诸葛孔明南征，始知有汉文、《左传》、《春秋》，而不知圣人之教化。

---

① 李浩：《三迤随笔·汉代叶榆传汉学》，载大理州文联编：《大理古佚书钞》，昆明：云南人民出版社，2001年，第23页。

② 李浩：《三迤随笔·南诏入学 大理国沿之》，载大理州文联编：《大理古佚书钞》，昆明：云南人民出版社，2001年，第87—88页。

③ 李浩：《三迤随笔·段素英兴儒》，载大理州文联编：《大理古佚书钞》，昆明：云南人民出版社，2001年，第95页。

直至唐初入长安，始知世有三教教义。诏人信佛，三十七部皆巫。汉唐以来，孟优崇道，而知世有《道德经》。至凤伽异等入学长安，始知孔孟之教义为儒。至开元，长安京师始有祭孔科仪。带回典仪，立孔夫子神位，于八月二十七祭之。有祭曲二。异牟寻师郑清平，教乐人以礼八佾人祭。三年一次，至大理国崇佛而废此制。元初，胡人中多崇儒者。至延祐，大理始开科取士而崇儒。但无祭孔祀典颁行大理，知孔孟为圣人。至明平大理，叶榆以朱熹学识为贵。永乐初，始颁祭孔大典，议建孔庙。派学子入成都，学八佾大礼。制学制，立官学书院。于永乐四年起，祭孔于书院。以学官司仪，由学官至生员，分次列班。至此，供奉大成至圣先师，大兴孔孟之学，开科取士。儒学大兴，儒者以科举为重。"①明玉笛山人《淮城夜雨·叶榆城文庙》讲述了大理文庙的兴建情况："元大德十二年，敕文宣王为大成至圣文宣王，明德仪范，师表万事。大理总管建文庙于榆城中。大成殿宏伟肃穆，三年殿成，中供文宣王像。宣王头像取自鲁地曲阜文宣王真容模。左右诸门下弟子二十四像，均按文宣王府诸子画卷图精塑。工匠全为河东曲阜名匠，中有孙广翰曾塑孔像八十四尊，与曲阜孔庙文宣王像无二。至此，每年祭祀太牢之礼。叶榆自南诏蒙氏建国，历多次朝纲改易，皆以君臣习汉礼，朝礼与中原无二。皇室清平官均习汉文，通汉话、土语。书函皆以汉文书之。自赞陀传佛教化，蒙氏、郑氏、杨氏、段氏、高氏诸朝政，皆以佛教立国。上至帝王，下至臣民，见佛下马，见寺拜之。家有佛经为贵，知书为荣。多抄经人。虽知孔孟之道，诸子学识，走马观花。至仁宗皇庆开科，始有官学，多为总管属下各部

---

① 李浩：《三迤随笔·大理祭孔考源》，载大理州文联编：《大理古佚书钞》，昆明：云南人民出版社，2001年，第195页。

子弟及富家子。大理路至延祐有官学八座，门下子二百余。段府纲纪详述。"①儒教在大理非常兴盛，而关帝信仰在大理亦很兴盛，二者的发展并非偶然。事实上，正是二者的息息相关成就了二者的繁荣昌盛。

云南自唐代大兴儒教，由此出现祭孔典礼，发展至元代，云南第一座文庙落成。在这之后，文庙如雨后春笋般竞相破土而出，异常繁荣。与此同时，云南第一座武庙亦在大理兴建，其后也以破竹之势获得蓬勃发展。二者并驾齐驱，共同展示了云南的文武崇拜盛况。而事实上，发展到后期，云南百姓对关帝的崇拜甚至超过了孔子，关帝庙、武庙的修建数量甚至超越了文庙或孔庙。

清康熙《楚雄府志》卷八《艺文志》载《修关圣庙立义学序》：

后千百年，接孔子春秋心法，得孟氏集义微旨，刚大之气配道义而塞天地者，厥惟关夫子。夫子一生精诚足以贯日，大义足以参天，其所以始终于汉，正名分而扶纲常者，无非本不遗亲不后君之意，以直行春秋讨乱臣贼子之法。故历代以来，孔子庙庭遍天下，关夫子庙亦与之埒也。②

清光绪《续修嵩明州志》卷八《艺文》载《重修杨林关夫子庙碑记》：

人谓帝为汉后一人，余更谓帝为孔子后一人，是故浩然之气塞乎天地，历唐宋，迨元明，至诚莫拂。由侯而王，由王而帝，历代褒封，昭然史册。极覆载照临之下，凡有血气者，

① 玉笛山人：《淮城夜雨·叶榆城文庙》，载大理州文联编：《大理古佚书钞》，昆明：云南人民出版社，2001年，第302页。
② 张嘉颖修，李镜、刘联声纂：《楚雄府志》，清康熙五十五年（1716）刻本。

莫不焚香顶礼，而尊亲恐后焉。①

民国《邱北县志》卷八《艺文部》载《重修关圣庙碑记》：

　　尝考汉志，关帝行事，心向往之。盖古之生为将相，殁为神明者，亦多矣。独帝赫濯千秋，使人莫不尊亲如此。所谓一人之风，感慨百世，浩然正气，充塞两间者非耶！故自皇都以及州里，靡不崇构雕宫，幸隆典祀，俎豆辉煌，几与文庙等称，曰关西夫子有以也。②

民国《蒙化县志稿》卷十五《地利部·祠庙志》载《重修关帝庙记》：

　　汉前将军关壮缪公，其忠勇义烈冠乎古今，而英灵之赫奕，神威之震荡，凡被声教而入版图者，虽椎结之辈，亦莫不悚惕而生其恪恭。且自本朝定鼎以来，屡着灵验，迭荷崇封，故祀典所垂极其隆，庶几与孔子相埒，而四方之模像立庙家祀户祝者迨有过焉。③

①　胡绪昌修，王沂渊纂：《续修嵩明州志》，清光绪十三年（1887）刊本。
②　徐孝喆修，缪云章纂：《邱北县志》，民国十五年（1926）石印本。
③　李春曦修，梁友檍纂：《蒙化县志稿》，民国八年（1919）铅印本。

第四节　云南关帝信仰与儒释道三教的统一

云南关帝信仰与儒释道三教有着紧密的联系，在实际生活中，三教又常常结合在一起，从教义、伦理、庙观等多方面彰显关帝信仰的本质，大大丰富了关帝信仰的内涵。

一　关帝道教经书中的三教合一思想

关帝信仰在祭祀与传播过程中往往需要借助经书与善书，而经书与善书的内容几乎都体现了儒释道三教的合一。承前所述，云南民间祭祀仪式以诵经为主，诵读的经书主要有《关圣帝君觉世真经》《关圣帝君降笔真经》《关圣帝君应验桃园明圣经》《关圣帝君正心宝训》等，兹分析如下。

《觉世真经》源于咸丰二年（1852）江苏太仓王祖畬所作《关圣帝君觉世真经详注》，于光绪十一年（1885）再版。《觉世真经》虽为道教经文，但充满了浓烈的儒教色彩。

《关圣帝君觉世真经》

帝君曰：人生在世，贵尽忠孝节义等事，方于人道无愧，可立于天地之间。若不尽忠孝节义等事，身虽在世，其心已死，是谓偷生。凡人心即神，神即心，无愧心，无愧神。若是欺心，便是欺神。故君子三畏、四知，以慎其独，勿谓暗室可欺，屋漏可愧，一动一静，神明鉴察，十目十手，理所必至。况报应昭彰，不爽毫发。淫为万恶首，孝为百善愿。但有逆理于心有愧者，勿谓有利而行之。凡有合理于心无愧者，勿谓无利而不行。若负吾教，请试吾刀。

敬天地，礼神明。奉祖先，孝双亲，守王法，重师尊，爱兄弟，信朋友，睦宗族，和乡邻，别夫妇，教子孙。

时行方便，广积阴德，救难济急，恤孤怜贫，创修庙宇，印造经文，舍药施茶，戒杀放生，造桥修路，矜寡拔困，重粟惜福，排难解纷，捐资成美，垂训教人，冤雠解释，斗秤公平，亲近有德，远避凶人，隐恶扬善，利物救民，回心向道，改过自新，满腔仁慈，恶念不存，一切善事，信心奉行，人虽不见，神已早闻，加福增寿，添子益孙，灾消病减，祸患不侵，人物咸宁，吉星照临。

若存恶心，不行善事，淫人妻女，破人婚姻，坏人名节，妒人技能，谋人财产，唆人争讼，损人利己，肥家润身，恨天怨地，骂雨呵风，谤圣毁贤，灭像欺神，宰杀牛犬，秽溺字纸，恃势辱善，倚富压贫，离人骨肉，间人兄弟，不信正道，奸盗邪行，好尚奢诈，不重勤俭，轻弃五谷，不报有恩，瞒心昧己，大斗小秤，假立邪教，引诱愚人，诡说升天，敛物行淫，明瞒暗骗，横言曲语，白日咒诅，背地诛害，不存天理，不顺人心，不信报应，引人作恶，不修片善，行诸恶事，官词口舌，水火盗贼，恶毒瘟疫，生败产蠹，杀身亡家，男盗女淫，近报在身，远报子孙。

神明鉴察，毫发不紊，善恶两途，祸福攸分。行善福报，作恶祸临。

　　吾作斯语，愿人奉行，言虽浅近，大益身心。戏侮吾言，斩首分形。有能持颂，消凶聚庆，求子得子，求寿得寿，富贵功名，皆能有成。凡有所祈，如意而获，万祸雪消，千祥云集。诸如此福，惟善可致。吾本无私，惟佑善人，众善奉行，毋怠厥志。①

　　全文共分六层。第一层开首两句"帝君曰：人生在世，贵尽忠孝节义等事"，强调忠、孝、节、义是人的立身之本，此为儒家伦理道德主旨，因而开篇即奠定了全文的儒教基调。这一层劝人要为善去恶，行忠、孝、节、义之事。第二层重申了做人应恪守的伦常之道。第三层罗列众善之事，望人奉行以召福报。第四层详陈为恶致祸之事，警醒世人。第五层照应前文，重申善恶相报之理。第六层详列福善之事，劝人奉此篇而行。

　　《关圣帝君降笔真经》是一篇关羽降乩文，产生年代不详。虽为道教经文，但通篇闪耀着儒教、佛教的光芒。

《关圣帝君降笔真经》

　　吾是汉关圣帝，敕谕大众听闻。世上不齐等事，全凭一点真心。正直光昭不屈，死生顺逆当分。吾尝下游汉季，结盟皇叔三人。桃园名重千古，单刀秉烛于今。寄曹明来明去，吞吴为汉亡身。上帝怜我忠耿，独敕宣化幽明。令我日游天下，鉴别忠佞纷纷。

---

①　周本寿编：《民间国学手抄本》，北京：中国华侨出版社，2013年，第25页。

　　一切贪残奸巧，还偿果报斤斤。最戒读书文士，并及官宦军民。第一休欺父母，切莫圈套乡邻。贫富先交朋友，朋友乃是五伦。信心内外平等，何妨蹇难灾迍。曹操无底奸险，现今受罪冥阴。孔明只缘忠义，幽冥群奉为神。直心直受真福，巧计巧来祸因。有过昭如日月，无私天地同群。果然儿女不诳，到处鬼怕神钦。设计偷觑女色，自己帷薄宣淫。弄手诓骗财物，辈辈嫖赌沦侵。比比争能争胜，往往越贱越贫。快快收心猛省，休休愈堕愈深。三生轮回恶趣，千载唾骂难禁。笔尖添减情罪，舌剑反诛满门。尤恨毒心狠妇，花言啜哄乡亲。唆夫骂公骂婆，令我一见生嗔。泥像挥刀剖腹，分斩母子平均。可喜平人孝悌，朝夕买办粮薪。霎时风行泥马，驼回万里穷军。欲求长生育子，急宜戒杀放生。不食牛犬等肉，可免牢狱囚刑。

　　男女遵奉吾语，遇难我自降临。战场驱逐鬼魅，刀光雷雨血淋。护国百折不改，助尔加爵策勋。富贵永昌奕世，眉寿永无灾侵。如有毁法妄想，斗秤欺哄愚氓。不许身生人世，阿鼻地狱呻吟。那时悔过已晚，急早佩服法文。回头诸恶莫作，勉力众善奉行。①

　　全文共分三层。第一层简述了关羽的生平与死后的神职。第二层通过对人间种种善行及恶行的列举，宣扬了因果报应的道理，极力奉劝世人要弃恶从善。这一思想显然与儒家教义及佛教精神不谋而合。第三层通过对行善得福、行恶招罪这一事理的对比与描述，再次深化

---

① 周本寿编：《民间国学手抄本》，北京：中国华侨出版社，2013年，第16页。

了劝恶从善的主题。这在佛教赐福的基础上又增加了罚恶的功能。

《关圣帝君正心宝训》也是一篇关羽降乩文，产生年代不详。经文以"心"入题，从哲理角度阐释了邪心与正心的不同结局，主张心报慈祥，体现了强烈的儒教主张与佛教义理。

《关圣帝君正心宝训》

我（圣）奉帝命巡行，深悯人心陷溺，或怀叵测，或任尖深，或似豺狼，或同蛇蝎，不知人灵万物，实惟心宰一身，下手功夫，当头要务。虞廷传精一，孔氏重操存。佛法曰明，道家曰贞，虽有殊途，原归一致。鉴观有赫者在兹，阴骘无私者以此，咨尔有众。

谛听吾言，试观古往今来，不爽逆凶迪吉。心狠乌江刎首，岂曰天亡。心恶绝域殒身，谁云数蹇。留侯不血食，心计太深。伯道无后嗣，心情甚僻。朱门乞丐，祖先心过骄恣。白屋公卿，家世心怀诚朴。心巧受祸更巧，心多失意尤多。陡受奇穷，心原执拗。平遭异祸，心实奸邪。心气不和平，不徒无福且无算。心情多惰慢，总为无用与无成。善行辄说有心而未为，天夺其魄，恶事借口无心而偶失者，鬼瞰其衷。心果坦平，处处皆为坦地。心如危险，纷纷自蹈危机。忌刻心肠，在我偏多不若。贪瞒心腹，有资候被奇倾。心有真知，心无成见。生无奸状，何以家室蝶乱，花迷只为心淫。人有贤称，何以子孙蛇头鬼脑，原由心毒。心小般般无害，心豪事事难成。祸自心生，尊由心造。

凡兹有位，心须自凛旦明。亦曰吾儒，心期无愧幽独。缙绅后代，因甚多生败子孽孙。平等文人，缘何反获高科巍第。或心恃势位而背主欺民，或心守谦虚而尊人约己，其尔大众，务当心抱慈祥。一切吾民，各宜心存平实。富者心般周济，贵者心尚谦恭。贫者心守勤俭，贱者心怀廉耻。事父兄心惟孝弟，待朋友心尽忠诚。勿心存悭客，薄视姻亲。勿心好钻营，厚交势利。勿貌善心恶，勿口是心非。心形直，应事直而无曲。心体圆，处事圆而莫方。勉种心田，何美南阡北陌。广培心地，不须虎踞龙蟠。急早心回，务期心得。庶我心实获，而帝心简在矣。①

全文共分三层。第一层点题，明确"心"是评判人之优劣的标准与事之成败的关键，而众所周知，"正心"是儒释道三教共同追求的目标。第二层通过对人间种种不良之心及恶果的列举，说明了"祸自心生，孽由心造"的道理，警醒世人要培养善心，从事善举。第三层强调培养善心的重要性及培养善心的方式。

《关圣帝君诰》

太上神威，英文雄武。精忠大义，高节清廉。协运皇图，德崇演正。掌道释儒教之权，管天地人才之柄。上司三十六天星辰云汉，下辖七十二地冥垒幽酆。秉注人生功德延寿丹书，执定生死罪过夺命黑籍。考察诸佛、诸神，监制群仙、群职。高证妙果，无量度人。万灵万圣，至上至尊。伏魔大帝，关圣帝君。大悲大愿，大圣大慈。真元显应，昭明翊汉天尊。②

---

① 周本寿编：《民间国学手抄本》，北京：中国华侨出版社，2013年，第15页。
② 周本寿编：《民间国学手抄本》，北京：中国华侨出版社，2013年，第12页。

　　这是民间洞经会所念的诰文，虽然篇幅短小，但开篇即颂扬关羽的"精忠""大义"之质与"高节""清廉"之风。这四种品德，是关帝神威的重要体现，既涉及儒释道三大宗教的经典教义，更兼及天、地、人三界的伦理规范。而下文的"掌儒释道教之权，管天地人才之柄""考察诸佛、诸神，监制群仙、群职"两句更进一步明确了关羽在儒释道三教及天地人三界的重要地位。

　　重刊于嘉庆二十五年（1820）的《关帝明圣真经》（简称《明圣经》），自誉为"诸经之综"，对《明圣经》三个字的意义解释如下："经者，敬也。恭敬身心，时时不忘乎根本，刻刻常存于孝悌。谨敬这个心田，庶几近于礼仪，勿贪勿淫是也。圣者，昭然也。参天化育，千古忠肝义胆，万载神圣，先圣后圣，其揆一也。明者，如同日月，普照乾坤，无物不到，使我心性常怀不昧，灵台洁净，打扫如同宝镜一般，明心鉴性，故曰《明圣经》。"这无疑是儒家"明心鉴性"的做人要求和做人准则。另《明圣经》载关圣大帝赦令云："帝曾言日在天上，心在人中。心者万事之根本，儒家五常、道释三宝，皆从心上生来。仁莫大于忠孝，义莫大于廉节，二者五常之首。圣人参赞化育者，此而已；仙佛超神入化者，此而已。"体现了儒释道三教合于儒家五常的观点。

　　明嘉靖年间，兵部尚书蒲州人杨博所撰《关圣忠义经》的内容，几乎全是儒家借关公神明申明人伦道德的劝善说教。正如郁襄云为《忠义经》作注后跋云："圣经十八篇中，大约以忠孝、修身、立命之事，谆谆垂诫世人。皆本乎宣圣作《春秋》之旨，与臣言忠，与子言孝，相为表里。"①

二 供奉关羽宫观的三教合一理念

关帝庙与关圣宫是关羽崇拜的直接体现。庙为佛教之命名，宫为道教之称呼。庙、宫同祀关羽，体现了二教对其的崇拜。另外，从庙观的历史及设置上看，也体现了三教合一的理念。

其一，从庙观的形成历史看，有的属于寺改观，有的属于观改寺：

位于巍山县城东山的玄珠观，唐代为南诏蒙氏宗祠，宋元时期改建为道教宫观，明代晚期，又由佛教徒参与改建，更名为玄龙寺。寺内有四帅殿、四圣殿、三官殿、财神殿、玉皇阁、关圣殿等。

位于巍宝山的文昌宫，始建于蜀汉时期，初为当地土著居民祭祀龙王的龙王庙，清初改为道观，内设关圣殿、灵官殿、文昌殿、金甲殿、华光阁、文龙亭等。

位于弥渡县密祉大东山麓的德苴清风阁，初建于明末清初，原为关圣殿，后从阿扎陆村拆清风阁迁来重建，为八角攒尖重檐殿阁式建筑。

据民国《邱北县志》记载，邱北阿控寨的武圣宫，也系初期的莲华寺而改。

无论是寺改观，还是观改寺，都体现了佛、道的融合。

其二，从庙观的布局设置来看，寺观所祀之神往往儒、释、道兼备。体现在与关帝相关的寺观上，又有以下三种情况。

---

① 泉州市区民间信仰研究会编：《关岳文化与民间信仰研究》，厦门：厦门大学出版社，2008年，第83页。

一是佛教寺庙中供奉了道教的关圣大帝。如：

位于弥渡县城西南三十公里处密祉坝西部的密祉大寺，初建于清乾隆初年，光绪五年（1879）扩建。内设玉皇阁、圣母殿、灵官殿、关圣殿、子孙殿、孔庙、乡贤祠等。其中，关圣殿内，财神与药王分立两侧，与关帝共存（图43—44）。

位于南诏巍山县青华乡西窑村后圭峰山的圭峰寺，初建年代无考，清康熙五十三年（1714）重修，内设玉皇阁、关圣殿、三元宫、观音殿等。

位于巍山县巍宝乡师妈里以北的接龙寺，建于清嘉庆十七年（1812），后经多次复修，内祀观音、接龙、关圣等多位佛道神仙。

位于师宗县龙庆乡豆温村东南的飞来寺，初建年代不可考，原为伽蓝堂，内塑三教神像，清乾隆二年（1737）改建为飞来寺，内设子孙殿、关圣宫、海潮堂等。

图43　弥渡县密祉大寺药王祖师塑像　**图44　弥渡县密祉大寺财神塑像**

位于师宗县竹基小龙甸村东南的月涛寺，建于清康熙初年，后经多次复修，内设子孙殿、关圣殿，现仅存大殿及右厢房。

位于开远市中和营乡响水村委会附新寨北面的云窝寺，初建于清雍正五年（1727），内设观音寺、文昌宫、韦陀宇、关圣宫、龙王庙、土地祠、大雄殿等。主体建筑大雄殿重檐歇山顶，面阔三间，进深三间，楼上供三世佛牌位，楼下塑关圣、关平、周仓像，吊脚楼塑百仙朝佛。

位于开远市小龙潭办事处狮子山的归圣寺，初建于明末，康熙六年（1667）与乾隆二十一年（1756）重修，共分上寺、中寺与下寺。上寺为观音阁、酒仙阁、关圣宫等建筑；中寺包括武当塔、龙王庙、老君阁、寂照庵等建筑，归圣寺在下寺。

位于会泽娜姑镇云峰古道上云峰村的云峰寺，始建于清康熙四十七年（1708），原称圣武庙，乾隆二十三年（1758）重建扩建后改称云峰寺。寺庙为两进四合院建筑，在中轴线上排列有山门、圣武大殿、魁阁、观音殿和祖师殿。

二是关圣宫中供奉了众多儒教与道教神祇：

位于大理魏山大仓乡大仓街的关圣庙（图45—46），初建于明代，清代以后多次扩修或重修。正殿供奉关帝，偏殿供奉观音、八仙等神仙。

位于楚雄市东华镇新柳村老街的武庙，又称关圣庙，始建于清咸丰四年（1854），后历经重修。原建筑为山门、东西厢房、南门楼戏台等建筑，内塑有关圣、文武财神等塑像。

位于弥勒小凹革村的关圣宫，关圣塑像前面塑有三尊菩萨，从左至右依次为：药师佛（手中托宝塔），释迦牟尼佛（手中托钵），阿弥陀佛（手中托莲花）。

位于弥勒新瓦房村的关圣宫（图47—48），建于清光绪二十九年

图45　大理巍山大仓乡大仓街关圣庙罗汉塑像

图46　大理巍山大仓乡大仓街关圣庙观音塑像

图47　弥勒新瓦房村关圣宫孔子门徒塑像

图48　弥勒新瓦房村关圣宫玄奘塑像

（1903）。正殿内关帝与孔子、观音、玄奘、八仙等共存。

位于大理巍山永建乡永平村公所王官厂的关圣庙（图49—51），初建于明代，清代以后多次复修。前殿供奉孔子及弟子，后殿供奉张果老等神仙，偏殿供奉观音等神仙。

三是关圣作为道教神祇，与佛儒二教神祇共存于三教寺或三圣宫之类的宗教场所中：

位于宣威市西泽乡黄家台子村的三台洞，建于清乾隆十六年（1751），是以佛教为主，兼有道教的宗教建筑群。建筑群依岩而建，分为五台，内含五个天然石洞。第一台内含三个石洞，分别为观音殿、关圣宫、文昌殿；第二台内含一个石洞，为四官殿；第三台内含一个石洞，为玉皇阁；第四台和第五台，面阔10米，各为一间。

位于会泽县娜姑镇白雾街的三圣宫，又称文庙，始建于清嘉庆二十四年（1819），宫内供奉关公、孔子、文昌塑像及牌位。三圣宫沿中轴线依次建有照壁、门楼、牌坊、魁阁、大殿、东西厢房等建筑，共三进院落大小七个天井。

位于晋宁县六街镇六街村的三教殿，始建于清康熙年间，为三进二院落土木结构建筑。正殿墙外南北均有一小殿，左为送生殿，右为财神殿。三教殿供奉儒释道三教神像，前殿有观音，中殿有玉皇、关圣，后殿有孔子、孟子等。

总之，在云南，无论是道观还是寺庙，只要有关羽神像的地方，一般都有儒释道三教神祇相伴，关帝俨然已经与儒释道三教融为一体。在共存的神祇中，观音大士出现的频率最高。另外，八仙、送子娘娘、财神等共存情况也较多，关羽神像较少单独存在。由此可见，云南关帝信仰与儒释道三教有密切关系。

图49　大理巍山王官厂关圣庙孔子塑像

图50　大理巍山王官厂关圣庙孔子门徒塑像

图51　大理巍山王官厂关圣庙张果老塑像

第五节　云南关帝信仰的文化意义

关帝信仰自宋元时期传入云南以来，迅速在当地发酵升温，继而成为民间信仰的主导力量。一直以来，无论是省城都会，还是地州县郡，甚至偏远乡镇，无一例外布满了关帝庙宇。而在信仰人群中，上至达官显贵，中至文人商贾，下至平民百姓，无不对关帝充满崇拜与敬畏。这种历时之久、波及之广的信仰文化植根于诚实守信、善良淳朴、宽广博大的精神理念，在对人的思想意识进行潜移默化的渗透的同时，也对整个社会文化产生了巨大而深远的影响。

一　促进民族团结融合，形成稳定统一的民族共同体

关帝信仰是历史的产物，也是文化的产物。中国自古以来崇尚礼教，在漫长岁月中，历朝历代的统治者都致力于社会秩序的营造和生存环境的改变，而要实现这一目的，就需要制定一套与社会相适应且让民众乐于接受的伦理道德体系。在此情况下，儒家以德治国的主张得到了社会各阶层的积极认可，孔子以仁义礼智信为核心的理论体系也作为中国文化的主流登上圣堂。几千年来，孔子博大精深的思想体系对中国社会的发展产生了深远影响，也为中华民族思想意识的形成及人格心理的塑造等奠定了深刻基础，因此无愧于"至圣先师""万世师表"的称号。而关羽作为与文圣孔子并驾齐驱，在影响力上甚至

时有过之的武圣，生前虽然曾经创立过"威震华夏"的功业，但毕竟只是一个普通人，位不过将军，封不过列侯，并无特异之处。然而，他去世以后却逐渐被社会各阶层神化，由侯而王，由圣而帝，继而成为一位"殁有神威镇九天，万古寰区皆庙祀""封王祀典乾坤久，信史功名日月高"的具有无上权威的"神灵"，这不能不说是一部传奇。相比之下，甚至有观点认为，孔子在一些地区群众中影响的深度和广度都不及关羽，因为前者没能达到"为妇孺所称"的程度。因此，明代的著名文学家徐渭曾在《蜀汉关侯祠记》中感叹道："蜀汉前将军关侯之神，与吾孔子之道，并行于天下。然祠孔子者止郡县而已，而侯则居九州之广，上自都城，下至墟落，虽烟火数家，亦靡不醵金构祠，肖像以临，毯马弓刀，穷其力之所办。而其醵也，虽妇女儿童，犹欢忻踊跃，惟恐或后，以比于事孔子者，殆若过之。噫，亦盛矣。"①

事实上，关羽之所以能在身故后得到如此广泛的拥护、推崇与加封，首先与其人物形象的特殊性和丰富性密切相关。作为被各阶层广泛使用的文化资源，关羽这一人物在历史和文化的变迁中呈现出了多元性特点：他是普通人，也是造化神；他是历史人物，也是文学形象；他是政府的护法官，也是民间的教化主；他是宗教的降魔神，也是百姓的保佑神。在这个多元共构的体系中，佛教宣扬轮回因果，主张行善积德，以求来世；儒教恪守三纲五常，提倡仁义礼智，以固人格；道教倡导修心养生，追求天人合一，以获永恒；政府倡导遵法明礼，追求长治久安，以得安定；民众关注生存环境，讲求实际效用，以图庇护。故佛教追求往生乐土的境界，儒教蕴含为人处世的道理，道教研究出世成仙的方法，政府钻研民顺国兴的手段，民众探索有求必应

---

① 徐渭著，刘祯选注：《徐文长小品》，北京：文化艺术出版社，1996年，第110页。

的路径。虽然面对的是同一资源，但地位不同、阶层不同、需求不同，就会产生不同的信仰群体。因此，这尊由多个群体合力而共构的神，就这样具备了多元化的认识意义和利用价值。人们信仰他，崇拜他，追逐他，也就具有了多方位的价值取向。然而，道生万物，万物归一，多元化回归到一点，仍是一体化。关羽信仰作为联系万民的一条纽带，已经在潜移默化中造就了一个民族共同体。

从另一个层面看，关羽之所以能在身故后得到如此广泛的拥护、推崇与加封，还与其本身的文化价值有关。在中国这样一个以农业为主的社会里，文化价值主要表现为一种道德价值，强调人对道德的遵守与认同，也强调人的社会义务和责任，所以说个人的标准其实都要服从社会的标准。伦理道德作为社会的价值体现和评判标准，必然能凝聚民心，并形成强大的凝聚力。因此，尽管社会各阶层看似各有宗旨，但在关羽这一文化资源上，不同的理念并没有妨碍他们采取一致的立场。而这一致立场的中心就是重义尚力。关羽是"义"的聚合体。在他身上，"义"得到了全方位的体现。桃园结义，体现的是一言九鼎的信义；千里寻主，体现的是尽忠竭力的忠义；义释曹操，体现的是知恩图报的恩义；义释黄忠，体现的是成人之美的仁义；而最后败走麦城，更体现了舍生取义的大义。"义"作为儒家文化的核心，为全社会提供了可供敬仰和效法的模板，并且影响了中国文化数千年，可以说这一原则已定格成为中华民族道德情操的评价标准，而关羽身上所表现出来的忠义诚信等因素，正与儒家文化的道德原则和统治阶级的治国理念保持了高度一致，同时符合普通民众对个人修养及社会风尚的需求。所以，他的影响是全方位的、深层次的。从另一个方面看，关羽又是"力"的外化者。他生前英勇善战，力敌万人，为汉室立下赫赫战功。因此，在他身故后，社会各个阶层便因力附会，借力发挥，力图把他打造成一个无所不能、百战百胜的保护神，这样一来，希冀得到他庇护和保佑的社会各阶层便自然而然把他作为自身的精神寄托和诉求依靠，一个庞大的关羽崇拜体系也得以产生。

另外，关羽之所以能在身故后得到如此广泛的拥护、推崇与加封，还与其具有的社会功能有关。社会功能也是评价个人社会价值的关键。就关羽这一形象而言，其社会功能是异常丰富的。其一，彰显了忠义思想，巩固了封建统治。封建统治阶级要想巩固自己的地位，就得不断加强对臣民的统治。既然希望臣民绝对顺从自己、拥护自己，就需要找到一个忠义的范本来进行说教渗透。关羽忠心耿耿侍奉刘备的事迹，正符合他们对这一理想人格的需要，因此，这一历史人物在他们的操控下，就迅速成长为一个赤胆忠心、义薄云天的侠义之神。统治阶级借助他的形象与名声，可以达到对臣民进行引导和教化的目的。从另一个层面看，每个朝廷都面临生死存亡问题。当国力渐趋衰弱抑或走向灭亡时，每一位统治者都希望身边能有一群文韬武略、神通广大的得力干将挺身而出，帮助朝廷渡过难关。但现实当中往往不具备这样的条件，那么转而依靠法力无边的神灵来寻求庇护就是理所当然的事了。关羽忠义勇武的人物形象符合统治阶级对理想神格的想象和期盼，因此，历朝历代的统治阶级才会不遗余力、想方设法来打造他。其二，促进了民族融合，缓和了民族矛盾。翻开中国历史，民族融合一直作为一条发展的主线贯穿始终。毋庸置疑，民族融合扩大了交往，加强了交流，促进了社会的发展。然而，在这一过程中，因为各民族思想意识不同，生活方式有异，民族对立的情况也时有发生，这在元代建立的蒙古族政权和清代建立的满族政权时期最为明显。为了营造一个和谐稳定的政治环境，统治阶级需要寻找一股能联系不同民族、不同阵营的中间力量来调和矛盾。在此情况下，关羽作为恢宏大度、

居仁由义、公正无私的历史典型，无疑是最理想的人选。因此，统治
阶级需要努力把他打造成一个举国推崇、万民敬仰的光辉之神。在这
样的思想意识驱使下，蒙元政权转而依靠佛教，并一步步神化关羽。
元世祖忽必烈以关羽为"监坛"，这是继宋徽宗将关羽、神权和道教
合为一体之后，再次将关羽、神权和佛教合为一体。清代满族统治者
建立政权后，对关羽的封谥更是有增无减。种种迹象表明，关羽在调
解民族矛盾方面起到了重要作用。其三，传播宗教理念，扩大宗教影
响。佛教作为外来宗教，要在中国生根开花，就必须赢得芸芸众生的
认可和支持。而要达到这个目的，单靠自身的宣扬和说教，显然是难
以实现的。因此，必须在本土寻找一位家喻户晓、德高望重的人来助
力成就。在这种情况下，关羽这位以勇武见长的历史人物自然而然地
进入了佛教的视线。佛教徒把他打造成护法伽蓝，成功地扩大了自身
影响，且把教义深深植入了中国土壤。道教作为本土宗教，虽然发展
过程不似佛教这般曲折，但要让来自五湖四海的三教九流乐于接受也
绝非易事，因此，仍然需要寻找一位像关羽一样的神勇之人来吸引民
众，聚集民众。于是，关羽摇身一变，又成了道教的伏魔大帝。至于
儒教，早在几千年前，孔子就把仁义礼智信这条维系中国精神文化的
纽带与中华民族紧紧联系在一起。关羽作为仁义礼智信的集中体现者
和实践者，毫无疑问应该接力历史，传承文化，扩大影响。因此，他
凭借文衡帝君的地位和称号，借助标志性的符号《春秋》，成功地把
儒家的经典文化发扬光大，并把这种影响推广到了全世界。其四，慰
藉黎民百姓，满足精神需求。中国古代的社会是一个农业社会，生产
水平低下，科技水平滞后，民众意识保守，宗教活动盛行，因此，鬼
神信仰是人们社会生活中不可缺少的部分。而历史上的关羽形象，与
百姓心目中的英雄形象完整重合，所以，他一出现便迅速赢得了百姓

的钦佩和崇敬。再经文学作品的美化与渲染，一位气宇轩昂、正义凛然的完美英雄形象呼之欲出，并在百姓的思想意识里画下了浓墨重彩的一笔，人们随即对他充满崇敬和拥戴。最后再经宗教与朝廷的神化与夸大，一位呼风唤雨、降魔除妖的神祇形象便喷薄而出，并随即以星火燎原之势迅速走入大江南北千家万户。百姓把他作为自身的依靠和寄托，无论遇到什么事，都要向他倾诉和求助，这在一定程度上慰藉了百姓的心灵，舒缓了百姓的精神。

二 提高民族文化素质，营造质朴深厚的文化氛围

云南相对偏远的地理位置，曾一度阻碍其经济与文化的发展，但自从与中原建立了联系之后，历朝历代的统治者便非常重视对中原优秀文化的吸收和利用，特别在南诏、大理国时期，执政者为朝廷官员、贵族子弟提供了很多外出学习求教的机会，并且制定了一整套相对严苛的考核制度。这一历史在地方文献中有诸多记载。如《三迤随笔·段氏考制》："余读蒙段诸史。南诏建国之初，自皮逻阁入长安朝贡，慕唐之礼仪威严，君臣之有序。派学子六十，皆蒙氏族人子弟、诸官子弟、王子等，入学长安三年。后每三年入学一批，每批二十，请长安学师授课，并习礼乐。南诏多砂金，而唐室要臣贪金，而喜南诏子弟挥霍，衡以良师受课。诸子学成返诏者，衡其人之才而用。后天宝战起，诏人与唐断绝。后郑清平主相位，立制增学爽官。选文武诸臣智者子弟、王室子女好学者，由学爽所指派王师授课。逃课者，罚跪于塾内花园墙脚荨麻丛。荨麻辣人，人皆畏之。郑清平常至学堂察诸学子学业，每岁尾主考，亲阅其卷，亲口盘问，能者委以政事，能者

为托。三考皆落者，归诸邑小差，不为国用而为民之上者。"①由以上记载可以看出，贵族子弟学成归来，大多能得到朝廷的任用，而在供职过程中，几乎都能发挥所长，把所学文化礼仪逐渐传播给民众，这在一定程度上扩大了受教育的范围。关帝信仰传入后，社会各阶层为了实现各自的目的，都在积极传播其思想意识。传播思想意识，往往需要借助一定的文字载体。这些文字载体，可以是经书，也可以是文学读本，可以是唱词，也可以是民间读物。而普通民众为了能领会这些文字载体的精髓和要义，就必须加强语言文化知识的学习。这样，在长期听经、唱经、讲经、演经、写经的过程中，民族的文化素质得到了提高，一种质朴深厚的文化氛围也得以形成。

三　提升人民道德品质，创造和谐安定的社会环境

云南具有深厚的原始宗教信仰基础，而且一些地方的百姓还信奉巫教巫术，可以说，鬼神思想在云南许多百姓的思想意识中根深蒂固。故当佛教、道教传入后，因其法力无边、有求必应的思想导向非常符合百姓的精神需求，所以能很快得到百姓的认同，并迅速融入百姓的日常生活。而儒学作为主导中国民众道德伦理的理想范式，自然也能得到国家与民众的认可。尤其在南诏、大理国时期，由于统治阶级崇奉佛教，故整个区域崇佛的风气异常兴盛，甚至于国王也可以出家。在大兴佛教的同时，统治阶级对儒教、道教也给予了高度的关注，因此，整个社会儒释道的风气较为浓厚。从教义上看，佛教主张修行，强调因果；儒教倡导修身，主张扬德；道教主张养性，强调惩恶。三

---

① 李浩：《三迤随笔·段氏考制》，载大理州文联编：《大理古佚书钞》，昆明：云南人民出版社，2001年，第150页。

教在人的道德修养方面都有着几乎一致的主张。信奉三教，就需要恪守道德原则，而恪守道德原则，无疑能够大大提高人的道德修养。这在地方志里亦有记载。《鸡足山志》云："志曰：志尚气节，崇奉释教。又曰：人多好善，质直好义，无钩曲之行。盖古之所谓裹饭袖香之俗，始于观音、文殊开教化于妙香国，此叶榆佛氏之俗盛于全滇也，以故鸡足山即在大理府属邑之中。野史氏所谓革愚悍，兴善教，庶使不畏王法之徒，谈因果，宣报应，则凛然敬信生焉。"[①]显然，宗教对百姓的教化作用不仅是在汉族中显现，在少数民族中亦有深刻体现。"沿阿育王余习俗，崇奉佛教，宗洁佛堂，人手念珠，朔望经声彻之比户。乡里疏布粝食，恂恂尚俭清斋，事浮屠法惟谨。心未能白于人，则必急念阿弥陀佛以矢证之；或有所感触，亦必念佛以达意。故捐佩刀，修儒业，明忠孝五常之性，敬神明而重犯法，始则赖观音大士之渐摩以及此，于以知佛氏之为辅化明矣。以故集会勿论汉僰杂夷，必斋戒佩香囊于项首，捧经卷数百，合群以往焉。又僰人即其乡谈叩演方广经，鸣金树帜，亦百十为群，手捧尺案，置经于案上，或一步一礼，或三步一礼，唱合轷訇，慈悲虔敬之心，应满山谷。"[②]关羽作为三教合力共推的神祇，凝聚了三教忠、勇、仁、义、信的道德特征。而在百姓崇拜关羽的同时，他身上凝聚的这些优秀的道德理念自然也就融汇到了百姓的日常生活中。因为心存敬畏，百姓的一言一行都会以此为指导，并在此规范内实施。长此以往，百姓的道德品质无疑能够得到提升，社会的安定和谐也就有了保障。

---

① 高奣映著，芮增瑞校注：《鸡足山志》，昆明：云南人民出版社，2003年，第373页。

② 高奣映著，芮增瑞校注：《鸡足山志》，昆明：云南人民出版社，2003年，第373页。

总之，来自不同地域、不同时代的不同民族，尽管有着各种各样的差异，但因着关帝信仰这一共同思想，他们团结一心，艰苦奋斗，增强了民族自信心，提高了民族自强感，在历史长河中逐渐形成了稳定统一的民族共同体。

结　语

关帝是中国民间与宗教界最具影响力的神灵之一，关帝信仰也是中国民间与宗教界最为显著的信仰。关帝信仰的形成和发展，体现了多元一体格局下，国家建设和平统一理想国度的决心和力量，以及弘扬和发展忠孝仁义经典文化的目标和主张，彰显了国家在一体化进程中推行制度化建设和精神化建设的有力手段。云南作为中国西南边疆少数民族分布较多的地区，有二十五个世居的少数民族，是西部典型的多元族群与多元文化分布地，其信仰文化既有遵循国家传统而形成的一体化信仰，也有植根于自身历史而形成的个体化信仰。因此，其信仰文化具有多元性与独特性。

云南信仰文化深厚，特别是关帝信仰文化不仅具有悠久的历史，更具有不朽的魅力。例如遍及全省各地的关帝庙及山陕会馆、内容纷呈的少数民族信仰文化、经久不衰的洞经文化、独具特色的纸马文化、悠久神秘的关索戏以及底蕴深厚的鸾堂宝书等，都具有宝贵的研究价值。但一直以来，学界对关帝信仰的研究多偏向于宏观的历史研究，区域性研究较少。在有限的区域研究中，汉族地区的研究相对较多，少数民族区域的研究较少，而对云南边疆地区少数民族的关帝信仰进行研究，学界还几乎未曾涉及。因此，该研究具有重要理论意义与现实意义。

尽管如此，研究发现，云南关帝信仰在许多地区已走向衰落，一个很明显的现象是关帝庙的大量消失和关帝祭祀仪式的大量削减，少量留存的庙宇由于年久失修，或遭废弃，或沦为娱乐场所，往昔虔诚敬奉与热闹朝拜的景象已不复存在，祭祀仪式更是难觅踪迹，也正是由于这个原因，研究工作常常变得举步维艰。不过，对每个地区的关帝信仰情况进行实地考察与历史梳理，仍不难厘清其历史脉络与发展规律。例如：对遍及全省的现存关帝庙进行数据整理及实际调查，可以深入了解各地的信仰状况及地区差异；对各地信仰人群进行综合分析与个体访谈，可以全面了解各地群众的信教心理、人员特征；对部分关帝祭祀仪式进行实际考察与历史溯源，可以深入了解各地的民风民俗及历史源流；对神话传说与民间歌谣中的关帝信仰进行深入系统的探究，可以洞悉各地的信仰理念与地域特征；对地方戏曲中的关帝信仰进行历史考探与实地调研，可以窥见其地关帝信仰的文化风貌与信仰源流；对云南关帝信仰与儒释道三教的关系进行细致梳理与综合研究，可以考察各地的信仰关系与信仰特点。最重要的是，在中华民族多元一体理论指导下，对云南少数民族地区关帝信仰的历史与现状进行多维度研究，通过云南少数民族地区关帝信仰宗教特点、民俗内涵的解读，可以证明云南各少数民族的关帝信仰的形成是中华民族多元一体格局的结果；而关帝信仰作为维系云南各族群的精神纽带，有助于中华民族向心力和凝聚力的形成。

参考文献

（一）专著

古代文献：

班固：《汉书》，北京：中华书局，2007年。

常璩：《华阳国志》，长春：时代文艺出版社，2009年。

陈鼎：《滇游记》，北京：中华书局，1985年。

陈寿：《三国志》，北京：中华书局，2011年。

崔高维校点：《礼记》，沈阳：辽宁教育出版社，2000年。

樊绰著，向达校注：《蛮书校注》，北京：中华书局，1962年。

樊绰著，赵占甫校释：《云南志校释》，北京：中华书局，1985年。

范晔、司马彪：《后汉书》，长沙：岳麓书社，2008年。

范晔：《后汉书》，北京：中华书局，1965年。

高承：《事物纪原》，北京：中华书局，1985年。

谷神子、薛用弱：《博异志·集异记》，北京：中华书局，1980年。

顾炎武撰，黄坤等校点：《天下郡国利病书》，上海：上海古籍出版
社，2012年。

郭松年：《大理行记》，北京：中华书局，1985年。

皇甫谧撰，宋翔凤、钱宝塘辑，刘晓东校点：《逸周书》，辽阳：辽
宁教育出版社，1997年。

稽璜等：《皇朝通典》，浙江书局光绪八年（1882）版。

李昉等：《太平御览》，北京：中华书局，1960年。

李冗：《独异志》，北京：中华书局，1983年。

刘锦藻：《清朝文献通考》，杭州：浙江古籍出版社，1988年。

刘文征撰，古永继点校：《滇志》，昆明：云南教育出版社，
　　1987年。

刘昫等：《旧唐书》，北京：中华书局，1975年。

吕志伊、李根源：《滇粹》，昆明：古旧书店，1981年。

孟元老撰，李士彪注：《东京梦华录》，济南：山东友谊出版社，
　　2001年。

欧阳修、宋祁：《新唐书》，北京：中华书局，1975年。

阮元校刻：《十三经注疏》，北京：中华书局，1980年。

申时行等修：《万历朝重修本明会典》，北京：中华书局，1989年。

施耐庵：《水浒传》，长春：吉林出版集团有限责任公司，2012年。

释志磐：《佛祖统纪校注》，上海：上海古籍出版社，2012年。

司马光撰，胡三省音注：《资治通鉴》，郑州：中州古籍出版社，
　　1991年。

司马迁：《史记》，北京：线装书局，2006年。

宋濂等：《元史》，北京：中华书局，1976年。

孙承泽撰，王剑英点校：《春明梦余录》，北京：北京古籍出版社，
　　1992年。

孙光宪撰，林青、贺军平校注：《北梦琐言》，西安：三秦出版社，
　　2003年。

田雯：《黔书》，北京：中华书局，1985年。

脱脱等：《金史》，北京：中华书局，2000年。

王士性：《黔志》，北京：中华书局，1985年。

王士祯撰，靳斯仁点校：《池北偶谈》，北京：中华书局，1982年。

王应麟：《汉制考》，北京：中华书局，1991年。

惟一子：《洞冥宝记》。

魏征等：《隋书》，北京：中华书局，1973年。

文康：《儿女英雄传》，北京：华夏出版社，2013年。

吴承恩：《西游记》，长春：吉林出版集团有限责任公司，2012年。

吴敬梓：《儒林外史》，北京：华夏出版社，2013年。

吴自牧撰，符均、张社国校注：《梦粱录》，西安：三秦出版社，
　　2004年。

谢肇淛撰，郭熙途校点：《五杂组》，沈阳：辽宁教育出版社，
　　2001年。

徐弘祖：《徐霞客游记》，上海：上海古籍出版社，2016年。

许缵曾：《滇行纪程》，北京：中华书局，1985年。

永瑢、纪昀等纂修：《景印文渊阁四库全书》，台北：台湾商务印书
　　馆，1986年。

余嘉锡：《宋江三十六人考实》，杭州：浙江古籍出版社，2012年。

俞樾：《茶香室丛钞》，北京：中华书局，1995年。

俞樾：《茶香室三钞》，北京：中华书局，1995年。

袁枚：《子不语全集》，石家庄：河北人民出版社，1987年。

乐史：《太平寰宇记》，北京：中华书局，1985年。

张廷玉等：《明史》，长春：吉林人民出版社，2005年。

张馨编：《尚书》，北京：中国文史出版社，2003年。

赵翼：《瓯北诗钞》，上海：商务印书馆，1935年。

赵翼撰，栾保群、吕宗力校点：《陔余丛考》，石家庄：河北人民出

版社，1990年。

郑樵：《通志》，北京：中华书局，1987年。

"中央研究院"历史语言研究所：《明实录·明太祖实录》，上海：
上海书店，1982年。

地方志书：

查枢纂修：《永善县志略》，清嘉庆八年（1803）修钞本。

陈燕等修，李景贤等纂：《沾益州志》，清光绪十一年（1885）
钞本。

陈诒孙等修，杨思诚纂：《嵩明县志》，民国三十四年（1945）铅
印本。

陈钊镗修，李其馨等纂：《赵州志》，民国三年（1914）重印本。

陈宗海修，赵端礼纂：《腾越厅志稿》，清光绪十三年（1887）
刊本。

程近仁修，赵淳等纂：《赵州志》，清乾隆元年（1736）刻本。

党蒙等修，周宗洛等纂：《续修顺宁府志》，清光绪三十一年
（1905）刻本。

杜绍先纂修：《晋宁州志》，清康熙五十五年（1716）钞本。

鄂尔泰修，靖道谟纂：《云南通志》，清乾隆元年（1736）刻本。

范承勋等修，吴自肃等纂：《云南通志》，清康熙三十年（1691）
刻本。

范溥修，田世容纂：《顺宁府志》，清雍正四年（1726）刻本。

方桂修，胡蔚纂：《东川府志》，清乾隆二十六年（1761）刻本。

符廷铨修，杨履乾纂：《昭通志稿》，民国十三年（1924）铅印本。

郭存庄纂修：《白盐井志》，清乾隆二十三年（1758）刻本。

何怀道修，万重赟纂：《开化府志》，清道光九年（1829）刻本。

胡绪昌修，王沂渊纂：《续修嵩明州志》，清光绪十三年（1887）刊本。

胡毓麒修，杨钟璧等纂：《罗次县志》，清光绪十三年（1887）刻本。

黄德巽修，周启先等纂：《罗平州志》，清康熙五十七年（1718）刻本。

黄元直修，刘达式纂：《元江志稿》，民国十一年（1922）铅印本。

霍士廉修，由云龙纂：《姚安县志》，民国三十七年（1948）铅印本。

江濬源修，罗惠恩纂：《临安府志》，清嘉庆四年（1799）刻本。

黎恂修，刘荣黼纂：《大姚县志》，清道光钞本。

李诚修，罗宗琏纂：《新平县志》，清道光七年（1827）刊刻钞本。

李春曦修，梁友檍纂：《蒙化县志稿》，民国八年（1919）铅印本。

李焜纂修：《蒙自县志》，清乾隆五十六年（1791）钞本。

李世保修，张圣功等纂：《云南县志》，清乾隆三十二年（1767）刻本。

李熙龄续纂修：《普洱府志》，清咸丰元年（1851）刻本。

李星沅修，李熙龄纂：《重修澄江府志》，清道光二十七年（1847）刻配补钞本。

李月枝纂修：《寻甸州志》，清康熙五十九年（1720）刻本。

李中溪纂修：《云南通志》，民国二十三年（1934）龙氏重印本。

刘邦瑞纂修：《白盐井志》，清雍正八年（1730）刻本。

刘垲等修，吴蒲等纂：《续修蒙化直隶厅志》，清乾隆五十五年（1790）刻本。

刘沛霖等修，朱光鼎等纂：《宣威州志》，清道光钞本。

刘润畴修，俞赓唐纂：《陆良县志稿》，民国四年（1915）石印本。

刘文征纂修：《滇志》，清钞本。

刘毓珂纂修：《永昌府志》，清光绪十一年（1885）刊本。

龙云、周钟岳纂修：《新纂云南通志》，民国三十八年（1949）铅
　　印本。

陆宗郑修，甘雨纂：《姚州志》，清光绪十一年（1885）刻本。

马标修，杨中润纂：《路南县志》，民国六年（1917）钞本。

毛鸷、朱阳纂修：《晋宁州志》，清乾隆二十七年（1763）刻本。

钮方图修，侯允钦纂：《邓川州志》，清咸丰四年（1854）刊本。

任中宜纂，徐正恩续纂：《新兴州志》，清乾隆十五年（1750）增
　　刻本。

沈懋价修，杨璇纂：《黑盐井志》，清康熙四十九年（1710）刊刻
　　钞本。

沈生遴纂修：《陆凉州志》，民国二十六年（1937）刊本。

苏鸣鹤修，陈璜纂：《楚雄县志》，清嘉庆二十三年（1818）刻本。

汪炳谦纂修：《恩安县志》，清宣统三年（1911）钞本。

王宝仪修，杨金和等纂：《鹤庆州志》，清光绪二十年（1894）
　　刻本。

王槐荣修，许实纂：《宜良县志》，民国十年（1921）刊本。

王昺修，任洵纂：《嵩明州志》，清康熙五十九年（1720）刻本。

王钧图等修，缪果章纂：《宣威县志稿》，民国二十三年（1934）铅
　　印本。

王懋明纂修：《续修马龙县志》，民国五年（1916）铅印本。

王民皞纂修：《阿迷州志》，清康熙钞本。

王尚用修，陈梓等纂：《寻甸府志》，明嘉靖刻本。

王诵芬纂修：《宜良县志》，清乾隆三十二年（1767）刻本。

吴光汉修，宋成基纂：《镇雄州志》，清光绪十三年（1887）刻本。

吴永立修，马太元纂：《新平县志》，民国二十二年（1933）石印本。

吴自修修，张翼夔纂：《新修中甸厅志书》，清光绪钞本。

谢体仁纂修：《威远厅志》，清道光十七年（1837）刊本。

徐孝喆修，缪云章纂：《邱北县志》，民国十五年（1926）石印本。

许日藻修，杜兆鹏纂：《马龙州志》，清雍正元年（1723）刻本。

许实纂修：《禄劝县志》，民国十四年（1925）铅印本。

杨金铠纂修：《鹤庆县志》，民国钞本。

杨若椿修，段昕纂：《安宁州志》，清乾隆四年（1739）刻本。

叶如桐修，刘必苏纂：《续修永北直隶厅志》，清光绪三十年（1904）刻本。

佚名纂：《续蒙自县志》，清宣统年间本。

张嘉颖修，李镜、刘联声纂：《楚雄府志》，清康熙五十五年（1716）刻本。

张培爵等修，周宗麟等纂：《大理县志稿》，民国五年（1916）铅字重印本。

张问德修，杨香池纂：《顺宁县志初稿》，民国钞本。

张毓碧修，谢俨纂：《云南府志》，清康熙刊本。

张自明修，王富臣等纂：《马关县志》，民国二十一年（1932）石印本。

郑颙修，陈文等纂：《云南图经志书》，明景泰六年（1455）刻本。

周汝钊修，侯应中纂：《景东县志稿》，民国十二年（1923）石印本。

朱庆椿修，陈金堂纂：《晋宁州志》，民国十五年（1926）铅印本。

朱若功修，戴天赐纂：《呈贡县志》，清雍正三年（1725）刻本。

朱纬修，罗凤章纂：《罗平县志》，民国二十二年（1933）石印本。

祝宏纂修，赵节纂：《建水州志》，清雍正九年（1731）修，民国
　　二十二年（1933）重刊本。

今人著作：

《民族问题五种丛书》云南省编辑委员会编：《云南苗族瑶族社会历
　　史调查》，昆明：云南民族出版社，1982年。

《思想战线》编辑部编：《西南少数民族风俗志》，北京：中国民间
　　文艺出版社，1981年。

《云南各族古代史略》编写组：《云南各族古代史略》，昆明：云南
　　人民出版社，1977年。

卞伯泽：《会泽文化之旅：会馆文化》，昆明：云南人民出版社，
　　2011年。

蔡东洲、文廷海：《关羽崇拜研究》，成都：巴蜀书社，2001年。

大理州文联编：《大理古佚书钞》，昆明：云南人民出版社，
　　2001年。

戴康生、彭耀主编：《宗教社会学》，北京：社会科学文献出版社，
　　2007年。

丁达贤：《古老神秘的白族甲马》，昆明：云南民族出版社，
　　2013年。

丁世良、赵放主编：《中国地方志民俗资料汇编（西南卷）》，北
　　京：书目文献出版社，1991年。

渡边欣雄：《汉族的民俗宗教：社会人类学的研究》，周星译，天津：天津人民出版社，1988年。

段金录，张锡禄主编：《大理历代名碑》，昆明：云南民族出版社，2000年。

段丽萍：《中国少数民族宗教》，昆明：云南民族出版社，2002年。

段玉明：《西南寺庙文化》，昆明：云南教育出版社，1992年。

洱源县民族宗教事务局编：《洱源县民族宗教志》，昆明：云南民族出版社，2006年。

方国瑜：《云南史料目录概说》，北京：中华书局，1984年。

方国瑜主编，徐文德、木芹纂录校订：《云南史料丛刊》，昆明：云南大学出版社，1998年。

方国瑜主编：《云南地方史讲义》，昆明：云南广播电视大学，1983年。

傅璇琮等主编：《中国诗学大辞典》，杭州：浙江教育出版社，1999年。

傅永寿：《南诏佛教的历史民族学研究》，昆明：云南民族出版社，2003年。

高伦：《贵州地戏简史》，贵阳：贵州人民出版社，1985年。

耿德铭：《哀牢国与哀牢文化》，昆明：云南人民出版社，2003年。

顾峰：《古滇艺术新探索》，昆明：云南教育出版社，1992年。

郭武：《道教与云南文化——道教在云南的传播、演变及影响》，昆明：云南大学出版社，2011年。

何光岳：《南蛮源流史》，南昌：江西教育出版社，1988年。

洪加智主编：《关索戏志》，北京：文化艺术出版社，1992年。

胡朴安：《中华风俗志》，上海：上海文艺出版社，1988年。

胡朴安：《中华全国风俗志》，石家庄：河北人民出版社，1986年。

胡小伟：《关公崇拜溯源》，太原：北岳文艺出版社，2009年。

皇甫中行编著：《文化关羽》，北京：中国华侨出版社，2003年。

黄加服、段志洪主编：《中国地方志集成 贵州府县志辑44 道光安平县志 光绪镇宁州志 民国镇宁县志》，成都：巴蜀书社，2006年。

蓝勇：《西南历史文化地理》，重庆：西南师范大学出版社，1997年。

梁公卿总主编：《中国西南文献丛书》，兰州：兰州大学出版社，2004年。

梁景之：《清代民间宗教与乡土社会》，北京：社会科学文献出版社，2004年。

梁申威、赵淑琴主编：《关庙楹联大观》，太原：山西经济出版社，2011年。

刘成有主编：《宗教与民族》（第七辑），北京：宗教文化出版社，2012年。

刘晓明：《中国符咒文化研究》，北京：中央编译出版社，2014年。

龙云、周钟岳纂修，李春龙、牛鸿斌点校：《新纂云南通志》，昆明：云南人民出版社，2007年。

鲁愚等编：《关帝文献汇编》，北京：国际文化出版公司，1995年。

马书田：《中国道教诸神》，北京：团结出版社，1996年。

马西沙、韩秉方：《中国民间宗教史》，北京：中国社会科学出版社，2004年。

马西沙主编：《当代中国宗教研究精选丛书》，北京：民族出版社，2008年。

马曜：《民族学与民族工作论文集》，昆明：云南民族出版社，

2001年。

孟祥荣：《武圣关羽》，武汉：湖北人民出版社，1998年。

牟钟鉴、张践：《中国宗教通史》，北京：社会科学文献出版社，
1997年。

木芹、木霁弘：《儒学与云南政治经济的发展及文化转型》，昆明：
云南大学出版社，1999年。

纳张元主编：《大理民族文化研究论丛》，北京：民族出版社，
2009年。

倪辂辑，王崧校理，胡蔚增订，木芹会证：《南诏野史会证》，昆
明：云南人民出版社，1990年。

皮庆生：《宋代民众祠神信仰研究》，上海：上海古籍出版社，
2008年。

钱茀：《傩俗史》，南宁：广西民族出版社，2000年。

卿希泰主编：《中国道教史》，成都：四川人民出版社，1996年。

曲艳玲、王伟：《云南纸马的艺术人类学解读》，昆明：云南大学出
版社，2011年。

泉州市区民间信仰研究会编：《关岳文化与民间信仰研究》，厦门：
厦门大学出版社，2008年。

任可澄等总纂：《续修安顺府志辑稿》，贵阳：贵州人民出版社，
2012年。

师宗县文物志编纂委员会编：《师宗县文物志》，昆明：云南大学出
版社，1994年。

宋万忠、武建华标注：《解梁关帝志》，太原：山西人民出版社，
1992年。

覃光广等编著：《中国少数民族宗教概览》，北京：中央民族学院出

版社，1988年。

汪宁生：《云南考古》，昆明：云南人民出版社，1980年。

王日根：《中国会馆史》，上海：东方出版中心，2007年。

王叔武辑著：《云南古佚书钞》，昆明：云南人民出版社，1996年。

巍山彝族回族自治县县志编委会办公室编：《巍宝山志》，昆明：云
　　南人民出版社，1989年。

巍山彝族回族自治县县志编委会办公室编：《巍山风景名胜碑刻匾联
　　辑注》，昆明：云南人民出版社，1995年。

夏征农主编：《辞海·宗教分册》，北京：中华书局，1988年。

萧霁虹、董允：《云南道教史》，昆明：云南大学出版社，2007年。

萧霁虹主编：《云南道教碑刻辑录》，北京：中国社会科学出版社，
　　2013年。

邢莉主编：《民间信仰与民俗生活》，北京：中央民族大学出版社，
　　2008年。

许烺光：《祖荫下》，王芃、徐隆德译，台北：南天书局有限公司，
　　2001年。

杨庆堃：《中国社会中的宗教》，范丽珠译，上海：上海人民出版
　　社，2006年。

杨松海：《跃于一方土纸中的神鬼——云南纸马研究》，昆明：云南
　　民族出版社，2010年。

杨学政主编：《云南宗教史》，昆明：云南人民出版社，1999年。

杨郁生：《云南甲马》，昆明：云南人民出版社，2002年。

玉溪地区文化局、云南省民族艺术研究所编：《云南傩戏傩文化论
　　集》，昆明：云南人民出版社，1994年。

于希贤、沙露茵选注：《云南古代游记选》，昆明：云南人民出版

社，1988年。

袁任远、赵鸿昌辑：《唐文云南史料辑抄》，昆明：云南人民出版
　　社，1989年。

云南省编辑组编：《昆明民族民俗和宗教调查》，昆明：云南民族出
　　版社，1985年。

云南省编辑组编：《四川广西云南彝族社会历史调查》，昆明：云南
　　人民出版社，1987年。

云南省编辑组编：《云南地方志道教和民族民间宗教资料琐编》，昆
　　明：云南人民出版社，1993年。

云南省编辑组编：《云南地方志佛教资料琐编》，昆明：云南民族出
　　版社，1986年。

云南省编辑组编：《云南方志民族民俗资料琐编》，北京：民族出版
　　社，2009年。

云南省编辑组编：《云南少数民族社会历史调查资料汇编（五）》，
　　昆明：云南人民出版社，1991年。

云南省博物馆编：《云南省博物馆学术论文集》，昆明：云南人民出
　　版社，1989年。

云南省地方志编纂委员会总纂，云南省社会科学院宗教研究所编撰：
　　《云南省志·宗教志》，昆明：云南人民出版社，1995年。

云南省地方志编纂委员会总纂，云南省文化厅编撰：《云南省志·文
　　化艺术志》，昆明：云南人民出版社，2002年。

云南省地方志编纂委员会总纂：《云南省志·人口志》，昆明：云南
　　人民出版社，1998年。

云南省历史研究所编：《〈清实录〉有关云南史料汇编》，昆明：云
　　南人民出版社，1984年。

云南省民族民间文学红河调查队搜集翻译整理：《阿细的先基》，北京：人民文学出版社，1960年。

云南省人民政府参事室、云南省文史研究馆编：《滇考校注》，昆明：云南民族出版社，2002年。

云南省文史研究馆编：《南园漫录校注》，昆明：云南民族出版社，1999年。

云南省元阳县志编纂委员会编纂：《元阳县志》，贵阳：贵州民族出版社，1990年。

张亮采：《中国风俗史》，北京：团结出版社，2005年。

张桥贵：《道教与中国少数民族关系研究》，昆明：云南大学出版社，2011年。

张锡禄：《大理白族佛教密宗》，昆明：云南民族出版社，1999年。

张泽洪：《道教唱道情与中国民间文化研究》，北京：人民出版社，2011年。

张泽洪：《文化传播与仪式象征——中国西南少数民族宗教与道教祭祀仪式比较研究》，成都：巴蜀书社，2008年。

张增祺：《滇国与滇文化》，昆明：云南美术出版社，1997年。

张志红：《关公》，北京：中国社会出版社，2008年。

赵逵、邵岚：《山陕会馆与关帝庙》，上海：东方出版中心，2015年。

中国会馆志编纂委员会编：《中国会馆志》，北京：方志出版社，2002年。

中国美术全集编辑委员会：《中国美术全集》，上海：上海人民美术出版社，1985年。

周本寿编：《民间国学手抄本》，北京：中国华侨出版社，2013年。

（二）论文

期刊论文：

陈鹏、杨大禹、李晓亭：《明清时期的云南会馆建筑》，《四川建筑科学研究》，2014年第3期。

邓立木：《撒梅人的西波教》，《云南民族学院学报》，1985年第3期。

杜赞奇：《刻划标志：中国战神关帝的神话》，《亚洲研究杂志》，1988年第4期。

侯冲：《大理白族地区的民间宗教》，《宗教哲学》，2007年第6期。

加央平措：《关帝信仰与格萨尔崇拜——以拉萨帕玛日格萨尔拉康为中心的讨论》，《中国社会科学》，2010年第2期。

雷宏安：《丽江洞经会调查（上）》，《宗教学研究》，1989年Z2期。

雷宏安：《云南洞经会初探》，《宗教学研究》，1986年第00期。

林振礼：《关帝信仰的理学文化蕴涵——兼谈闽南泉州关岳庙对"正气"的崇拜传统》，《福建论坛（人文社会科学版）》，2012年第12期。

刘金成：《从道教善书探三教融合——对〈关圣帝君觉世真经〉的研究》，《中国道教》，2011年第1期。

龙佳解：《关帝信仰与道德崇拜》，《湖南大学学报（社会科学版）》，2005年第4期。

马晓粉：《清代云南的商人会馆及其经济影响》，《思想战线》，2014年第5期。

门建军、郭院林：《清代新疆关帝信仰研究》，《丝绸之路》，2011
　　年第12期。

牛冬梅：《云南洞经会崇拜对象再思考——以文昌帝君为例》，《交
　　响（西安音乐学院学报）》，2012年第4期。

潘显一、汪志斌：《四川松潘的关帝信仰》，《世界宗教文化》，
　　2009年第2期。

谭鑫：《明清苏州地区关帝信仰与民间社会》，《黑龙江史志》，
　　2013年第21期。

王芳：《明清时期陕北榆林的关帝信仰》，《中国宗教》，2011年第
　　4期。

王庆德：《中国民间宗教史研究百年回顾》，《文史哲》，2001年第
　　1期。

王宜峨：《道教中的关帝信仰》，《中国宗教》，2003年第5期。

文廷海：《论明清时期"关羽现象"的演变和发展》，《四川师范学
　　院学报（哲学社会科学版）》，1999年第6期。

吴晓峰：《关公信仰与儒学的关系探究》，《哈尔滨学院学报》，
　　2012年第9期。

吴幼雄、吴玫：《论民间关帝信仰与社会需求之随机调节》，《福建
　　论坛（人文社会科学版）》，2013年第2期。

徐洪兴：《唐宋间儒学的转型及其提供的思考》，《中华文化论
　　坛》，2005年第1期。

闫爱萍：《地方文化系统中的关帝信仰——山西解州关帝庙庙会及关
　　帝信仰调查研究》，《山西师范大学学报》，2010年第2期。

张晓粉：《关帝信仰形成原因探究》，《宗教学研究》，2006年第
　　4期。

张晓松：《试论漳州的关帝信仰》，《漳州师范学院学报（哲学社会科学版）》，2009年第1期。

张增祺：《滇王国时期的原始宗教和人祭问题》，《云南青铜文化论集》，昆明：云南人民出版社，1991年。

张振国：《道教的财神》，《中国宗教》，2000年第6期。

章太炎：《西南属夷小记》，载李绍明、程贤敏编：《西南民族研究论文选（1904—1949年）》，成都：四川大学出版社，1991年。

学位论文：

加央平措：《关帝信仰在藏传佛教文化圈演化成格萨尔崇拜的文化现象解析》，中央民族大学2010年博士学位论文。

张雅卿：《广西漓江流域地区关帝信仰初探》，广西师范大学2012年硕士学位论文。

张子健：《东北地区关帝信仰社会功能调查》，延边大学2011年硕士学位论文。

附　录

云南各地关帝庙宇建、修时间一览表

建置	名称	别称	庙址	建庙时间、建庙人	重修时间、修庙人	文献出处	备注
云南府	关帝庙	关王庙	城南门外	明洪武十九年（1386）	明万历十五年（1587）巡抚刘世曾、黔国公沐昌祚，二十九年（1601）巡抚陈用宾；三十五年（1607）巡抚周家谟；雍正五年（1727）	天启《滇志》卷十六	
	关王庙		府城中	双营门张举		隆庆《云南通志》卷十二；天启《滇志》卷十六	
	关帝庙	武安王庙关王庙关庙	城内大灵庙前	宋政和六年（1116）	清康熙二十三年（1684）；三十七年（1698）通判姚仕林等	康熙《云南府志》卷十六	
	关圣行宫	山西陕西会馆	城南门外太平桥			民国《新纂云南通志》卷一百十二	
	三圣庙		城小西门			康熙《云南府志》卷十六；乾隆《云南通志》卷十五	供关圣
	关圣庙		城西六十五里大河浪村			道光《昆明县志》卷四	
	关帝庙	三圣庙	城南丽正门外		今移建威远门内	康熙《云南府志》卷十六；道光《昆明县志》卷四	
	关帝庙	武帝庙	城内东南隅			康熙《富民县志》	
	关帝庙	武帝庙	城外左所		清嘉庆九年（1804）知县戴泽三	（同上）	
	关帝庙		城外右所			（同上）	
	关帝庙		城南一里			康熙《云南府志》卷十六	
	关帝庙	武庙关岳庙武帝庙	城南门内	明	清雍正五年（1727）知县邢恭先；乾隆十年（1745）知县张日旼；三十一年（1766）殷王臣；嘉庆二十二年（1817）知县戴泽三	康熙《云南府志》卷十六；乾隆《宜良县志》卷二	供关岳
	关圣宫		汤池街			民国《宜良县志》卷七	

昆明县、富民县

建置	名称	别称	庙址	建庙时间、建庙人	重修时间、修庙人	文献出处	备注
云南府	关圣宫		孙家营	清道光十四年（1834）		（同上）	
	关圣宫		化所	清同治十一年（1872）		（同上）	
	武庙	关岳庙				（同上）	供关岳
	关帝庙		城外五铺			（同上）	
	关帝庙		下达村			（同上）	
	关帝庙		七孔坡脚			（同上）	
	关帝庙		西左卫营			（同上）	
	关帝庙		七星村南			（同上）	
富民县	关帝庙		大村			（同上）	
	关帝庙		大山后			（同上）	
	关帝庙		沈伍营			（同上）	
	关帝庙		胡家营			（同上）	
	关帝庙		龚家营			（同上）	
	关帝庙		尚王吴营		清光绪初重建	（同上）	
	关帝庙	武帝庙	城东	明	清康熙知县祝钟儁；光绪五年（1879）士民张崇文；光绪九年（1883）知县縻督率绅士华炳文、陆应芳捐资重建	民国《新纂云南通志》卷一百九	
	关帝庙	武帝庙	归化旧城		清光绪九年（1883）知县李明率士民重建	（同上）	
呈贡县	关圣庙		南门龙翔寺			雍正《呈贡县志》卷二；光绪《呈贡县志》卷四	
	关圣庙		西门			（同上）	
	关圣庙		马寨子			光绪《呈贡县志》卷二	
	关圣宫		城南关坡下	明黔宁王沐英	清光绪五年（1883）大鱼村士民张崇文等重建	光绪《呈贡县志》卷四	
	关圣宫		城东十里吴杰营			（同上）	
易门县	关帝庙		县治左			康熙《云南府志》卷十六	
	关帝庙		城南十里太平关			光绪《呈贡县志》卷二	
	武帝庙		城南四会		清同治十一年（1872）邑人吴谦亨	民国《新纂云南通志》卷一百九	
	关帝庙		县南三里			康熙《云南府志》卷十六	

建置	名称	别称	庙址	建庙时间、建庙人	重修时间、修庙人	文献出处	备注
禄丰县	武帝庙		城东黄土坡	明万历年间		民国《新纂云南通志》卷一百九	
	关帝庙		县南门外	明万历年间		康熙《云南府志》卷十六	
罗次县	武帝庙	关帝庙	城北门内	明万历三十三年（1605）	清康熙知县沈之鈇；同治十三年（1874）知县覃克振；光绪十三年（1887）知县贾汝让	民国《新纂云南通志》卷一百九	
	关圣行宫		县南十五里虎街		清同治二年（1863）贡生张翮、乡饮段庄	光绪《罗次县志》卷三	
	关帝庙		县右			康熙《云南府志》卷十六	
	关帝庙		虎街			光绪《罗次县志》卷三	
	关帝庙		落摩伍			（同上）	
	关帝庙		白沙			（同上）	
云南府	嵩明州	关帝庙	武帝庙关圣殿关圣庙关岳庙	州城西		清光绪六年（1880）	康熙《嵩明州志》卷五；光绪《嵩明州志》卷二	
		三圣宫		州西六十里	清光绪七年（1881）文生吴炳然		光绪《续修嵩明州志》卷三	
		关圣庙		杨林			光绪《续修嵩明州志》卷一	
		关圣宫		腰站			民国《嵩明县志》卷十一	
		关圣宫		四营			（同上）	
		关圣庙		羊街子			（同上）	
	晋宁州	关帝庙	武帝庙	城西门内		清乾隆二十三年（1758）知州毛惷捐俸重修；道光元年（1821）阖州绅耆复修；光绪年间	道光《晋宁州志》卷七	
		关帝庙		城北关外		清嘉庆五年（1800）重修	康熙《云南府志》卷十六；道光《晋宁州志》卷七	
		关帝庙		州城内			（同上）	
		关帝庙		大庄村	清康熙年间		道光《晋宁州志》卷七	
		关帝庙		三印村	清雍正年间		（同上）	
		关帝庙		燕子窝村	清雍正年间		（同上）	
		关帝庙		蒜村	清道光二年（1822）		（同上）	

建置		名称	别称	庙址	建庙时间、建庙人	重修时间、修庙人	文献出处	备注
云南府	晋宁州	关帝庙		三多村	清嘉庆年间合村捐建		（同上）	
		关帝庙		大场村		清乾隆五十年（1785）士庶	（同上）	
		关帝庙		上海埂	清雍正年间		（同上）	
		关帝庙		大西村		清乾隆五十九年（1794）	（同上）	
		关帝庙		福安村	清雍正元年（1723）	清乾隆十六年（1751）	（同上）	
		关帝庙		左卫	清雍正十三年（1735）	清乾隆五十六年（1791）	（同上）	
		关帝庙		上石美		清乾隆四十九年（1784）	（同上）	
		关帝庙		下钟贵		清嘉庆元年（1796）	（同上）	
		关帝庙		下西河		清乾隆四十七年（1782）	（同上）	
		关帝庙		河伯所		清乾隆五十四年（1789）	（同上）	
		关帝庙		西大营		清道光三年（1823）	（同上）	
		关帝庙		马家村		清道光十五年（1835）	（同上）	
		关帝庙		雅坊村		清乾隆五十四年（1789）	（同上）	
		关帝庙		大周营		清嘉庆八年（1803）	（同上）	
		关帝庙		东家村	清嘉庆二十五年（1820）		（同上）	
		关帝庙		薛家庄		清嘉庆六年（1801）	（同上）	
		关帝庙		金砂村		清嘉庆三年（1798）	（同上）	
	安宁州	关帝庙	关圣庙武帝庙	州南城外（城南门外）		清康熙二十二年（1683）知州朱承命；乾隆知州侯如树、杨若春；同治九年（1870）士民重建	康熙《云南府志》卷十六；乾隆《安宁州志》卷一	
	昆阳州	关帝庙	武帝庙	城南门外	明初	明万历中知州许伯衡；清康熙元年（1662）元江协副将王君瑞、九年（1670）总兵王屏藩；同治八年（1869）绅民迟元杰、迟乐道、徐灿等	康熙《云南府志》卷十六；道光《昆阳州志》卷十	
大理府	太和县	关帝庙	关岳庙武庙关圣庙武王庙关王庙	城西南	元	明洪武指挥邓祥；清康熙二十五年（1868）提督桑格；三十年（1691）提督若穆图；咸丰八年（1853）提督荣玉科；光绪巡抚岑毓英、杨玉科	隆庆《云南通志》卷十二；康熙《大理府志》卷十七	
		关圣庙		上关			民国《大理县志稿》卷七	
		关圣宫		瓦村			（同上）	

建置	名称	别称	庙址	建庙时间、建庙人	重修时间、修庙人	文献出处	备注
大理府							
	关帝庙	武帝庙	城内西街	明永乐四年（1406）	清乾隆十八年（1753）邑人丁德润；道光三年（1823）庠生万昌；光绪十三年（1887）张垣、杨发贵、董云庆；光绪十四年（1888）知县	乾隆《云南县志》卷一；光绪《云南县志》卷六	
	关圣庙		县治南	明永乐年间		康熙《大理府志》卷十七；乾隆《大理府志》卷二十七	
云南县	关圣庙	关帝庙	云南驿	举人陈时	清道光二十三年（1843）总督桂良嘱、知县关炳、知县董宗超修；光绪年间贡生钱为光率士民捐金修	乾隆《云南县志》卷一；光绪《云南县志》卷六	
	关圣宫		城内	清雍正十二年（1734）知县李家俊		民国《新纂云南通志》卷一百三十四	
	关圣庙	关帝庙	波川刘官厂		清光绪年间邑人刘焕斗率士民捐修	光绪《云南县志》卷六	
	关圣庙	关帝庙	云川刘营		清光绪年间庠生罗光荣率八甲士民重修	（同上）	
	关圣宫		弥勒山村后			（同上）	
	武帝庙	旧三圣庙	城南门外		清嘉庆二十年（1815）总兵王万清移建城小西门内；同治十三年（1874）署总督岑毓英	民国《新纂云南通志》卷一百九	
	关帝庙		县治西南里许			乾隆《云南县志》卷一	
浪穹县	关圣庙	武帝庙关帝庙	城南郭内	明嘉靖知县张廷栢、邑人副使赵以康	清光绪十一年（1885）知县陈文锦	康熙《大理府志》卷十七；光绪《浪穹县志略》卷六	供关帝
邓川州	关圣庙	武帝庙关帝庙	城西城隍庙左	明崇祯间知州敖泫贞	清康熙十六年（1677）知州张建德	康熙《大理府志》卷十七；乾隆《大理府志》卷二十七	
宾川州	关圣庙	武帝庙	州治西南（城南门内）	清康熙五年（1666）知州张瑞杨	清乾隆二十五年（1760）；光绪九年（1883）知州孙曾、绅民熊明	康熙《大理府志》卷十七；雍正《宾川州志》卷九	
	关圣庙		城北四十里力角			民国《新纂云南通志》卷一百三十四	
云龙州	关圣庙	武帝庙	州南		知州顾芳宗重建	康熙《大理府志》卷十七；雍正《云龙州志》卷四	
	关圣庙		城北八十里旧州			民国《新纂云南通志》卷一百三十四	

建置		名称	别称	庙址	建庙时间、建庙人	重修时间、修庙人	文献出处	备注
大理府	北胜州	武安王庙		州治南			隆庆《云南通志》卷十二	
	赵州	关帝庙	武安王庙	州治前	明洪武年间	明万历州人陆穗；清康熙五十五年（1716）知州陈世昂	康熙《大理府志》卷十七	
		三圣宫		大江西村后	清同治十三年（1887）村人		民国《新纂云南通志》卷一百十二	
		关圣庙		白崖			康熙《大理府志》卷十七；乾隆《赵州志》卷三	
		关圣庙		弥渡			（同上）	
		关圣庙		定西岭头	清康熙三十年（1691）提督诺公		（同上）	
		关圣庙	武帝庙	东街	清康熙五十五年（1716）知州陈士昂		乾隆《赵州志》卷三；道光《赵州志》卷二	
		关圣庙		弥渡东街			（同上）	
		关圣庙		寺坡			（同上）	
		关圣庙		新城			（同上）	
		关圣庙		大西庄			（同上）	
		关圣庙		小江西			（同上）	
丽江府	丽江县	关圣庙	武帝庙	城南门外	清康熙四十七年（1807）通判樊经、教授杨邠俊	清康熙五十二年（1713）知府木兴、知府管学宣；嘉庆十七年（1812）贡生牛毓麟；道光十五年（1835）移建城内；同治十年（1871）知府屈绍培	乾隆《丽江府志略》下卷	
		三圣庙		府城西阿喜里红坡山下	清光绪年间		光绪《丽江府志》卷四	
		三圣宫		府城西束河里			（同上）	
		关圣庙	关帝庙	兰州白石江村			民国《新纂云南通志》卷一百三十五	
		关圣庙		丽江井下井村			（同上）	
		关帝庙		府城内			乾隆《云南通志》卷十五	
		关帝庙		城西三百五十里	清雍正九年（1731）井大使郑大位		光绪《丽江府志》卷四	

续表

建置	名称	别称	庙址	建庙时间、建庙人	重修时间、修庙人	文献出处	备注
丽江府	丽江县	关帝庙	庆云寺	束河里鹅卜村	明	清光绪年间里民改为关帝庙	（同上）	
	鹤庆州	关帝庙	武安王庙	州城北	明万历二十七年（1599）	清康熙前期副将林大忠	康熙《云南通志》卷十八	
		武庙		治西南			民国《鹤庆县志》卷五上	供关岳
		武庙		州治南大街			光绪《鹤庆州志》卷十一	
		武安王庙		府旧城东			隆庆《云南通志》卷十二	
		武安王庙		比衙场			天启《滇志》卷十六	
		武帝庙	武安王庙	城西门内，原在北门外		清同治十二年（1873）署提督杨玉科同士民移建	民国《新纂云南通志》卷一百十	
		三圣宫		城西一里许			民国《鹤庆县志》卷五下	
		关圣庙		城东南一百四十里姜营	知府姚应鹤		光绪《鹤庆州志》卷八	
	剑川州	关圣庙	武帝庙	下北门	清协镇林大忠；清同治十一年（1872）提督杨玉科		康熙《剑川州志》卷十	
		关圣庙	旧伽蓝祠	上北门			（同上）	
		武安王庙					康熙《云南通志》卷十八	
		三圣宫		乔后井	清光绪四年（1878）		民国《新纂云南通志》卷一百十三	
		关帝祠					康熙《剑川州志》卷十九	
	中甸厅	武帝庙		城东门内	清雍正十年（1732）	清乾隆二年州判辜文元（1737）；咸丰元年（1851）	民国《新纂云南通志》卷一百十	
		关帝武庙	三圣宫	城内	清乾隆二十五年（1760）	清道光二十六年（1846）	光绪《新修中甸厅志》中卷	
		武圣庙					民国《新纂云南通志》卷一百二十九	
		关帝庙		城内武署之南	清雍正十年（1732）	清咸丰元年（1851）内	光绪《新修中甸厅志书》中卷	

建置		名称	别称	庙址	建庙时间、建庙人	重修时间、修庙人	文献出处	备注
丽江府	维西厅	武帝庙	关岳庙	城北元龙山顶		清雍正八年（1730）通判陈权；光绪八年（1882）副将程友胜、通判廖葆堂	民国《维西县志》；民国《新纂云南通志》卷一百十	
楚雄府	楚雄县	关帝庙	关圣殿武帝庙武圣庙武安王庙	府城南	明崇祯知府罗廷璠	清康熙六年（1667）都督马宁；二十三年（1684）总兵凤翔、知府牛奂（1711）总兵骆偃、游击郝玉麟、同治江镇、总兵李维述	康熙《楚雄府志》卷二；嘉庆《楚雄县志》卷二	
		关张庙		府凤山岩			天启《滇志》卷十六	
		武安王庙		府治北	明洪武二十三年（1390）		隆庆《云南通志》卷十二	
		武庙					嘉庆《楚雄县志》卷四；宣统《楚雄县志》卷十	
		关圣庙	关圣庙	南街协署	明弘治年间	明崇祯十年（1637）知府罗廷璠重建；康熙二十三年（1684）总镇牛凤祥、知府牛奂同修；五十年（1711）总镇骆偃重建	宣统《楚雄县志》卷五	
		关圣宫		大骡子午街			（同上）	
		关圣宫		小骡新街			（同上）	
	广通县	关圣庙	武帝庙	城内东街	清崇祯知县贾元昌		康熙《楚雄府志》卷二	
		武帝庙		北城内，原在东门外半里许		清同治元年（1862）知县左维琦率绅民移建	民国《新纂云南通志》卷一百十	
	定远县	关圣庙	武帝庙	县南		清康熙四十一年（1702）知县张彦绅；乾隆三十年（1765）知县钟作肃、庠生李实	康熙《楚雄府志》卷二	
		关圣庙		西街	明嘉靖邑人孟春祥	清康熙二十四年（1685）知县曹振邦；乾隆二十八年（1763）知县钟作肃	道光《定远县志》	
		武帝庙		城西		清光绪七年（1881）知县万邦治同邑绅重建	民国《新纂云南通志》卷一百十	
		武安王庙		狮子山	明嘉靖	清光绪四年（1878）邑人杨德华重建	民国《新纂云南通志》卷一百十二	
		关圣庙		黑井西			康熙《楚雄府志》卷二	
		关圣庙		县治东			（同上）	
	大姚县	武庙	武帝庙	城内后南街		清康熙四十五年（1706）知县陆应机移建南街之左；同治十一年（1885）知县康宗灏	道光《大姚县志》卷九	
		武庙		十字街			（同上）	

续表

建置	名称	别称	庙址	建庙时间、建庙人	重修时间、修庙人	文献出处	备注
楚雄府	大姚县 武庙		者车老街销水阁			（同上）	
	武庙		仁和街			（同上）	
	关圣宫		城东一里			民国《新纂云南通志》卷一百十二	
	关帝庙		城东四十五里			道光《大姚县志》卷一	
	盐丰县 关帝庙	关岳庙	尾井北关内	明嘉靖三十六年（1557）提举章尚春	清康熙三十年（1691）提举萧继煌；雍正七年（1729）提举刘邦瑞；乾隆二十二年（1757）提举郭存庄；光绪二十年（1894）提举江海清	雍正《白盐井志》卷三；民国《盐丰县志》卷五	
	三圣宫		南口左侧	清光绪四年（1878）典史曾凤举、文生杨灿	清光绪十七年（1891）杨灿、增生张清培	民国《盐丰县志》卷七	
	南安州 关圣宫		城东半里	明天启知州殷辂	明天启元年（1621）知州殷辂；清康熙四十七年（1708）知州张伦至	康熙《楚雄府志》卷二；康熙《南安州志》卷二	
	关圣庙		城南三十里蓂架村			民国《新纂云南通志》卷一百三十五	
	武帝庙		城内	清乾隆五十一年（1786）	清光绪十九年（1893）	民国《新纂云南通志》卷一百十	
	武帝庙		碍嘉	清道光十八年（1838）		（同上）	
	镇南州 关圣庙	武帝庙 关帝庙	州治东	元	清康熙十二年（1673）知州卞廷松；二十五年（1686）知州岑鹤；四十二年（1703）知州陈元；雍正十三年（1735）知州钱涞；光绪三年（1877）士民	康熙《楚雄府志》卷二；光绪《镇南州志略》卷五	
	姚州 关帝庙	武安王庙	府治南	明弘治知府王嘉庆		康熙《姚州志》卷四；乾隆《云南通志》卷十八	
	武帝庙	武庙	城东门内		明知府陶绅重建于城东门内；清康熙五十三年（1714）知州恒钺；乾隆五十一年（1786）知州吴继善；嘉庆初年（1796）知州徐森；同治十二年（1873）州人朱士云	民国《新纂云南通志》卷一百十	
	关岳庙		普溆街	清光绪二十五年（1899）刘思禹		民国《姚安县志》卷五十	
	关岳庙		普昌河	清光绪十年（1884）		（同上）	

建置		名称	别称	庙址	建庙时间、建庙人	重修时间、修庙人	文献出处	备注
楚雄府	姚州	关岳庙	关帝庙武庙三圣宫	光禄镇	清康熙土同知高厚德		（同上）	
		三圣庙		城西紫贝武	清同治元年（1862）里人周永清、陈履泰		光绪《姚州志》卷四	
		三圣宫		长屯	清道光二十五年（1845）俞邦英		民国《姚安县志》卷五十	
		三圣宫		城南十二里乐丰街			（同上）	
		三圣宫	关圣宫	弥兴团山	清咸丰四年（1854）陈忠		（同上）	
		三圣宫		上屯	清光绪十二年（1886）		（同上）	
		三圣宫		普溯格子	清光绪初		（同上）	
		三圣宫		海边铺		清光绪二十年（1894）冯耀先	（同上）	
		关圣祠				清提举司郑山	康熙《姚州志》卷四	
		关圣宫		紫贝坞秧田冲	清同治元年（1862）杨东华		民国《姚安县志》卷五十	
		关圣宫		连厂陈家村			（同上）	
		关圣宫		永保冲		清光绪七年（1881）彭森介	（同上）	
		关圣宫		尾苴		清咸丰四年（1854）魏玉章	（同上）	
永昌府	保山县	关圣庙	关帝庙武帝庙	城内中正坊西南	洪武	明万历知府陈严之；清康熙三十一年（1692）总兵偏图；三十三年（1694）总兵周化凤；咸丰十一年（1861）郡绅吴士俊、萧得胜	康熙《永昌府志》卷十五	
		关王庙	武安王庙	府城隍庙东			隆庆《云南通志》卷十二；天启《滇志》卷十六	
		关王庙		镇姚所城			（同上）	
		关王庙		牛旺			（同上）	
		关王庙		小保场			（同上）	

建置	名称	别称	庙址	建庙时间、建庙人	重修时间、修庙人	文献出处	备注
永昌府	保山县	关王庙		蒲缥			（同上）	
		关王庙		城南三十里新街		清康熙三十年（1691）知府祖维焕	康熙《永昌府志》卷十五	
		三义庙		窑湾			天启《滇志》卷十六	供关张
		三义庙		府城关庙之左		清康熙三十一年（1692）总兵偏图	康熙《永昌府志》卷十五	供关张
		关圣庙		县城内			（同上）	
		关圣庙		姚关			光绪《永昌府志》卷二十五	
		关圣庙		施甸			（同上）	
		关圣庙		由旺			（同上）	
		关圣庙		城西南门内	明嘉靖二十三年（1544）合街士庶	清光绪四年（1878）士庶等重建	（同上）	
	永平县	武帝庙		城内	明洪武年间		民国《新纂云南通志》卷一百十	
		关王庙					天启《滇志》卷十六	
	永年县	关圣庙		城内			光绪《永昌府志》卷二十五	
	镇康县	关圣庙	三圣宫圣谕堂	小猛统青塘			民国《镇康县志》卷四	
	龙陵厅	关圣庙	武帝庙	厅东	明洪武年间	清乾隆四十一年（1776）副将英伟；光绪七年（1881）同知刘锡龄、参将王铨义	康熙《永昌府志》卷十五；光绪《永昌府志》卷二十五	
	腾越厅	关圣庙	武安王庙武帝庙协天大帝庙关帝庙	州治西		明天启同知陈锡爵；清光绪七年（1881）同知陈宗海、总兵李文益	康熙《永昌府志》卷十五；乾隆《腾越厅志》卷四	
		关岳庙		固东			民国《新纂云南通志》卷一百十	
		关王庙		腾冲卫			天启《滇志》卷十六	
		关帝庙	关庙	腾城内西南隅			乾隆《腾越州志》卷四；光绪《腾越厅志稿》卷十七	
		关帝庙		城西百二十里乌索地			光绪《腾越厅志稿》卷二	

建置	名称	别称	庙址	建庙时间、建庙人	重修时间、修庙人	文献出处	备注
顺宁府	武安王庙		府治北一里	明嘉靖知府猛寅		隆庆《云南通志》卷十二	
	武安王庙		旧府治东北			天启《滇志》卷十六；康熙《云南通志》卷十八	
	三圣宫		城南四十五里			光绪《续修顺宁府志》卷十九	
	三圣宫		耇街		清同治十年（1871）杨贵昌重建	（同上）	
	三圣宫		枯柯里	清光绪十四年（1888）景东人赵清华、里人保姓等创建		光绪《续修顺宁府志》卷三十七	
	关帝庙	关庙武庙	城内			乾隆《云南通志》卷十五	
	武庙		城外			民国《顺宁县志》初稿卷一	
	武庙		盐平街		清光绪二十八年（1902）知州雷元澍重建	光绪《续修顺宁府志》卷十八	
	关庙		城东六十里			光绪《续修顺宁府志》卷十九	
	关庙		右甸城东南			（同上）	
	关庙		达丙里翁堵街			（同上）	
	关庙		右甸里邑林街			光绪《续修顺宁府志》卷三十七	
	文武庙		马街后里许		清光绪二十六年（1900）里人李耀云、董岳	光绪《续修顺宁府志》卷十九	
	关帝庙	关圣宫	猛右			（同上）	
	关帝庙	武帝庙关圣宫	旧城较场内		清知府徐丽；光绪二年（1876）顺云协守备光廷；光绪八年（1882）绅士	光绪《续修顺宁府志》卷十八	供关帝
	关圣宫	回龙庵	牛街			光绪《续修顺宁府志》卷三十七	
	关帝庙	武帝庙	城内准提寺左	清康熙三十五年（1696）守备宋清	清咸丰守备禹光廷、李发林；光绪绅士关后	光绪《续修顺宁府志》卷十八	供关帝
	武帝庙		右甸城外	明万历三十六年（1608）	清同治十年（1871）绅民；光绪六年（1880）韩铣	民国《新纂云南通志》卷一百十	

建置		名称	别称	庙址	建庙时间、建庙人	重修时间、修庙人	文献出处	备注
顺宁府	缅宁厅	武帝庙	关帝庙	城东关前	土司建		（同上）	
		武帝庙	关帝庙	城南门外		清同治十二年（1873）蒋宗汉改建于城西	（同上）	
		武帝庙		西城外后寨			（同上）	
		武帝庙		马台江			（同上）	
		武帝庙		那元			（同上）	
		武帝庙		泰恒			（同上）	
	云州	武安王庙					康熙《云南通志》卷十八	
		关帝庙	武帝庙	城内			雍正《顺宁府志》卷四	
		关帝庙	武帝庙	旧所			（同上）	
		关帝庙		猛郎街			（同上）	
		关帝庙		城内之西			康熙《云州志》卷二	
曲靖府	南宁县	关帝庙	武安王庙	府城北	明洪武二十三年（1390）		天启《滇志》卷十六	
		关帝庙	关圣祠	城西关外			咸丰《南宁县志》卷三	
		武帝庙	关帝庙	城北关内		清光绪九年（1883）知府施之博、副将马麟飞、知县张礼堂、都司朱明新	（同上）	
		关帝庙		城南门外			（同上）	
		关帝庙		城内府仓旁			（同上）	
		关帝庙		越州北	明	明嘉靖二十七年（1584）指挥张允恭；清康熙乾隆年间邑人	（同上）	
	平彝县	关圣宫	武帝庙	县治东十五里	明万历中	清康熙三十四年（1695）总督王继文；嘉庆二十一年（1815）道光十七年（1837）巡抚颜伯涛、知县达洪阿；光绪九年（1883）把总李佩玖同邑绅	康熙《平彝县志》卷四	
		关帝庙	武帝庙	县治右		明崇祯年间总兵陆盈丙；清康熙三十九年（1700）知县任中宜；道光二十五年（1845）知县马建勋、把总尹开元、百总徐文元等	（同上）	
		关帝庙	武帝庙	亦佐旧治右		清光绪九年（1883）	（同上）	

续表

建置	名称	别称	庙址	建庙时间、建庙人	重修时间、修庙人	文献出处	备注
曲靖府							
沾益州	关圣庙	武帝庙	城内察院街	清康熙二十八年（1689）知州马正德	清雍正七年（1729）知州汪无限	乾隆《沾益州志》卷二；光绪《沾益州志》卷三	
	武庙			州人		乾隆《沾益州志》卷四；光绪《沾益州志》卷五	
陆凉州	关帝庙	武帝庙	城南	明洪武年间	清康熙四十六年（1707）；嘉庆二十五年（1820）	乾隆《陆凉州志》卷四	
	关庙					民国《陆良县志稿》卷五	
	关圣庙	关帝庙	城西六十里天生关			民国《新纂云南通志》卷一百三十五	
	关帝庙	关圣宫 关圣殿 关圣庙 关岳庙 武帝庙	南关外			民国《陆良县志稿》	供关岳
马龙州	关帝庙	关侯庙 关帝庙 武帝庙 关圣宫	城北云龙寺（旧在城东虎山）		清康熙四十六年（1707）知州黄廷飏移建	雍正《马龙州志》卷八	供关侯
	关帝庙		城西黄牛山			民国《续修马龙县志》卷八	
寻甸州	关帝庙	武帝庙	城内学署右		清康熙五十三年（1714）重建，道光十六年（1836）士民	康熙《寻甸州志》卷四	
	关王庙	武安王庙	府西北一里许			隆庆《云南通志》卷十二；嘉靖《寻甸府志》卷上	
	关圣庙	关帝庙	城西北一百四十里倘甸里	明万历末年里人		康熙《寻甸州志》卷四	
罗平州	关帝庙	关圣宫 关圣庙 武帝庙	城东关内	清康熙十年（1671）总兵王会	清康熙三十八年（1699）游击马定国、知州张含章；五十四年（1715）知州王永礼	康熙《罗平州志》卷一	
	关夫子庙					民国《罗平县志》	
	关圣宫		城东八十五里大地坪	清初		（同上）	
	关帝庙		城东大街			（同上）	
宣威州	关帝庙	武帝庙	城西门内		清嘉庆六年（1801）	道光《宣威州志》卷四	
	关圣庙	关岳庙 武庙	西门街		民国十三年（1924）官绅重建	民国《宣威县志稿》卷七	供关岳

续表

建置		名称	别称	庙址	建庙时间、建庙人	重修时间、修庙人	文献出处	备注
曲靖府	宣威州	关圣武庙					道光《宣威州志》卷七	
		关圣宫		河东营		清康熙中	民国《宣威县志稿》卷三	
		关圣宫	关帝庙	板桥			（同上）	
		关圣宫	关帝庙	永安铺			（同上）	
		关圣宫	关帝庙	木乃红			（同上）	
		关圣宫	关帝庙	鲁雅			（同上）	
		武庙		可渡			（同上）	
		关帝庙		虹桥铺			（同上）	
		关帝庙		大耿屯			（同上）	
		关帝庙		迤多乐			（同上）	
东川府	会泽县	武帝庙		城西门外	清雍正三年（1725）		民国《新纂云南通志》卷一百十	
		关帝庙		府城西门内			乾隆《云南通志》卷十五	
		关帝庙		那姑村			乾隆《东川府志》卷七	
	巧家厅	关帝庙		七甲巧家营	清雍正十一年（1733）府经历盛朝、守备李成		民国《巧家县志》卷二之二	
		关帝庙		城东门外	清道光二十九年（1849）同知犹自东		（同上）	
		武圣宫		八甲			（同上）	
		武庙		上八甲大寨			（同上）	
		武庙		善长里			（同上）	
		武帝庙		城内厅署右			民国《新纂云南通志》卷一百十	
昭通府	恩安县	关帝庙	武庙、武帝庙	府城北门内	清雍正十三年（1735）总兵徐成贞	清光绪六年（1880）总兵麟志；十二年（1886）吴永安	宣统《恩安县志》	供关岳
		武庙					民国《昭通志稿》卷二	供关岳
		关圣宫		东区龙洞汛			民国《昭通志稿》卷三	

建置		名称	别称	庙址	建庙时间、建庙人	重修时间、修庙人	文献出处	备注
昭通府	恩安县	关圣宫		洒渔河迤那溪			（同上）	
		关圣宫		北乡大岩洞			（同上）	
		关圣宫		西二区马龙村			（同上）	
	镇雄州	关帝庙	古关帝庙武帝庙武庙	城北门外，原在州治西南		清同治八年（1869）知州高国鼎移迁	光绪《镇雄州志》卷一	
		关帝庙	武庙	州城之北隅	清雍正五年（1727）州牧李至	清乾隆二年（1737）参将刘应远改建于西南；同治八年（1869）委员胡世杰改建于东北隅；光绪七年（1881）守备刘正甲	（同上）	
	永善县	武帝庙	关帝庙	城南门内	清雍正六年（1728）游击赵朝栋建修	清乾隆三十七年（1772）游击书明阿捐资重修；光绪间武营	嘉庆《永善县志略》卷一	
		武圣宫		大井坝			民国《新纂云南通志》卷一百二十	
		关帝庙		米贴汛把总署西			嘉庆《永善县志略》卷一	
		关帝庙		把总署右			（同上）	
		关帝庙		千总署左			（同上）	
	大关厅	武帝庙		城内	清嘉庆年间	清咸丰二年（1852）游击明恒	民国《新纂云南通志》卷一百十	
		武圣宫		安乐乡牛皮寨	清道光二十一年（1841）		民国《新纂云南通志》卷一百二十	
		武圣宫		及第乡落雁场	清雍正十年（1732）		（同上）	
	鲁甸厅	武帝庙		城西门内	清乾隆年间	清光绪七年（1881）同知周瑞璧；八年（1882）守备崔万顺	民国《新纂云南通志》卷一百十	
澂江府	河阳县	关帝庙		府城南			乾隆《云南通志》卷十五	
		武安王庙		府治东南			康熙《云南通志》卷十八	
		武安王庙		府北云龙山麓			天启《滇志》卷十六	
		武庙		南城			道光《澂江府志》卷八	
		关圣庙	关帝庙	城东门			道光《澂江府志》卷九	

续表

建置		名称	别称	庙址	建庙时间、建庙人	重修时间、修庙人	文献出处	备注
澂江府	河阳县	关圣庙		城东南十里矣旧村			民国《新纂云南通志》一百三十五	
		武帝庙		城内学宫左		清同治十二年（1873）巡抚岑毓英	民国《新纂云南通志》一百	
		关帝庙		阳宗城南门			道光《澂江府志》卷十二	
	江川县	关帝庙		左卫			（同上）	
		关帝庙	武帝庙关圣庙	城南门内			（同上）	
		关帝庙	武帝庙	古县城旧址		清嘉庆十年（1805）	（同上）	
		关圣庙		城西北四十里九寨乡			（同上）	
		三圣宫		南古城	清同治八年（1869）邑人		民国《新纂云南通志》一百十二	
	新兴州	武帝庙	关圣庙	左卫			民国《新纂云南通志》一百十	
		关帝庙	关圣宫武帝庙	城南二十五里研和			道光《续修澂江府志》	
		关帝庙	武帝庙	城西关外		清嘉庆二十四年（1819）知州宝善	（同上）	
		关帝庙	武帝庙	普舍城			（同上）	
	路南州	关帝庙	关圣庙武庙武帝庙	城南关外		清乾隆四十四年（1779）署州王彝象；嘉庆十一年（1806）知州会礼	康熙《路南州志》卷二；道光《澂江府志》卷九	供关岳
		关圣庙		州城南			康熙《路南州志》卷三	
		关圣庙	关圣宫	城西七十里禄丰村			道光《重修澂江府志》卷九	
		关圣庙	关圣宫	城东南二十里板桥			民国《路南县志》卷五	
		关圣庙	关圣宫	城东五里小乐台旧址			（同上）	
临安府	建水县	关帝庙	关王庙武帝庙	城西	明洪武指挥王信、万兵	清乾隆五十七年（1793）知州张玉树；光绪四年（1878）总兵黄仁遗	隆庆《云南通志》卷十二；道光《云南通志》	
		武帝庙		曲江			民国《新纂云南通志》卷一百十	
		关王庙		州治南			康熙《建水州志》卷七	

建置	名称	别称	庙址	建庙时间、建庙人	重修时间、修庙人	文献出处	备注
临安府	武庙					嘉庆《临安府志》卷十二	
	关圣庙		城东南八十里	清乾隆二年（1737）知州夏治源、教授夏冕		民国《新纂云南通志》卷一百三十五	
	关圣庙		土主庙右前			民国《续修建水县志稿》卷十	
	关圣庙		西门月城			（同上）	
	关圣庙		城南二十五里谭家庄			（同上）	
	关圣宫		城南三十里狗街			（同上）	
	关夫子庙		县城			康熙《通海县志》卷三；光绪《通海县续志》	
	关夫子庙	武帝庙	宁海关	清康熙十二年（1673）秦僧海澄		（同上）	
	关夫子庙	武帝庙	大桥		清光绪七年（1881）重建	（同上）	
	关夫子庙		关平甸			光绪《通海县续志》	
	关圣宫		太平桥			（同上）	
	关圣庙		城南五十里汉人屯			民国《新纂云南通志》卷一百十	
	武帝庙		城南门外			（同上）	
	关帝庙		长河村村中			道光《续修通海县志》	
	关帝庙		路南村村中，距城六十里			（同上）	
	关帝庙		汉人屯屯中			（同上）	
	关帝庙	关圣庙武帝庙	治南	明邑人张一鹏	清康熙二十五年（1686）知县李潘	乾隆《续修河西县志》卷一	
	武帝庙		东区四街	清康熙六年（1667）		民国《新纂云南通志》卷一百十	
	关帝庙	武帝庙	治东者湾碧山			乾隆《续修河西县志》卷一	
	武帝庙		大河嘴			民国《新纂云南通志》卷一百十	

建置列：临安府；其下名称分栏为建水县、通海县、河西县

续表

建置	名称	别称	庙址	建庙时间、建庙人	重修时间、修庙人	文献出处	备注
临安府	关帝庙	武帝庙	治南王吕村			乾隆《续修河西县志》卷一	
	关帝庙	武帝庙	治南高家湾	邑人高鸣鹏		（同上）	
	关帝庙	武帝庙	治北文家营			（同上）	
	关帝庙	武帝庙	治北曲陀关			（同上）	
	关帝庙		治东小街子			（同上）	
	关帝庙	武帝庙	城西门外	明成化三年（1467）		康熙《嶍峨县志》卷三	
	关帝庙		化念乡，距城八十里			民国《新纂云南通志》卷一百十	
	关圣庙	武帝庙	县治东南		清康熙二十三年（1684）知县孙居湜；四十七年（1708）知县韩三昪；乾隆四十年（1775）知县杨大观	乾隆《蒙自县志》卷三；宣统《续蒙自县志》卷三	
	关圣庙	陕西会馆	西关外			乾隆《蒙自县志》卷三	
	关圣宫		麒麟山屯东			（同上）	
	关圣宫		麒麟山屯西			（同上）	
	关圣宫	同乡会馆	鸡街	本乡绅士		（同上）	供关帝
	关圣宫	陕西会馆	哨上			（同上）	供关帝
	关圣庙		倘甸			（同上）	
	关圣宫	云省会馆	个旧			（同上）	
	关圣宫	湖广会馆	个旧			（同上）	
	关圣宫	江西会馆	个旧			（同上）	
	关圣宫		新山	合厂公建		（同上）	
	关圣庙	额圣帝庙	北门外	明乙巳年	清道间重建后殿，光绪年间重建中前殿	宣统《续蒙自县志》卷三	
	关岳庙		五郎沟鸡街	清乾隆壬申年十七年（1752）		民国《石屏县志》卷五	
	关帝庙	武庙关圣武帝庙关岳庙	城内南厢			乾隆《石屏州志》卷二	

（建置列自上而下含："河西县"、"嶍峨县"、"蒙自县"、"石屏州"）

续表

建置		名称	别称	庙址	建庙时间、建庙人	重修时间、修庙人	文献出处	备注
临安府	石屏州	关圣庙		龙朋里	清康熙六十一年（1772）知州刘洪度		民国《新纂云南通志》卷一百三十五	
		关圣庙		孙家营	清同治六年（1867）		民国《石屏县志》卷五	
		关圣庙		唐家边	清同治十二年（1873）		（同上）	
		关圣庙		莫作孔	清嘉庆二十一年（1816）合寨		（同上）	
		关圣庙		仓家山	清光绪年间		（同上）	
		关圣庙		太史村东之楼云岩上	清道光二十六年（1846）		（同上）	
		关圣庙		白夷寨	清同治年间		（同上）	
		关圣庙		弥勒沟下寨	清乾隆年间		（同上）	
		关圣庙		弥勒沟上寨	清光绪年间		（同上）	
		关圣庙		王胡子冲	清光绪三十年（1904）		（同上）	
		关圣庙		者纳	清乾隆五十二年（1787）		（同上）	
		关圣庙		王三寨	清同治年周重		（同上）	
		关圣庙		高家寨	清光绪年间		（同上）	
		关圣庙		小五亩	清光绪五年（1879）		（同上）	
		关圣庙		大田堡	清道光十年（1830）		（同上）	
		关圣庙		后所			（同上）	
		关圣庙		杨广城	清光绪年间		（同上）	
		关圣庙		茨霸头	清同治年间		（同上）	
		关圣庙		张家营			（同上）	

建置	名称	别称	庙址	建庙时间、建庙人	重修时间、修庙人	文献出处	备注
临安府	关圣庙		普家冲			（同上）	
	关圣庙		岳家湾			（同上）	
	关圣庙		高家湾			（同上）	
	关圣庙		孙家寨			（同上）	
	关圣宫		坝心村			（同上）	
	关圣宫		弯予寨	清乾隆年间		（同上）	
	关圣宫		五郎沟磨舍境寨后	清嘉庆七年（1802）		（同上）	
	关圣宫		普洱寨中	清光绪二十五年（1899）		（同上）	
	关圣宫		异龙鲁沙支寨中	清乾隆十八年（1679）		（同上）	
	关圣宫		麻栗树	清光绪五年（1879）		（同上）	
	关圣宫		马鞍山鸡街	清光绪十七年（1891）		（同上）	
	关圣宫		五郎沟车家贼旧寨	清乾隆六年（1741）		（同上）	
	关圣宫		泥冲	清道光二十三年（1843）		（同上）	
	关圣宫		他戛	清嘉庆年间		（同上）	
	关圣宫		五郎沟丁家寨	清光绪四年（1878）		（同上）	
	关圣宫		旷野乡西山脚	明天启三年（1623）		（同上）	
	关圣宫		异龙棕园	清咸丰十一年（1861）		（同上）	
	关圣宫		孙家寨	清道光年间		（同上）	
	关圣宫		他腊寨中			（同上）	
	关圣宫		牛街坝堂房寨中			（同上）	
	关圣庙		白仓			民国《石屏县志》卷八	
	关圣庙		李村			（同上）	
	关圣宫		柏叶寨			（同上）	

注：石屏州（贯穿"名称"列左侧标注）

续表

建置	名称	别称	庙址	建庙时间、建庙人	重修时间、修庙人	文献出处	备注
临安府	关圣宫		王谷子冲			（同上）	
	关圣宫		九天观			（同上）	
	关圣宫		本村			（同上）	
	关圣宫	关帝庙	宝秀			（同上）	
	关圣庙		二丙丁村			民国《石屏县志》卷十八	
	关圣庙		罗卜村			（同上）	
	关帝庙		吴家营			乾隆《石屏州志》卷二	
	关帝庙		作佳			（同上）	
	关帝庙		龙港	明末龙在田		民国《石屏县志》卷五	
	关帝庙		新海资			（同上）	
	关帝庙		老海资			（同上）	
石屏州	关帝庙		大白仓	清雍正八年（1730）	清光绪十年（1884）	（同上）	
	关帝庙		白浪小寨			（同上）	
	关帝庙		者者乌	清嘉庆年间		（同上）	
	关帝庙		四家			（同上）	
	关帝庙		关上			（同上）	
	关帝庙		土老嘴			（同上）	
	关帝庙		白浪大寨	清乾隆年间		（同上）	
	关帝庙		何保寨			（同上）	
	关帝庙		王家冲			（同上）	
	关帝庙		哨冲			（同上）	
	关帝庙		期世白			（同上）	
	关帝庙		龙朋城内			（同上）	
	关帝庙		邑西蔡营坝			（同上）	
	关帝庙		邑西张武寨，赤瑞湖之南			（同上）	
阿迷州	关圣庙		西门内			雍正《阿迷州志》卷九；嘉庆《阿迷州志》卷九	
	关圣庙		东北城内			（同上）	
	关圣庙		冰泉			（同上）	

续表

建置		名称	别称	庙址	建庙时间、建庙人	重修时间、修庙人	文献出处	备注
临安府	阿迷州	关圣庙		城西八十里漾田	清康熙五十二年（1713）知州王文明		民国《新纂云南通志》卷一百三十五	
		关圣庙		城西八十里面甸	清雍正十年（1732）知州陈权		（同上）	
		关圣庙		城东一二二十里打渔寨	清雍正二年（1724）知州元展成		（同上）	
		关圣庙		城东五十里马者哨			（同上）	
		武帝庙					民国《新纂云南通志》卷一百十	
	宁州	武庙	武帝庙	明伦堂右			宣统《宁州志》	
		关侯庙		环翠山东南			（同上）	
		关圣殿		城东二里甸尾城	清光绪二十三年（1897）府经朱学诗、举人魏家斌、训导张生永、文生王恩培、张汝绶、张希圣、王用斌等		（同上）	
		关圣宫		城南十里金销桥南			（同上）	
		关圣庙		城东六十五里树多			（同上）	
		武庙		城东南六十里㠖夸乡铁索桥西			（同上）	
		关圣庙		城南七十里化熙村	清雍正十三年（1735）知州王教、署州芮时行		民国《新纂云南通志》卷一百三十五	
广南府	宝宁县	关岳庙		县城东卖狗街		清道光二十八年（1848）移建于县城东街	民国《广南县志》卷三	
		关帝庙		东乡八播街			（同上）	
		关帝庙		东乡龙牙寨			（同上）	

续表

建置		名称	别称	庙址	建庙时间、建庙人	重修时间、修庙人	文献出处	备注
广南府	宝宁县	关帝庙		南乡马街			（同上）	
		关帝庙		西乡阿记得街			（同上）	
		关帝庙		西乡弥勒湾街			（同上）	
		关帝庙		西乡摩柯邑寨			（同上）	
		关帝庙		西乡小维摩街			（同上）	
		关王庙	关帝庙	府治东			天启《滇志》卷十六	
		武庙		县城西街			民国《广南县志》卷三	
		关帝庙	武帝庙	府治东南		清道光二十八年（1848）移建于府治东	道光《广南府志》卷二	
		关圣宫		普厅玉泉山			（同上）	
		关圣宫		土富州			（同上）	
		关圣宫		八播			（同上）	
		关圣宫		阿记得			（同上）	
		关圣宫		弥勒弯			（同上）	
开化府	文山县	关帝庙	武帝庙	城南门外	清康熙八年（1669）知府刘䜣	清康熙五十年（1711）总兵黄秉钺、知府张道源重建；乾隆十六年（1751）总兵张凌霞、知府觉罗	道光《开化府志》卷一	
		关夫子庙		连云山	蒙显应		（同上）	
		武庙					（同上）	
		武庙		大兴寺前殿	清康熙八年土著龙见图		（同上）	
		关圣宫			清嘉庆十年（1805）旃以贯		（同上）	
		关圣宫		谒老寨			（同上）	
		关圣庙	关庙	西山老君崖下	宋元丰八年（1085）		（同上）	
		关圣庙		攀枝花	清乾隆	清光绪年间乡人重建	民国《新纂云南通志》卷一百十	
		关圣庙		西乡观音寺前	清道光年间	清光绪年间余树松、赵士俊、唐赓尧重建	（同上）	

续表

建置	名称	别称	庙址	建庙时间、建庙人	重修时间、修庙人	文献出处	备注
开化府	关圣庙	关帝庙	城西北九十里乐农里本街	清康熙五十七年（1718）		民国《新纂云南通志》卷一百三十六	
	关帝庙		府城南			康熙《云南通志》卷十八	
	关帝庙		府南北			乾隆《云南通志》卷十五	
	关帝庙		府城西华山顶	明土司龙氏		道光《开化府志》卷一	
	关帝庙		城西安南里老寨	明土司沙氏		（同上）	
	关帝庙		城南古木寨	明土司龙氏		（同上）	
	关帝庙		城东北探科寨	土司龙元祚		（同上）	
	关帝庙		城西新现			（同上）	
	关帝庙		城南马白			（同上）	
	关帝庙		城西马腊底			（同上）	
	关帝庙		城西鸣旧			（同上）	
	关帝庙		镇署旁	清乾隆二十二年（1757）署镇李如柏		（同上）	
马关县	关岳庙	关帝庙	东关外			民国《马关县志》	
	关圣庙		西区腻科			（同上）	
	关圣庙		西区大吉厂			（同上）	
	关圣庙		西区乌木			（同上）	
	关帝庙		中区马扎冲			（同上）	
	关帝庙		北区古木			（同上）	
	关帝庙		北区召布比			（同上）	
	关帝庙		北区上林村			（同上）	
	关帝庙		西区水头寨			（同上）	
	关帝庙		南区马鞍山			（同上）	
	关帝庙		南区水碓房			（同上）	

续表

建置		名称	别称	庙址	建庙时间、建庙人	重修时间、修庙人	文献出处	备注
开化府	马关县	关帝庙		西区凉水井			民国《马关县志》卷二	
	安平厅	关帝庙		治城	清乾隆年间		民国《新纂云南通志》卷一百十	
普洱府	宁洱县	关帝庙	武帝庙	城北门内	明	清康熙五十一年（1712）张景伟、刘承宗；乾隆年间宗室永、龚世模、喀木、佟国英；咸丰六年（1856）绅民；光绪年间沈寿榕、王东发率文武官绅	乾隆《云南通志》卷十五；道光《普洱府志》卷十一	
		关圣行宫		府城内后街	陕西人		道光《普洱府志》卷十一	
		关圣行宫		府城内后街	临安人		（同上）	
		关圣行宫		府城内后街	石屏人		（同上）	
		关圣庙		城内			民国《新纂云南通志》卷一百三十六	
	威远厅	关圣行宫	关帝庙	尾井			道光《威远厅志》卷四	
		武帝庙	关帝庙	城内大街	清乾隆五十八年（1793）	清光绪元年（1875）署同知黄金衔、参将尉迟东晓同士民重建	民国《新纂云南通志》卷一百十	
		武帝庙		翁孔			（同上）	
		武帝庙		猛住			（同上）	
		关帝庙		旧土州西北			乾隆《云南通志》卷十五	
	思茅厅	关圣庙	关圣宫	城内			道光《普洱府志》卷十	
		武帝庙	关帝庙	厅城南门内	清乾隆三十年（1765）		道光《普洱府志》卷十一	
		武帝庙	关帝庙	厅城南门外玉炉山下			（同上）	
	他郎厅	关帝庙	武帝庙	南门外小河边	清雍正元年（1723）	清乾隆四十九年（1784）通判吴涛、千总方和；咸丰六年（1856）通判周子彬、游击马春芳移建城南郊左	民国《新纂云南通志》卷一百十	
		关帝庙		厅境内	清雍正元年（1723）		道光《普洱府志》卷十一	
广西直隶州	师宗县	武帝庙		城西门外		清光绪四年（1878）黄毓全	民国《新纂云南通志》卷一百十	
		关王庙	关圣庙	府城东			天启《滇志》卷十六	

建置	名称	别称	庙址	建庙时间、建庙人	重修时间、修庙人	文献出处	备注
师宗县	关圣庙	关帝庙武帝庙	城东门外		清同治六年（1867）张保和；八年（1869）士民	乾隆《广西府志》卷十二；乾隆《云南通志》卷十五	
	武帝庙		五嶙	清道光年间州判景尧春同士民建		民国《新纂云南通志》卷一百十	
弥勒县	关圣宫	武帝庙	溯普			乾隆《弥勒州志》卷十五	
	武帝庙	关帝庙	城东			（同上）	
	武帝庙	关帝庙	城南			（同上）	
	武帝庙	关帝庙	城西			（同上）	
	武帝庙	关帝庙	城北关外			（同上）	
邱北县	关岳庙	武庙武帝庙	东门外	清乾隆四年（1739）分州王纬	清乾隆二十年（1755）分州吴圻；咸丰二年（1852）游击陈得功；光绪十年（1884）训导王永靖偕士民重建	民国《邱北县志》序四；民国《新纂云南通志》卷一百十	供关岳
	武圣宫		树皮			民国《邱北县志》序四	
	武圣宫		木架革			（同上）	
	武圣宫		大龙溪			（同上）	
	文武庙		扯牛皮			（同上）	
	武圣宫	莲华寺	阿控寨			（同上）	
	武圣宫		架木革			（同上）	
	关圣庙	关圣宫	路堵，距城二站			民国《新纂云南通志》卷一百三十六	
	关圣庙	关圣宫	马者龙，距城三十里			（同上）	
	关圣庙	关圣宫武圣宫	日者乡，距城六十里			（同上）	
	关圣宫		莜地湾新寨	乡绅李祯祥筹资合村人创建		民国《邱北县志》序四	
	关圣宫		普者黑			（同上）	
和曲州	关圣祠		府治后			康熙《云南通志》卷十八	
	关圣宫	关帝庙	府治西南		明崇祯知府卢懋鼎	康熙《云南通志》卷十九；康熙《武定府志》卷三	
	关圣殿		城南门内			康熙《武定府志》卷三	
	武帝庙		城内西南	明天启年间知府王育德	清同治十年（1884）参将李廷标、守备周维藩	民国《新纂云南通志》卷一百十	

（左侧纵向合并单元格）广西直隶州

（左侧纵向合并单元格）武定直隶州

建置		名称	别称	庙址	建庙时间、建庙人	重修时间、修庙人	文献出处	备注
	元谋县	武帝庙		城北门内		清同治间士民重修	（同上）	
		关帝庙		城中			康熙《元谋县志》卷二	
武定直隶州	禄劝县	武帝庙	关岳庙	城南门内	明万历二十二年（1594）知州游春霖	清康熙四十七年（1708）知州石得恒重修	民国《禄劝县志》卷九；民国《新纂云南通志》卷一百十	
		三圣宫		城东一百二十里第六上半区崇仁马狗街对面	清道光初年	清同治五年（1866）、光绪六年（1880）两次地方绅首重建	民国《禄劝县志》卷九	供关圣
		三圣宫		城东一百八十里第六下半区转龙马甸尾街	清光绪十三年（1887）副将李世兴、李正起。乡人杨大成、杨大猷		（同上）	供关圣
		四圣宫		城东四十里撒马邑苏家营后	清光绪四年（1878）贡生李华春、增生李肃春、张超等	民国十二年（1923）李润、张怀玉等重建	（同上）	
		武帝庙		城南门外		知州石得恒	民国《新纂云南通志》卷一百十	
		武帝庙		城北		蒋世恩等重建	（同上）	
		关帝庙		城北一百五十里第四区撒营盘	清康熙年间	清光绪初年，把总蒋世恩、张其仁、士绅王克昌、刘钧国	民国《禄劝县志》卷九	
元江直隶州	新平县	关帝庙	武帝庙	城小东门外	清雍正五年（1727）		道光《新平县志》卷三	
		关庙	武帝庙	城西五里	明万历十九年（1591）	清咸丰六年（1856）士民；同治元年（1862）	民国《新平县志》卷二十三	
		关庙		木城		清道光知县殷良栋；咸丰十年（1860）邑人魏钦文	道光《新平县志》卷三	
		关庙		旧城			民国《新平县志》卷二十四	
		关圣庙		南区漫勒			民国《新平县志》卷九	
		关圣庙		西区斗门			（同上）	
		关圣宫	关帝庙	北区新化			（同上）	
		关圣宫	关帝庙	北区新营盘			（同上）	

建置	名称	别称	庙址	建庙时间、建庙人	重修时间、修庙人	文献出处	备注
元江直隶州	新平县	关圣庙	关帝庙	南区磨沙坝			民国《新平县志》卷十三	
		关帝庙		扬武			道光《新平县志》卷三	
		关帝庙		漫干	清康熙年间		（同上）	
		关帝庙		戛赛（戛洒）			（同上）	
		关帝庙		双龙桥			（同上）	
		关帝庙		罗吕			（同上）	
		关帝庙		老白甸			（同上）	
		关帝庙		城西四里花山	明万历十九年（1591）		民国《新平县志》卷四	
		关帝庙		太和			（同上）	
		关帝庙		脚底母			（同上）	
		关帝庙		坡头寨			（同上）	
		关帝庙		桃孔			（同上）	
		关帝庙		坝多			（同上）	
		关帝庙		松山			（同上）	
		关帝庙		海味			（同上）	
	元江县	武帝庙	关侯庙关岳庙	县城北门外演武场后			民国《元江志稿》卷十六	
		关圣宫	关侯庙武帝庙	青龙厂		清道光六年（1826）知州广裕	（同上）	
		关帝庙	武帝庙武安王庙	府城东礼社江			康熙《云南通志》卷十八	
		关圣庙	关圣宫	城区路通铺			民国《元江志稿》卷十	
		关圣庙	关圣宫	东北乡大哨村			（同上）	
		关圣庙	关圣宫	中乡小羊街			（同上）	
		关圣庙		西乡紫驼竜			（同上）	
		关圣宫		老武山			民国《元江志稿》卷三十	
		关圣宫		他克			（同上）	
		关圣宫		果落底			（同上）	
		关圣宫		马鹿汛			（同上）	

建置	名称	别称	庙址	建庙时间、建庙人	重修时间、修庙人	文献出处	备注
元江直隶州	关圣宫		邓耳村			（同上）	
	关圣宫		他才吉			（同上）	
	关圣宫		窀埕			（同上）	
	关圣宫		大羊街			（同上）	
	关圣宫		猪街			（同上）	
	关圣宫		阿忙			（同上）	
	关圣宫		甲乐底			（同上）	
	关圣宫		迤薩			（同上）	
	关圣宫		莲花塘			（同上）	
	关帝庙		府城内西南			乾隆《云南通志》卷十五	
	关帝庙		府城西南他郎			（同上）	
永北直隶厅	三圣宫		城东三里观音箐			光绪《续修永北直隶厅志》卷四	
	三圣宫		马王庙			（同上）	
	三圣宫		马单			（同上）	
	三圣宫		下季官			（同上）	
	三圣宫		堡子上	清同治年间		（同上）	
	关帝庙	武帝庙武庙开化寺	府城东门外		清知州申奇猷，雍正二年（1724）总兵马会伯；乾隆二十六年（1761）总兵何灿斗；光绪元年（1875）同知吴怡、参将张宗久	乾隆《云南通志》卷十五；光绪《续修永北直隶厅志》卷四	
	关帝庙		旧坪水井湾			光绪《续修永北直隶厅志》卷四	
	关帝庙		可西的			（同上）	
蒙化直隶厅	关帝庙	武庙关圣庙武帝庙咸宁寺	城内太平街	明洪武年间	明嘉靖中指挥朱良辰、土知府左文臣；清康熙年户户赵廷翔	乾隆《续修蒙化直隶厅志》卷二	
	武安王庙		府城西			隆庆《云南通志》卷十二	
	关圣庙		城北二百里漾濞			民国《新纂云南通志》卷一百三十六	
	关圣殿		玉峰寺西鸾内			民国《蒙化县志稿》卷十五	
	关圣行宫		南庄塘	清嘉庆年间		（同上）	

续表

建置	名称	别称	庙址	建庙时间、建庙人	重修时间、修庙人	文献出处	备注
景东直隶厅	关帝庙	关岳庙、武帝庙	城北门外			民国《新纂云南通志》卷一百十	
	关王庙	武安王庙	府城外			隆庆《云南通志》卷十二；天启《滇志》卷十六	
	关圣庙		城西北一百七十里保甸里			民国《新纂云南通志》卷一百三十六	
	关圣宫		城西南二百里者牙圈			（同上）	
	关圣庙		城西南三百二十里猛猛圈			（同上）	
镇沅直隶厅	关帝庙	武帝庙	府治前		清同治十二年（1873）同知凌应梧	乾隆《云南通志》卷十五	
	关帝庙	武帝庙	城东新抚里			乾隆《云南通志》卷十五	
黑盐井直隶提举司	关圣庙		井西马施桥	明万历井司马良德	清井灶户王选；康熙三十七年（1698）井人杨拱照；四十六年（1707）井司沈懋价移建	康熙《黑盐井志》	
	关张庙		司治西凤山下	井人方茂宸、谭瑞、罗思贤	清同治二年（1863）	（同上）	
	关庙	关圣庙、武帝庙	锦绣坊			（同上）	
	关庙		利润坊			（同上）	
琅盐井直隶提举司	关帝庙	武帝庙	行署左	井耆杨永濂		民国《新纂云南通志》卷一百十	
	武庙					民国《新纂云南通志》卷一百二十	
白盐井直隶提举司	关帝庙	关圣庙、武帝庙	尾井北关内	明嘉靖三十六年（1557）提举章尚春	清康熙三十年（1691）提举萧继煌；雍正七年（1729）提举刘邦瑞；乾隆二十二年（1757）提举郭存壮；道光二十六年（1846）提举缪圆；光绪二十年（1894）提举江海清；民国七年（1918）知县郭燮熙	乾隆《白盐井志》卷二；雍正《白盐井志》卷三	

云南会馆统计表

建置	名称	又称	庙址	旧称旧址	建庙时间、建庙人	重修时间、修建人	文献出处	备注
云南府		豫章会馆	萧公祠	枉城东门外太平桥左				康熙《云南府志》卷十七	
			万寿宫						
		山西陕西会馆	关圣行宫	城南门外太平桥				民国《新纂云南通志》卷一百十二	
		江右会馆	萧公祠	城东门外太平桥左			清光绪年间江右官商，江西上庶客滇者	（同上）	
			万寿宫						
		两湖会馆	寿佛寺	城内西南隅	城东	清康熙二十三年（1684）		（同上）	
			禹王宫			清同治十二年（1873）总督刘狱昭			
	昆明县	迤西会馆	彩云观	城东太平铺		迤西土民		（同上）	
		湖北麻城会馆	福国寺	东城韭菜园侧				（同上）	
		江南会馆	兴福寺	归化寺左		清康熙三十四年（1695）江南客民	清乾隆七年（1742）督张允随	（同上）	
		两粤会馆		城内西南隅龙井街		清光绪元年（1875）署总督岑毓英		（同上）	
		建阳会馆		城南门外			清光绪十一年（1885）建水土民	（同上）	
		福建会馆	天后宫	丽正门之外校场南		闽之人客滇者		道光《昆明县志》卷四	祀汉昭烈帝
		江西会馆	万寿宫	城北门外八九铺				乾隆《宜良县志》卷三	
	宜良县	四川会馆	川主宫	城内西北铺				民国《宜良县志》卷三	
		九属同乡会馆		城外七铺				（同上）	
楚雄府	楚雄县	三楚会馆	寿福寺	赶香街口		楚商公		宣统《楚雄县志》卷五	

续表

建置		名称	又称	庙址	旧称旧址	建庙时间、建庙人	重修时间、修建人	文献出处	备注
楚雄府	姚州	湖广会馆	禹王宫	北街		约三百年前	清光绪末湖南侨民；民国二十六年（1937）、二十九年（1940）	光绪《姚州志》卷四	
			寿佛寺						
		八乡会馆		忠烈祠后	夫马局		八区人	民国《姚安县志》卷七	
		同乡会馆		省城平政街体德巷		民国三十五年（1946）龙云、李毓萱、黄人镜、刘绍琨、张根培等		民国《姚安县志》卷十七	
		江西会馆		栋川镇		明清之际		民国《姚安县志》卷四十九	
		江西会馆		光禄镇北关		明清之际		（同上）	
	盐丰县	湖省会馆	寿佛寺					民国《盐丰县志》卷十一	
临安府	蒙自县	云省会馆	关圣宫					乾隆《蒙自县志》卷三	
		湖广会馆							
		江西会馆							
		同乡会馆	关圣宫	鸡街哨上		本乡绅士		（同上）	
		湖广会馆							
		陕西会馆	关圣宫	鸡街西关外	哨上		清康熙二十二年（1683）知县孙居湜	宣统《续蒙自县志》	
		江西吉安会馆	万寿宫玉皇阁	鸡街城南门内				乾隆《蒙自县志》卷三	
		江西抚州瑞州会馆	万寿宫水府庙	城南门内				（同上）	
		湖广会馆	寿佛寺	西门外				宣统《续蒙自县志》卷三	
		福建会馆	天后宫	南门内				（同上）	
		临江会馆	仁寿宫	西门外		清乾隆三十三年（1768）临人邓南岁、邓源才、邓源桂等	清嘉庆元年（1796）邓唐超、邓源才等	乾隆《蒙自县志》卷三	
		建阳会馆		西门外			清光绪年间建水绅商	宣统《续蒙自县志》卷三	

续表

建置		名称	又称	庙址	旧称旧址	建庙时间、建庙人	重修时间、修建人	文献出处	备注
临安府	蒙自县	南昌会馆／江西会馆	万寿宫	西门外				乾隆《蒙自县志》卷三	
	石屏州	北京会馆			京师会馆			民国《石屏县志》卷四十	
		江西会馆	万寿宫	城南厢				民国《新纂云南通志》卷一百十七	
曲靖府	沾益州	江西会馆	真君殿	城南门内		江西客民		乾隆《沾益州志》卷二	
	罗平州	三芝会馆	寿佛寺	城东关外		清康熙五十年（1711）		民国《罗平县志》	
	宣威州	江右会馆						民国《宣威县志稿》卷三	
		湖广会馆						（同上）	
		两湖会馆	寿佛寺	店子上		清初两湖人		（同上）	
			禹王宫	芦柴坪					
			三楚宫	红石岩					
		江右会馆	万寿宫	水月殿东		清初江西人		（同上）	
		四川会馆	财神庙	簧街	善庆寺左		清光绪中蜀人	（同上）	
普洱府	宁洱县	江西会馆						道光《普洱府志》卷十二	
		湖广会馆						（同上）	
	他郎厅	石屏会馆	萧公祠	城东门外				（同上）	
	思茅厅	大理会馆		南关外				民国《大理县志稿》卷三	
顺宁府	顺宁县	江右会馆	萧公祠	城内新府署右			清江西士民	光绪《续修顺宁府志》卷十九	
		太和会馆		东城内太阳山	旧城正街大桥下东街其宏厂			（同上）	

续表

建置		名称	又称	庙址	旧称旧址	建庙时间、建庙人	重修时间、修建人	文献出处	备注
顺宁府	顺宁县	两湖会馆		北城内下街	旧城大街崇祯寺左		清光绪初年知县邓瑶、士绅周际盛等	（同上）	
		两粤会馆		新县署街	城内中正街			（同上）	
		大理会馆		右甸西城内				（同上）	
		大理会馆		新城东北隅太阳山脚	旧城东南隅太和巷，土名下村	清嘉庆年间	乡人张景垣、苏耀春、张庆珍等	民国《大理县志稿》卷三	
		江西会馆	萧公祠	城内新府署右			江西士民	民国《顺宁县志》初稿卷	
		川黔会馆		白塔镇东门内川黔巷		顺宁县知事毕阳、周范		民国《顺宁县志初稿》卷九	
		两湖会馆		太平镇济民巷				（同上）	
		江西会馆		白塔镇育贤街		顺宁县知事曹衍瀚		（同上）	
		太和会馆		白塔镇太科巷			知事兼骑尉叶榆、周宗洛、伊村氏	（同上）	
	缅宁厅	大理会馆		南城外太和街		清道光年间	乡人杨雨春、杨德臣	民国《大理县志稿》卷三	
		太和会馆		东城外		清嘉庆初年太和客籍		光绪《续修顺宁府志》卷十九	
	云州	太和会馆		本城北门卖糖街		大理客籍		（同上）	
		大理会馆		卖糖街口		清道光年间	乡人杨利溥、张福吉等	民国《大理县志稿》卷三	
昭通府	永善县	江西会馆	真君庙	西门内				嘉庆《永善县志略》卷一	
	恩安县	陕西会馆	忠义坊	城西永顺街				宣统《恩安县志》	
		湖广会馆	楚圣坊	南城外				（同上）	
		江西会馆	真君坊 万寿宫	怀远街		清乾隆初江西客民		宣统《恩安县志》；《新修昭通府恩安县志稿》	

续表

建置	名称	又称	庙址	旧称旧址	建庙时间、建庙人	重修时间、修建人	文献出处	备注
昭通府 恩安县	江西会馆		城区				民国《昭通志稿》卷四	
	江南会馆	财神庙 福禄宫	南城内东升街		清乾隆年间	清光绪初，光绪末年	民国《昭通志稿》卷三	
	两粤会馆	南华宫 广东庙	西城内		清乾隆二十一年（1756）广东人		（同上）	
	三楚会馆		省耕塘				民国《昭通志稿》卷四	
	贵州会馆	忠烈坊	东南隅				民国《昭通志稿》存卷二	
昭通府 镇雄州	豫章会馆	万寿宫 西源寺	城北门外			清同治十二年（1873）豫章客民，光绪二十一年（1895）邑人康新浚	民国《新纂云南通志》卷一百十三、一百二十	
	江西会馆	西源寺 瑾珉宫 川主庙				川省人	光绪《镇雄州志》卷三	
永昌府 保山县	腾阳会馆		城龙泉门外西南隅		清嘉庆元年（1796）腾越士庶	清光绪八年（1882）腾越商人	光绪《永昌府志》卷二十六	
	大理会馆		城西太保山麓前		明乡人		民国《大理县志稿》卷三	
永昌府 龙陵厅	三属会馆						民国《龙陵县志》卷二	
永昌府 腾越厅	大理会馆		四保全仁街				民国《大理县志稿》卷三	
东川府 巧家厅	云贵会馆	云贵宫	东正街		清乾隆年间，建者不详	清光绪五年	民国《巧家县志》卷二	
东川府 会泽县	江西会馆	真君殿	北门内				乾隆《东川府志》卷七	
	四川会馆	川主庙	北门内西				（同上）	
	陕西会馆						（同上）	供关帝
大理府 太和县	大理会馆		城西南隅华兴巷即五福后巷		民国元年（1912）冬，邑人周汝敦、张大义、李琛、杨允昌、严镇圭、赵国晟等		民国《大理县志稿》卷三	

续表

建置	名称	又称	庙址	旧称旧址	建庙时间、建庙人	重修时间、修建人	文献出处	备注
广南府 宝宁县	广南会馆		一在百东乡八播街				民国《广南县志》卷三	
			一在南乡里大街					
	广西会馆		南乡里大街				（同上）	
	顺德会馆	小会馆	县城西街				（同上）	
	三芝会馆	周夫子祠	县城西街				（同上）	
	两湖会馆	周夫子祠	一在县城南街				（同上）	
			一在南乡里大街				（同上）	
	川黔会馆		县城东街				（同上）	
	三迤会馆		县城北卖水巷				（同上）	
	江西会馆		县城西街				（同上）	
	岭南会馆		县城西街				民国《广南县志》卷三、四	
	两湖会馆						民国《新纂云南通志》卷一百三十五	
丽江府 中甸厅	鹤阳会馆				清咸丰元年（1851）		光绪《新修中甸厅志书》中卷	
永北直隶厅 永北县	大理会馆		钟鼓楼东街				民国《大理县志稿》卷三	
	大理会馆		金江街大路左		民国成立前九年乡人杨桂香、王福等		（同上）	
	大理会馆		中州街街西				（同上）	
景东直隶厅	大理会馆		城内十字街下				（同上）	
	江西会馆						民国《景东县志稿》卷八	
	湖广会馆						（同上）	

建置		名称	又称	庙址	旧称旧址	建庙时间、建庙人	重修时间、修建人	文献出处	备注
景东直隶厅		四川会馆						（同上）	
元江直隶州	新平县	元江会馆		四吉堆工业学校右				民国《元江志稿》卷三	
		石屏会馆						（同上）	
		江西会馆						民国《新平县志》卷十三	
		四川会馆						（同上）	
武定直隶州	禄劝县	江西会馆	万寿宫	县城北门外		清同治十年（1871）龙光照、杨益林	清光绪二十三年（1897）刘凤燮等，民国四年（1915）刘仕隆、游怀宗等	民国《禄劝县志》卷九	
			萧公庙						